KB138665

강릉바우길 걷기 중국어 회화

走在江陵拔舞路上 汉语会话

이 논문은 2019년도 강릉원주대학교 학술연구조성비 지원에 의하여 수행되었음("This study was supported by 2019 Academic Research Support Program in Gangneung-Wonju National University")

지은이 **최일의(崔日義)**

1995년부터 현재까지 강릉원주대학교 중어중문학과 교수로 재직 중이다.

전북 김제 만경에서 출생했으며, 진봉초교(1976), 만경중(1979), 남성고(1982), 한양대학교 학사(1986), 서울대학교 석사(1988), 서울대학교 박사(1995)를 졸업하였다. 방문학자로서 臺灣國立大學과 中國 遼寧大學에서 연구를 하기도 하였다.

강릉원주대학교에서는 외국어교육원장을 역임하였고 현재는 인문학연구소장을 맡고 있으며, 학회에서는 한국중국문학이론학회 회장을 역임하였고 현재는 한국중국어문학회 회장을 맡고 있다.

주요 연구 분야는 중국 고전시가와 시론으로서, 중국 고전시론 비평용어의 개념정의, 중국 고전시론의 현대적 해석과 체계화, 중국 고전시가의 다양한 해석과 인생의 지혜 통찰 등에 주요 관심과 열정을 쏟고 있다.

주요 저서로는 『중국 시의 세계』(신아사), 『중국시론의 해석과 전망』(신아사), 『한시로 들려주는 인생이야기』(차이나하우스), 『최교수의 한시이야기』(차이나하우스) 등이 있다.

중국어 관련 저서로는 『중국어 이야기』(공저, 차이나하우스), 『강릉관광중국어(글로벌콘텐츠)』 등이 있다.

중국 고전시가 번역서로는 『원매시선』(문이재), 『원매의 강남산수유람시』(공역, 지식을만드는지식), 『귓가에 금작화 나풀거리고』(공역, 사람들), 『바다의 달을 줍다』(공역, 사람들)가 있다.

강릉바우길 걷기 중국어 회화
走在江陵拔舞路上 汉语会话

©최일의, 2022

1판 1쇄 인쇄__2022년 01월 20일
1판 1쇄 발행__2022년 01월 30일

지은이__최일의
펴낸이__양정섭

펴낸곳__경진출판
      등록__제2010-000004호
      이메일__mykyungjin@daum.net
      사업장주소__서울특별시 금천구 시흥대로 57길(시흥동) 영광빌딩 203호
      전화__070-7550-7776 **팩스**__02-806-7282

값 18,000원
ISBN 978-89-5996-846-6 93720

강릉바우길 걷기 중국어 회화

走在江陵拔舞路上 汉语会话

경진
출판

책을 펴내며

『강릉바우길 걷기 중국어 회화(走在江陵拔舞路上 汉语会话)』는 강릉바우길 17구간의 아름다운 경관과 관련된 지식 및 스토리를 중국어회화로 가볍게 소개하는 책이다.

최근 웰빙 시대를 맞이하여 전국적으로 걷기 열풍이 일어남으로써 도시마다, 지역마다 둘레길을 만들어 관광객을 흡인하고 있다. 그 가운데 제주 올레길, 지리산 둘레길, 북한산 둘레길 등은 이미 전국적으로 매우 유명해졌는데, 이런 길들 못지않게 잘 정비되어 있고 산과 바다 및 호수를 끼고 있어 주변 경관이 매우 아름다우며 또한 길에 담긴 사연들도 풍부한 곳이 바로 강릉바우길이라고 할 수 있다.

이 책에서는 한국인 학생과 중국인 학생이 바우길을 걸으며 대화하는 방식을 통해 강릉바우길 17구간 전체와 관련된 지식과 정보가 간략하게나마 효율적으로 드러날 수 있도록 구성하는 데 최선을 다하였다. 본서의 강릉바우길 관련한 기본적인 중국어회화 내용만 읽더라도 이 강릉바우길에 어떤 정보와 스토리들이 담겨 있는지를 소략하게나마 잘 알 수 있을 것이다. 따라서 이 책은 강릉바우길 여행자들, 예를 들어 강릉바우길을 걷는 중국관광객들, 그리고 그들과 함께 길을 걸으며 강릉바우길을 소개하는 강릉시민과 관광해설사 등을 위해서 중요한 지식과 정보를 제공하는 자료가 될 수 있을 것이다.

이 책에서는 강릉바우길 17구간에 따라 총 17장으로 구성하였다. 매 장마다 주요 내용인 〈바우길회화〉 외에도 〈일상회화〉, 〈상용문형〉 등으로 구성되어 있으며, 17장의 맨 뒤에는 〈꿀tip으로 다지는 핵심 중국어어법〉을 수록하고 있다. 때문에 본서는 독자들에게 아래와 같은 몇 가지 도움을 추가로 더 줄 수 있을 것이라 생각된다.

첫째, 매 장마다 〈일상회화〉 부분을 첫머리에 설정하여 중국어로 일상생활을 영위하고자 할 때 필요한 각종의 기본 문장을 소개하고 있기 때문에 중국어 초보자들에게는 중국어 학습용으로, 그리고 향후 중국을 여행하고자 하는 사람들에게는 좋은 참고 자료로 역할을 할 수 있을 것이다.

둘째, 매 장마다 〈상용문형〉 부분을 설정하여 본문에 출현하는 기본문형을 몇 개씩 추출하여 바꿔 넣기 연습을 함으로써 중국어 문장구조를 숙달시키는 데 유용한 지식과 스킬을 제공할 수 있을 것이다.

셋째, 20여 년 간 저자가 중국어 교학현장에서 쌓은 경험과 노하우를 바탕으로 17장의 맨 뒤편에 〈꿀tip으로 다지는 핵심 중국어어법〉을 실었다. 여기서는 기존 어법서에서 쉽게 볼 수 없는 중국어의 특징과 원리, 중국어 품사와 문장성분, 그 밖에 우리말로는 구별이 잘 안되지만 반드시 알아야 하는 특징적인 중국어 어법 등을 체계적으로 설명하고 있기에 초·중급 수준의 중국어를 학습하고자 하는 사람들에게 필요한 기본 어법 지식을 충분히 제공할 수 있을 것이라 믿는다.

언어공부는 첫술에 배부를 수 없다. 걷지도 않고 뛰거나 날 수가 없다. 무조건 시간을 투자하여 차근차근 다지고 반복적인 숙달의 과정을 거쳐야 한다. 본서 역시 이런 공부 자세를 지닌 사람들에게는 반드시 매우 유용한 지식과 정보를 제공할 것이라 믿는다.

나아가 이 책에 있는 강릉바우길 관련 중국어회화를 천천히 차근차근 익힐 수 있다면 본인의 중국어회화능력을 숙달함은 물론이요, 강릉 및 한국의 관광자원 관련 지식을 습득하여 중국인에게 소개할 수 있는 문화시민 내지는 문화해설사로서의 역할 또한 톡톡히 할 수 있을 것이라 믿는다.

이 책이 나오기까지 감사해야 할 사람들이 참 많다. 이 책의 바우길회화 본문을 작성하는 데 멀리서 많은 도움을 준 安徽省 合肥의 陈柯 同学, 상용문형을 추출하여 바꿔 넣기 연습을 하도록 하는 데 도움을 마다하지 않은 沈阳 辽宁大学의 宋燕 老师, 그리고 본문을 꼼꼼히 읽고 정확하게 교정을 해준 우리대학의 叶翠华 老师에게 깊이 감사드린다. 또한 어산회 일원으로서 강릉과 영동지역 산천을 함께 걸어오면서 강릉바우길의 아름다움에 눈을 뜨게 해준 김희재, 이수희 선생, 그리고 틈틈이 경포호수 등의 길을 함께 걸어준 김미숙, 노은정, 김미옥, 정정주 선생들에게도 감사드리지 않을 수 없다.

회화문을 구성하는 과정에서 강릉바우길의 홈페이지에 소개된 내용을 많이 참고했음을 여기에 꼭 밝혀두고자 하며, 아울러 노선도를 재사용할 수 있도록 흔쾌히 허락해주신 데 대해서도 사단법인 강릉바우길 이사장님과 관계자 여러분 모두에게 깊은 감사를 드린다.

항상 곁에서 묵묵히 정신적으로 지지와 응원을 보내주고 있는 나의 아내와 가족들, 그리고 항상 기도로 어린 아들을 걱정하며 보살펴주고 계시는 구순 노모에게는 당연히 뼛속 깊이 감사를 드려도 부족할 것이다.

마지막으로 이 책의 출판 요청을 기꺼이 수락해주고 멋진 편집으로 옥동자를 탄생시켜주신 경진출판 양정섭 대표님의 용기와 노고에도 깊이 감사드린다. 그의 씩씩함과 열정은 항상 주변 사람들에게 희망과 용기를 준다.

최근 지어본 시 한 수로 요즘 육순을 목전에 둔 나의 맘을 대신하기로 한다.

生也有涯知无涯 생은 유한하나 앎의 세계는 끝이 없거늘
学海无涯苦作舟 끝없는 배움바다에 애써 배를 짓고 있네
昨夜梦见无边江 어젯밤 꿈에 본 가없는 장강
幸有孤棹横河洲 다행히도 외로운 배 모래톱에 가로놓여 있었네

2022. 1. 30.
저자 최일의 삼가 씀

차례

拔舞路第十六路_学而时习之路 제16구간_학이시습지 길 ___196

拔舞路第十七路_案板德基云游路 제17구간_안반데기 운유길 ___208

부록: 꿀tip으로 다지는 핵심 중국어 어법 ___221

1 拔舞路第一路_仙子岭风车路
제1구간_선자령 풍차길

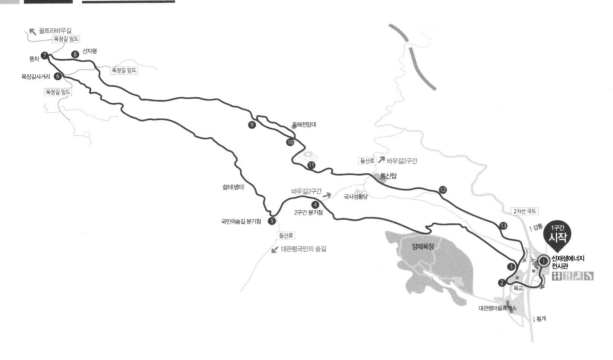

〈 路线基本信息(코스 기본 정보) 〉

路线长度(구간길이): 12公里(12km)

所需时间(소요시간): 4~5小时(4~5시간)

移动路线(이동코스): 大关岭服务区(新再生能源展示馆)[대관령휴게소(신재생에너지전시관)] 2.2km

⇨ 第2区间岔口(2구간분기점) 4.2km

⇨ 仙子岭(선자령) 2.5km

⇨ 东海眺望台(동해전망대) 3.1km

⇨ 大关岭服务区(新再生能源展示馆)[대관령휴게소(신재생에너지전시관)]

📁 日常会话(일상회화)_인사·만남과 자기소개_1

예./ 아니오.
是。/ 不是。
Shì./ Búshì.

그래요./ 그렇습니다.
是的。/ 就是。
Shìde./ Jiùshì.

아 그래요?
是吗?
Shìma?

맞아 맞아.
就是就是。
Jiùshì jiùshì.

그래요, 그래요.
是啊, 是啊。
Shì a, Shì a.

아, 알겠어요.
哦, 知道了。
ò, zhīdào le.

이해했어요. (＝알았어요)
明白了。
Míngbai le.

맞습니까?/ 맞아요.

对吗?/ 对。
Duì ma?/ Duì.

감사합니다.
谢谢。
Xièxie.

별말씀을요.
不客气。
Búkèqì.

죄송합니다.
对不起。
Duìbuqǐ.

괜찮습니다.
没关系。
Méi guānxi.

이거 얼마입니까?
这个多少钱?
Zhège duōshao qián?

그것으로 할게요.
我要那个。
Wǒ yào nàge.

안녕!
(☞ 일반적으로 상대방에게 가볍게 하는 인사말)
你好!
Nǐ hǎo!

안녕하세요!
(☞나이 드신 분들에게 하는 인사말)
您好!
Nín hǎo!

잘 지내고 계세요? (＝어떻게 지내셨어요?)
(☞ 상대방의 안부를 구체적으로 묻는 행위)
你好吗?
Nǐ hǎo ma?

처음 뵙겠습니다.
初次见面。
Chūcì jiànmiàn.

어떻게 지내세요?
过得怎么样?
Guò de zěnmeyàng?

잘 지냅니다.
过得很好。
Guò de hěn hǎo.

안녕하세요!
(☞ 아침 인사말)
早上好!
Zǎoshang hǎo!

안녕하세요!
(☞ 저녁 인사말)
晚上好!
Wǎnshang hǎo!

안녕히 주무세요!
(☞ 잠자리에 들기 전에 하는 인사말)
晚安!
Wǎn'ān!

좋은 꿈 꾸세요!
做个好梦!
Zuò ge hǎomèng!

꿈에서 만나!
梦里见!
Mèngli jiàn!

만나서 반갑습니다.
认识你很高兴。
Rènshi nǐ hěn gāoxìng.

잘 부탁드립니다.
请多多关照。
Qǐng duōduo guānzhào.

많이 도와주세요.
请多多帮助。
Qǐng duōduo bāngzhù.

가족들은 안녕하시죠?
家里人都还好吧?
Jiālirén dōu hái hǎo ba?

새해 복 많이 받으세요!
新年快乐!
Xīnnián kuàilè!

새해에는 맘먹은 대로 모두 이루어지시길 바라오.

祝你在新的一年里一切如意。

Zhù nǐ zài xīn de yìniánli yíqiè rúyì.

돈 많이 버세요.

恭喜发财。

Gōngxǐ fācái.

走在拔舞路第一路上会话(바우길 제1구간 걷기 회화)

(1) 拔舞路介绍(바우길 소개)

金英俊: 李刚, 你有没有听说过拔舞路?

(리강아, 바우길에 대해서 들어본 적 있니?)

李　刚: 听说过是听说过, 但是拔舞是什么意思呢?

(응, 들어는 봤어. 근데 바우가 무슨 뜻이야?)

金英俊: 拔舞有两种意思。所谓拔舞, 用江原道的方言就是岩石的意思。江原道山多且盛产土豆, 所以亲切地喊江原道本地人的时候就喊土豆岩石。

(바우는 두 가지 뜻을 갖고 있어. 바우는 강원도말로 바위라는 뜻이야. 강원도는 산이 많고 감자도 많이 생산이 돼서 강원도 사람들을 친근하게 부를 때는 감자바우라고 부르거든.)

李　刚: 哦! 原来是对韩国江原道本地人的一种亲近的称呼啊! 那还有另外一种意思呢? 是什么?

(아, 그래서 이 길의 이름도 강원도 사람들에게 친근한 의미를 지닌 바우란 말로 부르는 거구나. 그럼 나머지 한 가지 뜻은 무엇이야?)

金英俊: 巴比伦(Babylonia)神话中的健康女神就叫拔舞。被女神用手抚摸过以后, 所有的病都会痊愈, 所以赋予这条路为拔舞路, 寓意着走过这条路的人都会越来越健康。

(바빌로니아 신화에 건강의 여신의 이름이 바우야. 이 여신이 손으로 한 번 쓰다듬어주면 모든 병을 낫게 해준대. 그러니까 바우 여신처럼 이 길을 걷고 사람들 모두가 건강해지길 바라는 염원을 담은 이름이야.)

李　　刚: 原来还有这么深层次的意思呀! 那拔舞路是什么时候竣工的呢?

（그런 깊은 뜻이 담겨 있었구나. 그럼 바우길은 언제 만들어졌어?）

金英俊: 拔舞路于2009年竣工完成, 从太白山脉白头大干途经镜浦一直延续至正东津, 所以可以边走边观赏山、湖水、江河、大海等沿途风景。一共分成十七条路, 共400多公里。为了可以让人边走边欣赏美景, 每个区段都选定了一些风景美丽或者具有古传统文化的名胜古迹。

（2009년에 만들어졌지. 바우길은 태백산맥 백두대간에서 경포를 지나 정동진까지 이어져 있어. 그래서 산과 호수, 강과 바다를 모두 보면서 걸을 수 있지. 모두 17개의 구간으로 나뉘어 있는데, 총 길이는 400여 킬로미터야. 그리고 구간별로 아름다운 풍광을 지녔거나 옛 전통문화를 간직한 주요 관광명소들을 선정하고 그곳을 직접 걸으면서 감상할 수 있도록 했어.）

李　　刚: 正苦恼着怎么在江陵游玩, 原来还可以边走拔舞路边体验江陵的传统文化呢! 整个城市的风光也能尽收眼底!

（강릉을 어떻게 여행하면 좋을까 고민했는데 바우길을 걸으면 강릉 전체의 풍광과 전통문화를 확실하게 보고 체험할 수 있겠구나.）

金英俊: 其实我也在国外留学过几年, 虽说对去过的一些有名的咖啡店、美食店也记忆犹新, 但还是对那个地区独有的风景, 还有具有文化特色的场所印象更为深刻。以后等你回中国了, 走拔舞路的体验肯定会成为你美好回忆的一部分。

（사실 나도 외국에서 유학생활을 오랫동안 했었는데 사람이 많은 카페나 맛있는 식당을 가보는 것도 기억에 남아 있지만 그 지역만의 독특한 풍광과 문화를 지닌 장소를 방문하는 것이 가장 인상에 남아 있어. 바우길을 걷는 체험은 나중에 네가 중국에 돌아간 뒤에도 좋은 추억으로 남게 해줄 거야.）

李　　刚: 是的, 这次旅行对我来说肯定是一次意义非凡的体验。我很期待呢!

（그래, 나에게 이번 여행은 정말 의미 있고 추억을 많이 주는 여행이 될 거야. 기대가 커.）

(2) 仙子岭风车路介绍(선자령풍차길 소개)

王　丽: 惠兰, 拔舞路一共有多少条路?

（혜란아, 바우길은 모두 몇 구간이야?）

洪惠兰: 一共分为十七条路。

（모두 17구간으로 나뉘어 있지.）

王　丽: 第一路就是仙子岭风车路吧。那么仙子岭风车路具体有哪些路线?
(그 중 제1구간의 이름이 선자령풍차길인 거로구나. 그럼 선자령풍차길의 주요 코스는 어떻게 돼?)

洪惠兰: 仙子岭风车路是以大关岭服务区为起点, 途经大关岭羊群牧场, 登上仙子岭再下山之后, 途经东海展望台再回到大关岭服务区。一共12公里, 需要行走4小时。
(처음에 대관령 휴게소에서 출발해서 걷기 시작해. 다시 대관령 양떼목장을 지나서 선자령에 올랐다가 내려오는 길에 동해전망대를 지나고 다시 대관령휴게소로 돌아오지. 길이가 총 12Km이고 4시간 정도 걸려.)

王　丽: 要走4个小时? 仙子岭海拔那么高, 我体力很差, 能上去吗?
(4시간이나 걸려? 선자령은 꽤 높은데 체력이 약한 내가 올라갈 수 있을까?)

洪惠兰: 我们现在所在的大关岭服务区已经是海拔700米的高地了, 所以从这里上去的路会比较平缓, 一点都不难走, 不会太累的.
(우리가 출발하는 여기 대관령휴게소의 해발 고도가 이미 700m 고지야. 이미 상당히 높이 올라와 있는 거지. 그래서 여기서부터 올라가는 길은 완만하고 그렇게 험하지는 않아. 그렇게 힘들지는 않을 거야.)

王　丽: 幸好幸好, 刚刚我还在担心。哇, 你快闻一下, 是松树的味道, 真的好香啊!
(다행이다. 걱정이 좀 됐었거든. 와우, 소나무향기 좀 맡아봐. 정말 향기롭다.)

洪惠兰: 真的很香耶, 我听说松香里含有对人体有益的成分。
(너무 향기롭지, 근데 소나무향에는 사람의 몸에도 좋은 성분이 있다고 해.)

王　丽: 这就相当于人们边走山路, 边享受了个森林浴, 闻着松树的香味, 人也会变得健康, 所以才会说松香里有对人体有益的成分吧。
(사람들이 산길을 걸으면서 삼림욕을 한다고 하던데, 소나무향을 맡으면서 건강해질 수 있기 때문에 그렇게 얘기하는 것이구나.)

洪惠兰: 拔舞路布满了松树林, 所以走拔舞路的时候随时都能闻到松香。
(바우길은 소나무숲이 많은 부분을 차지해. 그러니 바우길을 걸을 때 소나무향을 맘껏 맡을 수 있어.)

王　丽: 但是这个地方的松树的外皮是红色的, 看起来和一般的松树不一样。
(그런데 이곳 소나무는 겉껍질이 붉어. 일반 소나무와 다르게 보인다.)

洪惠兰: 嗯, 拔舞路上70%的松树是金刚松树。
(응, 바우길에 있는 소나무는 대부분 금강 소나무가 70%를 차지해.)

王　丽: 金刚松树和一般的松树有很大的区别吗?
(금강소나무는 일반 소나무랑 많이 다르니?)

洪惠兰: 金刚松树的树皮是红色的, 而且茎部很坚硬, 是盖楼的时候很受欢迎的一种木料。
(껍질이 붉으면서도 줄기가 곧고 단단하지. 그래서 건물을 지을 때 매우 환영을 받은 나무이기도 해.)

王　丽: 哇, 原来还有这么大的用处啊。我们赶紧边走边闻松香吧。
(와우, 놀랍네. 우리 어서 소나무향을 맡으면서 걸어보자.)

洪惠兰: 好啊, 快走吧。
(좋아, 어서 가자.)

(3) 羊群牧场(양떼목장)

王　丽: 好多去羊群牧场的人啊。
(양떼목장으로 가는 사람이 아주 많구나.)

洪惠兰: 来仙子岭风车路的人大部分都先去羊群牧场, 那里真的是家喻户晓。
(이 선자령풍차길을 찾는 사람들은 대부분 먼저 양떼목장에 들러 구경을 하거든. 그만큼 양떼목장이 유명해.)

王　丽: 去牧场不就是看羊群嘛? 我看过太多次羊了。
(근데 양떼목장에 가면 양들이 노는 모습을 보는 것 외에 별로 할 만한 일이 없지 않니? 난 양들은 이미 많이 봤거든.)

洪惠兰: 在这里可以亲自给羊喂食, 所以小孩子都喜欢来这里, 父母也只能跟着来咯。
(이곳에서는 직접 먹이를 양에게 주는 체험을 할 수도 있어. 그러니 어린아이들이 이곳에 오기를 좋아하고, 부모들도 이곳에 올 수밖에 없는 거야.)

王　丽: 哇, 快看前面, 人们再怎么靠近, 羊群都不害怕, 就在那儿安静地吃着草。
(와우, 앞을 봐. 양들이 사람들이 다가가도 놀라지 않고 평화롭게 풀을 뜯어먹고 있어.)

洪惠兰: 是啊, 我也是第一次这么近距离地观赏羊群呢。
(그렇네. 나도 이렇게 많은 양들은 처음 보는 걸.)

王　丽: 广阔的草原和美丽的风景, 就好像在异国他乡一样, 我有种身在瑞士的感觉。
(넓은 초원과 풍경도 너무 예쁘고 이국적이야. 마치 한국이 아닌 스위스 같은 다른 나라에 온 듯한 느낌이야.)

洪惠兰: 而且我看到来的路上漫山遍野都是野花, 真的像网上说的那样, 这个地方从春天到秋天, 简直就是野花的乐园。
(오는 길에 보니 야생화도 많이 피어 있더라. 이곳은 봄부터 가을까지 야생화의

천국이라고 홈페이지 설명에 나와 있더니 진짜 그렇네.)

王　丽: 空气也很清新呢，虽然有点累，但是越往外走感觉越好。

(공기도 정말 상쾌해. 좀 힘은 들긴 했지만 밖으로 나와 걷길 잘 했어.)

洪惠兰: 不管怎么样，没有什么比和你一起行走在拔舞路上心情更好的事情了。

(무엇보다 왕리 너와 함께 걸으니 더욱 기분이 좋아.)

王　丽: 走在路上，感觉前段时间累积的压力都消失了，好像真的能治愈一切。谢谢你给我做向导，陪我一起走这条路。

(이곳을 걸으니 그동안 쌓였던 스트레스가 다 풀어지고 사라졌어. 정말 힐링이 된 거 같아. 안내를 해주고 함께 걸어줘서 고마워.)

洪惠兰: 我也要谢谢你呢。

(나도 너에게 고맙지.)

(4) 仙子岭风车路和东海展望台(선자령풍차길과 동해전망대)

金英俊: 那前面就是山的顶峰仙子岭了，再坚持一会儿。

(저 앞에 이 산의 정상인 선자령이 보인다. 조금만 더 힘을 내자.)

王　丽: 你看这四周，都是大风车。

(근데 주변에 거대한 풍차들이 아주 많다.)

金英俊: 风车是利用风力发电的发电机。

(풍차는 풍력을 이용해서 전기를 생산하는 발전기야.)

王　丽: 现在风刮得这么大，正好风车都在转动，真的是恰到好处。

(지금도 이렇게 바람이 많이 불고 있는 것을 보면 이곳은 풍차를 돌리기에 딱 알맞겠다.)

金英俊: 这里一共有51个风车，是我国最大的风车基地。

(이곳에는 총 51기가 있어. 우리나라 최대의 풍차단지라고 할 수 있지.)

王　丽: 我看到风车，脑海里就会浮现出西班牙作家塞万提斯的小说≪唐吉诃德≫。

(난 풍차를 보면 스페인 세르반테스(Cervantes)의 소설 ≪돈 키호테(Don Quixote)≫가 떠올라.)

金英俊: 我也想到了唐吉诃德把风车想象成巨人攻击的场面。

(나도 생각나. 돈키호테가 풍차를 거인이라고 생각해서 공격하는 장면이 있지.)

王　丽: 爬到山顶真的有点儿吃力. 我们在风车前面的草地上坐着歇一会儿, 欣赏欣赏这广阔草原吧。

(산정상까지 올라오느라 힘이 좀 든다. 풍차 앞에 있는 풀밭에 앉아서 조금 쉬면서 넓은 초원도 감상하도록 하자.)

金英俊: 这片草原是一个叫三养牧场的公司运营的一块牧草地, 这里的牛在草地上吃草的样子看上去很悠闲呢。

(이곳 초원은 삼양목장이란 회사에서 운영하는 목초지인데, 이곳에서 소들이 한가롭게 거닐면서 풀을 뜯어 먹는 모습이 너무 평화로워 보이지.)

王　丽: 这片草原一望无垠、广阔无边, 来这里的人都要拍跳起来的照片, 我们也来拍一张吧。

(초원이 끝도 없이 펼쳐져 있어. 이곳을 찾는 사람들은 점프하는 사진을 찍는 사람이 많던데 우리도 한 번 찍어볼까?)

金英俊: 好的, 我先给你拍。

(그래, 내가 먼저 찍어줄게.)

王　丽: 这里冬天下雪的样子肯定美极了。

(이곳은 겨울에 눈이 내리면 더욱 아름답겠다.)

金英俊: 所以冬天来仙子岭看雪的人也很多, 这里冬季人气更高。也休息了一会儿了, 我们继续走走看看吧, 接下来都是下坡路, 就没那么吃力了。

(그래서 선자령은 겨울에도 눈꽃을 구경하러 오는 사람들이 아주 많아. 이곳은 오히려 겨울에 인기가 제일 좋다고 할 수 있지. 좀 쉬었으니 다시 또 걸어보자. 이제부터는 내려가는 길이니까 그다지 힘이 들지 않을 거야.)

王　丽: 又要走一会儿了, 加油!

(또 한참을 걸어야겠구나. 힘을 내서 걸어보자.)

金英俊: 中途会经过东海展望台, 到那边可以再休息一会儿。

(중간에 동해전망대가 있으니 그곳에서 좀 쉴 수 있을 거야.)

王　丽: 东海展望台?

(동해전망대?)

金英俊: 站在那里, 大关岭、岭东高速公路, 还有江陵市内, 甚至是东海海边都能尽收眼底, 可以说是视野最宽阔的地方。

(그곳에 서면 대관령과 영동고속도로, 그리고 강릉 시내와 동해 바다까지 내려다 볼 수 있어. 시야가 넓은 뷰 포인트라고 할 수 있지.)

王　丽: 还可以看到海吗? 真的好期待啊, 我们快下去看看吧!

(바다까지 볼 수 있다고? 정말 기대된다. 우리 어서 내려가자.)

📁 生词(새로운 낱말)

1. 金英俊 Jīnyīngjùn: 김영준(한국인 남학생)
2. 李刚 Lǐgāng: 리강(중국인 남학생)
3. 拔舞路 Báwǔlù: 바우길
4. 江原道 Jiāngyuándào: 강원도
5. 土豆岩石 tǔdòu yánshí: 감자바우
6. 韩国 Hánguó: 한국
7. 巴比伦 Bābǐlún: 바빌로니아(Babylonia)
8. 健康女神 jiànkāng nǚshén: 건강의 여신
9. 太白山脉 Tàibái shānmài: 태백산맥
10. 白头大干 Báitóudàgān: 백두대간
11. 镜浦 Jìngpǔ: 경포
12. 正东津 Zhèngdōngjīn: 정동진
13. 江陵 Jiānglíng: 강릉
14. 中国 Zhōngguó: 중국
15. 尽收眼底 jìnshōuyǎndǐ: 한눈에 다 보이다, 한눈에 들어오다
16. 王丽 Wánglì: 왕리(중국인 여학생)
17. 洪惠兰 Hónghuìlán: 홍혜란(한국인 여학생)
18. 仙子岭 Xiānzǐlǐng: 선자령
19. 风车路 Fēngchēlù: 풍차길
20. 大关岭 Dàguānlǐng: 대관령
21. 羊群牧场 Yángqúnmùchǎng: 양떼목장
22. 东海展望台 Dōnghǎi zhǎnwàng tái: 동해전망대
23. 金刚松树 jīngāng sōngshù: 금강송
24. 瑞士 Ruìshì: 스위스
25. 家喻户晓 jiāyùhùxiǎo: 집집마다 다 알다, 누구나 다 알다
26. 西班牙 Xībānyá: 스페인
27. 塞万提斯 Sàiwàntísī: 세르반테스
28. ≪唐吉诃德≫ Tángjíhēdé: ≪돈키호테≫
29. 三养牧场 Sānyǎngmùchǎng: 삼양목장

30. 岭东高速公路 Lǐngdōng gāosùgōnglù: 영동 고속도로
31. 大风车 dàfēngchē: eovndck
32. 一望无垠 yíwàngwúyín: 끝이 없이 아득하고 멀다
33. 广阔无边 guǎngkuò wúbiān: 끝이 없이 넓다

📁 常用句型(상용 문형)

1. (A) 被 (B) (C=动词): (A)는 (B)에 의해서 (C)해지다.

老人被汽车撞了。(노인이 자동차에 의해 치였다.)
帽子被风吹走了。(모자가 바람에 의해 불려 날아갔다.)
电脑被病毒感染了。(컴퓨터가 바이러스에 의해 감염되었다.)
人们被女神用手抚摸过。(사람들이 여신에 의해 손으로 쓰다듬어지다. =여신이 사람
    들을 손으로 쓰다듬다.)

2. 虽说 (A) 但还是 (B): 비록 (A)라 하겠지만 그러나 여전히 (B)하다

虽说去过, 但还是想去。(비록 가본 적이 있다 하겠지만 그러나 여전히 가고 싶다.)
虽说风很大, 但还是不冷。(비록 바람이 세다 하겠지만 그러나 여전히 춥지 않다.)
虽说很累, 但还是很开心。(비록 피곤하다 하겠지만 그러나 여전히 즐겁다.)
虽说吃得不多, 但还是很胖。(비록 많이 먹지 않았다 하겠지만 그러나 여전히 뚱뚱하다.)
虽说对去过的一些有名的咖啡店、美食店也记忆犹新, 但还是对那个地区独有的风景的
    印象更为深刻。(비록 가본 여러 유명한 식당과 카페에 대해서도 역시 여전히 기억
    에 새롭다고 하겠지만 그러나 그 지역만의 독특한 풍광에 대한 인상이 더욱 깊다.)

3. 以 (A) 为 (B): (A)를 (B)라고 삼다/ 여기다

以校为家。(학교를 집으로 삼다.)
以旅游为目的。(여행을 목적으로 삼다.)
以好学生为榜样。(좋은 학생을 모범으로 삼다.)

以北京大学为目标。(북경대학교를 목표로 삼다.)

仙子岭风车路是以大关岭服务区为起点。(선자령 풍차길은 대관령휴게소를 출발점으로 삼는다.)

4. 即使/ 就是/ 就算/ 哪怕 (A), 都/ 也/ 那么 (B): 설사 (A)라고 하더라도 언제나/ 역시 (B)하다

(앞 구절은 가정 상황, A와 관계없이 B임, 그에 비해 '尽管'은 실제 사실을 가리킴. 즉 "尽管他身体瘦小, 可从来不生病. (그는 설령 몸이 마르고 작을지라도 여태껏 병이 나지 않았다.)"에서 '몸이 마르고 작은' 것은 실제 사실임.)

即使雨再大, 也要出去玩。(설사 비가 아무리 세게 내린다 하더라도 역시 놀러 나가려고 한다.)

即使再忙, 也回家看父母。(설사 아무리 바쁘다 하더라도 역시 부모님을 찾아뵈러 집으로 돌아간다.)

即使有很多时间, 也不休息。(설사 시간이 많이 있다 하더라도 역시 쉬지 않는다.)

即使身体不舒服, 也努力工作。(설사 몸이 편안하지 않다 하더라도 역시 열심히 일한다.)

即使你有钱, 你也不该这么乱花。(설사 네가 돈이 있다 하더라도 역시 이렇게 함부로 써서는 안 된다.)

即使时间不够, 我们也应该想办法把工作做完。(설사 시간이 부족하다 하더라도 우리는 역시 방법을 생각해서 업무를 다 마쳐야 한다.)

即使人们再怎么靠近, 羊群都不害怕。(설사 사람들이 아무리 가까이 다가간다 하더라도 양떼는 언제나 두려워하지 않는다.)

5. 虽然 (A) 但是/ 可是 (B): 비록 (A)하지만 그러나 (B)하다

虽然喜欢看电影, 但是不常看。(비록 영화를 보기는 하지만 그러나 자주 보지는 않는다.)

虽然喜欢喝可乐, 但是不常喝。(비록 콜라를 마시기는 하지만 그러나 자주 마시지는 않는다.)

虽然已经冬天了, 但是很暖和。(비록 이미 겨울이 되었지만 그러나 따뜻하다.)

虽然大学毕业了, 但是还没工作。(비록 대학을 졸업하기는 했지만 그러나 아직 직업이 없다.)

正东津虽然不大, 但是周边有很多建筑物, 很繁华。(정동진역은 비록 크지 않지만 그러나 주변에 건물도 많이 있어서 비교적 번화했다.)

2 拔舞路第二路_大关岭古道
제2구간_대관령옛길

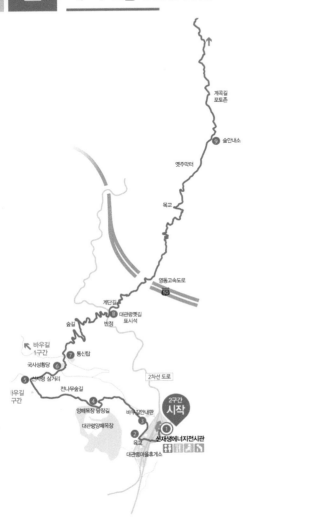
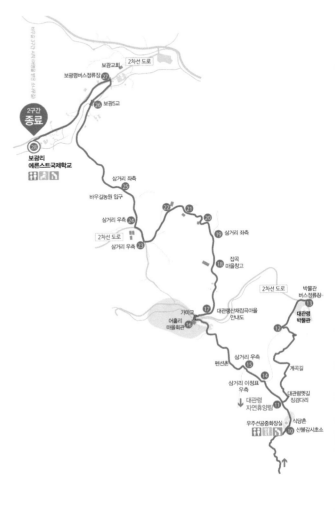

〈 路线基本信息(코스 기본 정보) 〉

路线长度(구간길이): 14.7公里(14.7km)

所需时间(소요시간): 6小时(6시간)

移动路线(이동코스): 大关岭服务区(新再生能源展示馆)[대관령휴게소(신재생에너지전시관)] 2.5km
⇨ 国师城隍庙(국사성황당) 1.8km ⇨ 半程(반정) 3.2km ⇨ 老客栈(옛주막터) 1.5km
⇨ [第一路段(제1코스)] 太空船洗手间(우주선화장실) 5.6km ⇨ 普光里国际学校(보광리국제학교)
⇨ [第二路段(제2코스)] 太空船洗手间(우주선화장실) 1.5km ⇨ 大关岭博物馆(대관령박물관)

2-1

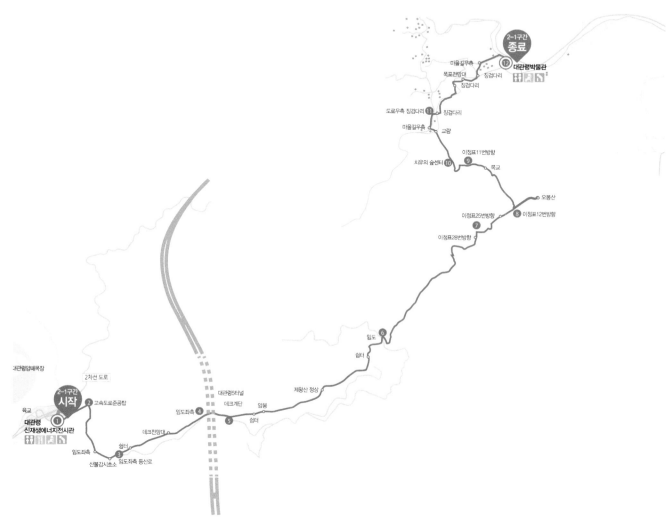

〈 路线基本信息(코스 기본 정보) 〉

路线长度(구간길이): 10公里(10km)
所需时间(소요시간): 4小时半(4시간 30분)
移动路线(이동코스): 新再生能源展示馆(신재생에너지전시관) 3.3km
　　　　　　　　　　⇨ 帝王山(제왕산) 3.5km
　　　　　　　　　　⇨ 五峰山(오봉산) 1.5km
　　　　　　　　　　⇨ 疗愈林中心(치유숲센터) 1.7km
　　　　　　　　　　⇨ 大关岭博物馆(대관령박물관)

日常会话(일상회화)_인사·만남과 자기소개_2

요즘 기분이 어떠십니까?
最近心情怎么样?
Zuìjìn xīnqíng zěnmeyàng?

무슨 좋은 일 있으세요?
有什么喜事吗?
Yǒu shénme xǐshì ma?

그런대로 괜찮아요.
还行。
Hái xíng.

수고하셨어요.
辛苦了。
Xīnkǔ le.

항상 바쁘게 지내고 있어요.
(最近) 一直忙着呢。/ 最近一直挺忙的。
(Zuìjìn) Yìzhí mángzhe ne./ Zuìjìn yìzhí tǐng máng de.

모든 게 다 순조로워요.
一切都很顺利。/ 一切都挺顺利的。
Yíqiè dōu hěn shùnlì./ Yíqiè dōu tǐng shùnlì de.

안녕!
(☞ 친구 사이에 헤어질 때 하는 인사말)
拜拜!
Bàibai!

안녕히 계세요./ 안녕히 가세요.

再见。

Zàijiàn.

안녕히 가세요.

慢走。

Mànzǒu.

주말 즐겁게 보내요.

周末快乐!

Zhōumò kuàilè!

언제 다시 만날 수 있을까요?

什么时候能再见到你呀?

Shénme shíhou néng zài jiàndào nǐ ya?

다시 만날 수 있길 바래요.

希望能再见到你。/ 期待能再见到你。

Xīwàng néng zài jiàndào nǐ./ Qīdài néng zài jiàndào nǐ.

즐거운 주말 보내세요.

周末愉快。

Zhōumò yúkuài.

빨리 돌아오세요.

你快回来呀。/ 快点儿回来啊。

Nǐ kuài huílái ya./ Nǐ kuài diǎnr huílái ya.

살펴 가세요.

路上小心。

Lùshàng xiǎoxīn.

가시는 길 내내 평안하시길 빌어요.

一路平安。

Yílù píng'ān.

시간 되면 놀러 오세요.

有空到我这儿来玩儿吧。／ 有空来玩儿吧。

Yǒu kòng dào wǒ zhèr lái wánr ba.／ Yǒu kòng lái wánr ba.

도와주셔서 감사합니다.

谢谢你的帮助。

Xièxiè nǐ de bāngzhù.

환대해주셔서 감사합니다.

谢谢你的款待。

Xièxiè nǐ de kuǎndài.

보살펴주셔서 감사합니다.

谢谢你的照顾。

Xièxiè nǐ de zhàogù.

돌봐주셔서 감사합니다.

谢谢你的关照。

Xièxiè nǐ de guānzhào.

별말씀을요./ 천만에요.

哪里哪里。／ 哪儿的话。

Nǎli nǎli./ Nǎr de huà.

저에게 큰 도움이 되었습니다.

帮了我很大的忙。

Bāng le wǒ hěn dà de máng.

어떻게 당신께 감사드려야 할지 모르겠습니다.

不知该如何感谢你才好。/ 不知道该怎么感谢你才好。

Bù zhī gāi rúhé gǎnxiè nǐ cái hǎo./ Bù zhīdào gāi zěnme gǎnxiè nǐ cái hǎo.

예의 차리지 마세요.(=별말씀을요.)

别客气。

Bié kèqi.

너무 겸손하시군요.

您太客气了。

Nín tài kèqi le.

뭘요.(=괜찮아요)

没事。/ 没事儿。

Méishì./ Méishìr.

뭐 그리 대단하다구요.(=괜찮아요)

这算什么。/ 这不算什么。

Zhè suàn shénme./ Zhè búsuàn shénme.

실례합니다만, 좀 여쭙겠습니다.

(☞ 폐를 끼치기 전에 하는 말)

麻烦您, 请问一下。

Máfan nín, qǐng wèn yīxià.

실례했습니다.

(☞ 폐를 끼치고 난 뒤에 하는 말)

麻烦您了。

Máfan nín le.

폐를 끼쳤습니다.

打扰你了。

Dǎrǎo nǐ le.

당신의 시간을 뺏었네요.
耽误你的时间了。
Dānwù nǐ de shíjiān le.

걱정을 끼쳤습니다.
让您担心了。
Ràng nín dānxīn le.

너무 염두에 두지 마세요.
你可别介意, 好吗?/ 你可别介意啊。
Nǐ kě bié jièyì, hǎo ma?/ Nǐ kě bié jièyì a.

걱정마세요.
别担心。
Bié dānxīn.

용서해줘.
原谅我。
Yuánliàng wǒ.

문제없습니다.
没问题。
Méi wèntí.

당신에게 드리는 선물입니다.
这是送给你的礼物。
Zhè shì sòng gěi nǐ de lǐwù.

이건 제 작은 성의에요.
这是我的一点儿心意。

Zhè shì wǒ de yìdiǎnr xīnyì.

이건 마침 내가 필요했던 겁니다.

这正是我想要的呢。

Zhè zhèngshì wǒ xiǎngyào de ne.

당신이 좋아하니 기쁩니다.

你满意我很高兴。/ 你能喜欢我很高兴。

Nǐ mǎnyì wǒ hěn gāoxìng./ Nǐ néng xǐhuan wǒ hěn gāoxìng.

📁 走在拔舞路第二路上会话(바우길 제2구간 걷기 회화)

(1) 大关岭古道和历史性人物—申师任堂(대관령 옛길과 역사적 인물 신사임당)

王　丽: 拔舞路的第二路原来叫大关岭古道啊!
(바우길 제2구간은 대관령옛길이라고 부르는구나.)

金英俊: 这条路是以前江陵人往返于江陵—汉阳之间的必经之路。
(이 길은 옛날 강릉 사람들이 서울인 한양을 오고 갈 때 반드시 걸어야 했던 곳이지.)

王　丽: 原来还要翻越大关岭啊!
(높은 고개인 대관령을 반드시 넘어야 했다는 말이네.)

金英俊: 大关岭属于我国最大的山脉—太白山脉中比较高的山脉了, 即使如此, 江陵人想要往返于江陵—汉阳的话, 必须要翻越大关岭。
(대관령은 우리나라 최대 산맥인 태백산맥 중에서도 매우 높은 고개에 해당돼. 그럼에도 불구하고 강릉 사람들이 강릉과 한양을 오고가려면 어쩔 수 없이 이곳을 넘어야 했었지.)

王　丽: 这条路饱含了过去江陵人的悲欢。那故乡在江陵的申师任堂回娘家的话, 也必须要翻越此地了?
(이 길에는 옛 강릉 사람들의 애환이 참 많이 담긴 길이겠구나. 그럼 강릉이 고향이었던 신사임당도 친정에 가려면 반드시 이곳을 넘어야 했겠지?)

金英俊: 对, 申师任堂带着幼小的李栗谷经过这里回家探望老母亲, 你能想象得到他们母子二人走这条路的画面吗?

(맞아. 신사임당이 고향에 계신 어머님을 만나기 위해 어린 이율곡의 손을 잡고 이 길을 걸었다고 생각해봐. 두 모자의 모습이 상상이 되지?)

王　丽: 申师任堂和李栗谷都是韩国重要的历史人物吗?

(신사임당과 이율곡 모두 한국의 역사에서 중요한 인물이잖아?)

金英俊: 当然是了, 你看5万元纸币上印的就是申师任堂, 5千元纸币上印着的就是李栗谷。

(물론이지. 그래서 5만원권 지폐에 신사임당이 그려져 있고, 5천원권 지폐에 이율곡이 그려져 있을 정도야.)

王　丽: 朝鲜时代来江陵赴任的官吏们也必须要走这条路吧?

(조선시대 강릉으로 부임했던 관리들도 반드시 이 길을 걸어야했겠다.)

金英俊: 栗谷的朋友松江郑澈, 当时被任命为江原道的观察使, 后来写下了举世闻名的文学著作≪关东别曲≫。

(율곡의 친구였던 송강 정철도 강원도 관찰사에 임명되어 이 길을 걸었고 나중에 유명한 ≪관동별곡≫이란 문학작품을 썼어.)

王　丽: 我听说朝鲜时代最有名的画家金弘道也走过这条路, 对吗?

(조선시대 최고의 화가 중 한 명인 김홍도도 이 길을 걸었다고 들었어.)

金英俊: 金弘道当时走这条路的时候, 被大关岭的美景迷住了, 他立刻停下来站着画完了大关岭的美景, 流传至今。

(김홍도도 이 길을 걷다가 대관령의 경치에 반해서 멈춰 서서 그림을 그렸다고 전해지고 있지.)

王　丽: 金弘道的画流传至今?

(김홍도가 그린 그림이 지금까지 계속 전해지고 있니?)

金英俊: 对, 他那时候画的一幅≪大关岭图≫, 至今还留存在世。

(그가 그때 그린 그림이 ≪대관령도≫인데 지금까지 전해 내려오고 있어.)

王　丽: 一听说有这么多历史名人走过这条路, 我有种很新奇的感觉。

(역사상 유명한 많은 인물들이 이 길을 걸었다고 하니 내가 걷는 이 길이 문득 새롭게 나에게 다가온다.)

金英俊: 对吧? 虽然走了这么长时间有些疲倦, 但你不觉得更加亲切了吗?

(그렇지? 좀 피곤하기는 하지만 이 길을 걷는 느낌이 한결 정답고 친근해지지 않니?)

王　丽: 对, 确实是这样。

(음. 확실히 그런 거 같아.)

(2) 大关岭客栈(대관령 주막터)

金英俊: 李刚, 我们先休息一会儿, 怎么样?

(리강아, 우리 잠시 쉬었다 가는 게 어떻겠니?)

李　刚: 好呀, 正好我也想休息一下来着。

(좋아. 마침 나도 쉬고 싶었어.)

金英俊: 我看到前面有个休息区, 我们去那里吧。

(저기 앞에 쉼터가 보이는데 거기 가서 쉬자.)

李　刚: 我看指示牌上说这里以前是个客栈。

(안내판에 이곳 쉼터가 바로 옛날 주막이 있었던 곳이라고 설명이 되어 있어.)

金英俊: 走这条路的人想休息的时候, 就会停留在这个客栈。

(이 길을 걷던 사람들이 쉬어 갈 수 있도록 이곳에 주막을 세웠다고 해.)

李　刚: 你想想旅客们走累了, 可以在溪谷旁的客栈小憩一下, 那心情该有多舒适啊!

(걷다가 피로해진 뒤에 이렇게 계곡 옆에 있는 주막에서 쉴 수 있다고 생각하니 지나가던 길손들이 얼마나 편안하고 아늑하게 느꼈을까?)

金英俊: 一边休息, 一边听着溪流声, 一边欣赏大关岭的自然风光, 真是件浪漫的事呢!

(쉬면서 계곡물 흘러가는 소리도 듣고 대관령의 풍광도 감상할 수 있었으니 정말 낭만적이었을 거라고 생각이 돼.)

李　刚: 休息区里有泉水, 花圃里百花齐放, 就好像来到了美丽的庭院一样。

(쉼터에는 약수터도 있고 꽃밭에 꽃들도 예쁘게 피어 있어서 마치 아름다운 정원에 들어온 것 같아.)

金英俊: 你看那里还有莲花池、水碓, 和大自然融为一体的老客栈有一种古典美, 还能感受到先人的踪迹, 真的是倍感亲切。

(저쪽에는 연못과 물레방아도 있어. 자연과 어우러져 있는 옛 주막터의 모습은 아름답기도 하고 옛 선인들의 자취를 느낄 수 있어서 친근하게 느껴지기도 하네.)

李　刚: 你看客栈的房间里面还展示着模仿古人做成的人物蜡像。

(주막의 방안에는 옛 사람의 형상을 본떠 만든 밀랍인형들도 전시되어 있어.)

金英俊: 有喝着酒表情很兴奋的蜡像, 还有在读书的书生模样的蜡像。

(술을 마시며 흥겨워하는 모습의 인형도 있고 책을 읽고 있는 선비의 모습을 한 인형도 있어.)

李　刚: 这个书生模样的蜡像真的栩栩如生。这个客栈韩国性特征特别丰富, 是个值得游览的地方。

(한국의 옛 선비들의 모습을 생생하게 볼 수 있구나. 이 주막 쉼터는 정말 한국적인 특징이 풍부해서 꼭 오래 기억하고 싶은 곳이야.)

金英俊: 上坡的时候虽然会有点吃力, 但是一边走, 一边呼吸着树林里的新鲜空气, 心情也变得舒畅了。

(오르막길을 오를 때는 조금 힘들었지만 숲속의 신선한 공기를 마시며 걸으니 이제는 정말 기분이 훨씬 가벼워졌어.)

李　刚: 徒步在林间小路的魅力就在这里, 今后我们一定要继续保护好大自然。

(숲길을 걷는 매력이 바로 거기에 있는 것 같아. 앞으로도 계속 자연을 보호하고 소중하게 간직해야겠다는 생각이 강하게 들어.)

📁 生词(새로운 낱말)

1. 大关岭古道 Dàguānlǐnggǔdào: 대관령 옛길
2. 汉阳 Hànyáng: 한양(조선시대 수도)
3. 首尔 Shǒu'ěr: 서울
4. 申师任堂 Shēnshīrèntáng: 신사임당
5. 李栗谷 Lǐlìgǔ: 이율곡
6. 朝鲜时代 Cháoxiān shídài: 조선 시대
7. 松江 Sōngjiāng: 송강(정철의 호)
8. 郑澈 Zhèngchè: 정철(조선의 관리이자 문인)
9. 《关东别曲》 Guāndōngbiéqǔ: 《관동별곡》
10. 金弘道 Jīnhóngdào: 김홍도(조선의 화가)
11. 《大关岭图》 Dàguānlǐngtú: 《대관령도》
12. 观察使 guāncháshǐ: 관찰사
13. 大关岭客栈 Dàguānlǐng kèzhàn: 대관령 주막
14. 人物蜡像 rénwù làxiàng: 밀랍 인물형상
15. 百花齐放 bǎihuāqífàng: 백화제방(갖가지 학문·예술이 함께 성하다)
16. 栩栩如生 xǔxǔrúshēn: 생동감이 넘치다

常用句型(상용 문형)

1. 别提（有）多（A＝形容词/ 心理动词）了: 얼마나 (A)한지 말도 마라

别提（有）多美了! (얼마나 아름다운지 말도 마라.)
别提（有）多开心了! (얼마나 즐거운지 말도 마라.)
别提（有）多难过了! (얼마나 괴로운지 말도 마라.)
别提（有）多辛苦了! (얼마나 힘이 드는지 말도 마라.)
那心情别提(有)多舒适了! (그 기분이 얼마나 편안할지 말도 마라.)

2. 一边（A＝动词1）一边（B＝动词2）: (A)하는 한편으로 (B)하기도 하다

一边看一边写。(보는 한편으로 쓰기도 한다.)
一边听一边记。(듣는 한편으로 기록하기도 한다.)
一边走路一边听音乐。(길을 걷는 한편으로 음악을 듣기도 한다.)
一边吃饭一边看电视。(밥 먹는 한편으로 텔레비전을 보기도 한다.)
一边休息, 一边听着溪流声, 一边欣赏大关岭的自然风光。(쉬는 한편으로 계곡물 흘러가는 소리를 듣기도 하고 대관령의 자연풍광을 감상하기도 한다.)

3. (A) 好像 (B) 一样: (A)는 마치 (B)한 것 같다

脸色好像纸一样。(안색이 마치 종이장 같다.)
汉语说得好像中国人一样。(중국어를 하는 게 마치 중국인 같다.)
红脸蛋好像红苹果一样。(붉은 볼때기가 마치 붉은 사과 같다.)
跑的速度好像运动员一样。(뛰는 속도가 마치 운동선수 같다.)
休息区里有泉水, 花圃里百花齐放, 就好像来到了美丽的庭院一样。(쉼터에는 약수터도 있고 꽃밭에 온갖 꽃들이 활짝 피어 있어서 마치 아름다운 정원에 온 것 같다.)

3

拔舞路第三路_奉旨的松树路
제3구간_어명을 받은 소나무길

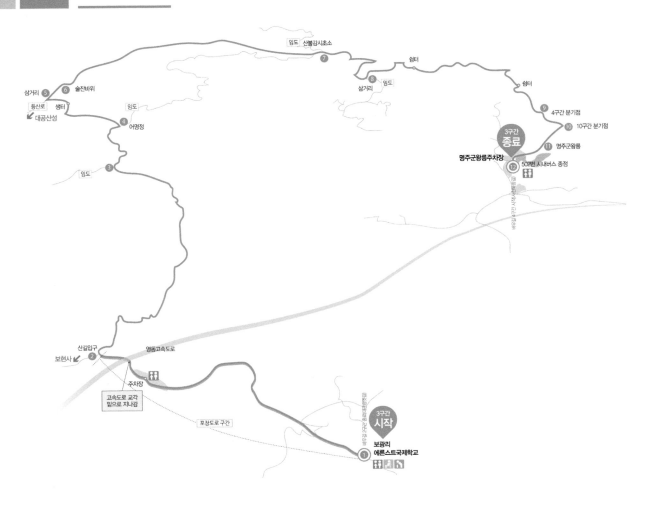

〈 路线基本信息(코스 기본 정보) 〉

路线长度(구간길이): 11.7公里(17km)
所需时间(소요시간): 4~5小时(4~5시간)
移动路线(이동코스): 普光里国际学校(보광리국제학교) 1.5km
⇨ 登山路入口(등산로입구) 3km
⇨ 御命亭(어명정) 1.1km ⇨ 酒杯岩石(술잔바위) 2.3km
⇨ 林道(임도)[山火监视哨所(산불감시초소) 3.8km
⇨ 溟州郡王陵(명주군왕릉)

📁 日常会话(일상회화)_인사·만남과 자기소개_3

성함이 어떻게 되시는지요?
您叫什么名字?/ 怎么称呼您?
Nín jiào shénme míngzì?/ Zěnme chēnghu nín?

존함이 어떻게 되시는지요?
您贵姓?
Nín guìxìng?

제가 먼저 소개를 좀 할게요.
首先我来介绍一下。/ 我先来介绍一下。
Shǒuxiān wǒ lái jièshào yíxià./ Wǒ xiān lái jièshào yíxià.

당신에게 소개시켜 드릴게요.
给你介绍一下。
Gěi nǐ jièshào yíxià.

만나서 반갑습니다.
见到你很高兴。
Jiàndào nǐ hěn gāoxìng.

자주 당신 얘기를 했었어요.
我们常常谈起你。/ 我们常常说起你。
Wǒmen chángchang tánqǐ nǐ./ Wǒmen chángchang shuōqǐ nǐ.

진작부터 만나 뵙고 싶었어요.
早就想认识您了。
Zǎojiù xiǎng rènshi nín le.

전에 만난 적이 있는 것 같은데요?

我好像在哪儿见过你?

Wǒ hǎoxiàng zài nǎr jiànguò nǐ?

미스터 리, 김 선생과 인사를 좀 하세요.

小李, 跟金先生打个招呼吧。

XiǎoLǐ, gēn Jīnxiānsheng dǎ ge zhāohu ba.

이건 제 명함입니다.

这是我的名片。

Zhè shì wǒ de míngpiàn.

오랜만입니다.

好久不见。

Hǎojiǔ bújiàn.

여긴 어쩐 일이세요?

你怎么会在这儿啊?

Nǐ zěnme huí zài zhèr a?

정말 공교롭군요.

真巧啊。

Zhēn qiǎo a.

여기서 당신을 만나리라곤 정말 생각도 못했어요.

真没想到在这儿遇到你。

Zhēn méi xiǎngdào zài zhèr yùdào nǐ.

이게 얼마 만이죠? (정말 오랜만입니다.)

好久不见了。

Hǎojiǔ bújiàn le.

눈 깜짝할 사이에 몇 년이 흘렀네요.

转眼几年过去了。
Zhuǎnyǎn jǐnián guòqu le.

모두 잘 지내고 계시지요?
大家都还好吗?
Dàjiā dōu hái hǎo ma?

당신 어머님께 제 대신 안부 좀 전해주세요.
请代我向你妈妈问好。/ 请代我向你母亲问好。
Qǐng dài wǒ xiàng nǐ māma wènhǎo./ Qǐng dài wǒ xiàng nǐ mǔqīn wènhǎo.

올해 몇 살이니?
你今年几岁了?
Nǐ jīnnián jǐsuì le?

올해 나이가 어떻게 되지요?
你今年多大了?
Nǐ jīnnián duō dà le?

올해 연세가 어떻게 되십니까?
请问您今年多大年纪?
Qǐng wèn Nín jīnnián duō dà niánjì?

언제 태어났습니까?
你是哪一年出生的?
Nǐ shì nǎ yìnián chūshēng de?

생일이 언제입니까?
你的生日是几月几号?
Nǐ de shēngrì shì jǐyuè jǐhào?

나이에 비해 젊어 보이는군요.

显得比实际年龄年轻啊。/ 你看上去比实际年龄年轻很多。/ 你看起来比实际年龄年轻多了。
Xiǎnde bǐ shíjì niánlíng niánqīng a./ Nǐ kànshàngqù bǐ shíjì niánlíng niánqīng hěnduō./
Nǐ kànqǐlai bǐ shíjì niánlíng niánqīng duō le.

가족은 몇 명입니까?
家里有几口人?
Jiāli yǒu jǐkǒu rén?

형제자매가 있습니까?
你有兄弟姐妹吗?
Nǐ yǒu xiōngdìjiěmèi ma?

어디에 사세요?
你住在哪里?
Nǐ zhùzài nǎli?

거기서 얼마나 사셨습니까?
住那儿多久了?/ 在那儿住了多久了?
Zhù nàr duōjiǔ le?/ Zài nàr zhù le duōjiǔ le?

고향은 어디세요?
你的老家在哪里?/ 你的老家是哪里?
Nǐ de lǎojiā zài nǎli?/ Nǐ de lǎojiā shì nǎli?

어디에서 자랐습니까?
你是在哪儿长大的?
Nǐ shì zài nǎr zhǎngdà de?

어떤 성격이세요?
你觉得你的性格是什么样的?/ 你是什么样的性格?
Nǐ juéde nǐ de xìnggé shì shénmeyàng de?/ Nǐ shì shénmeyàng de xìnggé?

저는 활달한 편입니다.

我很活泼。/ 我的性格比较活泼。

Wǒ hěn huópō./ Wǒ de xìnggé bǐjiào huópō.

저는 내성적인 편입니다.

我是比较内向的。/ 我的性格比较内向。

Wǒ shì bǐjiào nèixiàng de./ Wǒ de xìnggé bǐjiào nèixiàng.

취미가 무엇입니까?

你的爱好是什么?

Nǐ de àihào shì shénme?

무슨 일에 관심이 많으세요?

你对什么感兴趣呢?

Nǐ duì shénme gǎn xìngqù ne?

저는 음악 듣는 것을 좋아합니다.

我喜欢听音乐。

Wǒ xǐhuan tīng yīnyuè.

듣자 하니 골프를 좋아하신다던데요.

听说你喜欢打高尔夫球。

Tīngshuō nǐ xǐhuan dǎ gāoěrfūqiú.

결혼하셨어요?

你结婚了吗?

Nǐ jiéhūn le ma?

언제 결혼하실 계획입니까?

你打算什么时候结婚?

Nǐ dǎsuàn shénme shíhòu jiéhūn?

저는 이미 결혼했어요.
我已经结婚了。
Wǒ yǐjīng jiéhūn le.

저는 독신입니다.(＝저는 솔로입니다)
我是单身。
Wǒ shì dānshēn.

당신은 마음에 둔 사람이 있나요?
你有没有心上人啊?
Nǐ yǒu méiyǒu xīnshàngrén a?

당신에게 반했습니다.
我喜欢上你了。
Wǒ xǐhuan shàng nǐ le.

走在拔舞路第三路上会话(바우길 제3구간 걷기 회화)

(1) 御命亭(어명정)

王　丽: 惠兰, 我们现在走的这个地方是第几路呀?
(혜란아, 우리가 걷고 있는 이곳이 바우길 몇 구간이지?)

洪惠兰: 这是第3路, 叫奉旨的松树路。
(3구간이야. 어명을 받은 소나무길이야.)

王　丽: 奉旨? 是奉了圣旨吗? 我看过一些韩国古装剧里面, 传达王的命令的人经常高喊:
"圣旨到!"是不是就是这个圣旨的意思?
(어명? 한국의 TV 사극 드라마에서 가끔 왕의 명령을 전달하는 사람이 "어명이
오!" 하고 외치는 모습을 본 적이 있는데 바로 그 어명을 말하는 것이니?)

洪惠兰: 王丽, 你对韩国文化了解得真不少!
(왕리, 너는 한국문화에 대해 아는 게 적지 않구나.)

王　丽: 但是为什么要把这条满是松树的路叫作奉旨的松树路呢? 我感到很好奇。
(근데 소나무가 많은 이 길에 굳이 왜 어명을 받은 소나무길이라고 이름을 붙였는지, 그 이유가 궁금하구나.)

洪惠兰: 2007年修复光化门的时候用的是这里的金刚松。
(2007년에 광화문을 복원할 때 이곳에 있는 금강소나무를 사용했어.)

王　丽: 那松树和圣旨有什么关联呢?
(근데 소나무가 왜 어명과 관련이 있지?)

洪惠兰: 这里的松树是金刚松, 因为金刚松很珍贵, 所以法律规定不能胡乱砍伐, 再加上当时这棵树的树龄有150年了, 已经长成了直径94cm, 高25m的参天大树, 无比珍贵。
(이곳의 소나무는 금강소나무라서 매우 귀중하기 때문에 법적으로도 함부로 베어내면 안 되는 것이지. 게다가 이 나무는 수령이 150년이 되었고 지금 94cm, 길이 25m나 되는 엄청 큰 나무였으니 이 금강소나무는 이루 말할 수 없이 귀하고 가치가 있었겠지.)

王　丽: 哦, 我明白了。要得到王的命令, 告诉人们这棵金刚松的珍贵的价值, 才能砍。
(아아, 알겠다. 왕이 특별히 명령을 내려서 허락을 해야 할 만큼 이 금강소나무가 귀한 가치를 지녔다는 것을 이 나무에게 알려주면서 베었던 거로구나.)

洪惠兰: 所以砍松树的时候才会高喊圣旨到啊, 感觉再现了朝鲜时代当时的画面一样, 并且听说为了安慰被砍的树木, 还举行了祭奠仪式。
(그래서 소나무를 베어낼 때 "어명이오!"라고 외친 것이야. 옛날 조선시대의 방식을 재현한 것이지. 이어서 베어낸 나무를 위로해주기 위해 위령제를 지내주기도 했다고 해.)

王　丽: 原来还有这样的故事呢。那这个御命亭就是为了纪念此事而建成的吧?
(그렇게 깊은 사연이 담겨 있구나. 그럼 이 어명정 정자(亭子)는 이 일을 기념하기 위해 지어진 것이겠구나.)

洪惠兰: 怪不得江陵人对金刚松如此认可, 如此爱惜呢。现在我们也能充分理解金刚松为什么有这么珍贵的价值了。
(그만큼 이곳의 금강소나무를 강릉사람들이 인정해주고 특별하게 대우해줬다는 것이겠지. 이것을 보면 우리는 금강소나무가 얼마나 귀한 가치를 지녔는지를 충분히 알 수 있어.)

王　丽: 砍一棵树都要有这样的形式和礼节, 令人充分感受到了江陵传统的力量。我有点饿了, 我带了一些紫菜包饭和饮料, 有能坐下来吃饭的地方吗?
(나무 하나를 베어낼 때도 이런 격식과 예절을 갖추는 것을 보면 강릉이 지니고 있는 전통의 힘을 충분히 알 수 있겠어. 슬슬 배가 고파온다. 김밥과 음료수를

싸왔는데 좀 앉아서 먹을 만한 곳이 어디 있을까?)

洪惠兰: 从这里再走一会儿有个酒杯岩石, 我们去那里吃吧。

(여기서 조금만 더 가면 술잔바위가 있어. 그곳에 가서 먹자.)

王　丽: 酒杯岩石? 这里有趣的名字真多呀!

(술잔바위? 이곳은 정말 재미난 이름이 많구나.)

洪惠兰: 到那里看了岩石的模样就知道是怎么一回事了。岩石上面很平, 所以人们可以坐在
上面, 也可以把东西放在上面, 因为上面有一个可以放酒杯和酒壶的小洞, 所以人
们称之为"酒杯岩石"。

(가서 바위의 모습을 보면 금방 이해할 수 있을 거야. 바위가 하나 있는데, 위쪽이
평평해서 사람들이 앉을 수도 있고 또 물건을 내려놓을 수도 있는데, 마침 술잔
과 술주전자를 내려놓을 수 있을 만한 크기의 오목한 구멍이 파여 있어서 술잔바
위라고 부른 것이지.)

王　丽: 到那里的路是上坡路, 这就不是散步, 更像是登山了。

(거기까지 가려면 오르막길을 올라야 하는구나. 이건 산책이 아니라 등산에 가
까운 걸.)

洪惠兰: 加油! 马上就要到了, 到酒杯岩石之后就是下坡路了, 我们闻着松香再坚持一会儿
吧。

(조금만 더 힘을 내. 곧 도착할 거야. 술잔바위까지만 가면 그 다음은 내리막길이
야. 소나무향기를 맡으면서 힘을 내서 올라가보자.)

(2) 溟州郡王陵(명주군왕릉)

金英俊: 韩国有个俗语叫"生也是活千年, 死也是活千年", 你听说过没有?

(한국 속담에 "소나무는 살아서도 천 년, 죽어서도 천 년을 산다."고 하는 말이
있는데 들어봤니?)

李　刚: 我没有听说过, 不过听上去挺有趣的, 人们认可下圣旨才能砍的松树的价值, 并纪
念它, 这一点上很符合"死也是活千年"的说法。

(아니. 정말 재미있는 속담이구나. 심지어 어명을 내려서야 비로소 벨 수 있을
정도로 가치를 인정해주고 기념해주는 소나무까지도 있는 것을 보면 "죽어서도
천 년을 산다"는 속담은 딱 맞는 말이네.)

金英俊: 走着走着就到溟州郡王陵了。

(걷다 보니 어느새 명주군왕릉에 도착했구나.)

李　　刚: 既然叫溟州郡王陵, 那埋葬在这里的肯定是个郡王了。
（명주군왕릉이라고 부르는 걸 보니 여기 묻혀 있는 사람이 군왕이었나 보구나.）

金英俊: 这是新罗太宗武烈王的第6代孙子金周元的墓地, 但他那时候不是郡王。
（이곳은 신라 태종 무열왕의 6대손인 김주원이라는 사람의 묘야. 그런데 그는 군왕이 아니었어.）

李　　刚: 那为什么叫郡王陵呢?
（그런데 왜 군왕릉이라고 부르고 있지?）

金英俊: 当时金周元在争夺王权失败之后就来江陵了, 于是争取到王权的元圣王封他为溟州郡王, 管辖江陵、襄阳、三陟这些地方。
（김주원은 당시 왕권 쟁탈전에서 패배를 한 후 강릉으로 오게 되었어. 그러자 왕권을 쟁취한 원성왕이 그를 이곳 명주군의 왕으로 봉해서 강릉, 양양, 삼척 등의 지역을 다스리게 했대.）

李　　刚: 那之后金周元移居到这里开始生活, 成为江陵金氏的始祖了。
（김주원이 이곳으로 처음 옮겨와서 살기 시작하면서 강릉 김씨들의 시조가 된 것이로구나.）

金英俊: 所以到现在生活在江陵的一部分姓金的人还有种自豪感, 因为有悠久的历史传统。
（그렇지. 그래서 강릉에 아직도 살고 있는 일부 강릉 김씨들은 큰 자부심을 느끼고 있어. 전통이 깊기 때문이지.）

李　　刚: 酒杯岩石也看了, 溟州郡王陵也看了, 突然想喝点儿冰镇啤酒。
（술잔바위도 보았고 명주군왕릉도 보고나니까 왠지 시원한 맥주 한 잔이 생각나는구나.）

金英俊: 江陵市内有个手工啤酒馆, 我们去喝点儿冰镇啤酒, 再回想一下今天走的第3区段的路, 怎么样?
（우리 강릉 시내에 있는 직접 맥주를 만들어서 파는 수제 맥주집으로 가서 시원한 맥주 한 잔 하면서 오늘 걸은 3구간 길을 회상해보자. 어때?）

李　　刚: 既然是手工啤酒, 那就应该能品尝到比现有的啤酒更独特的味道吧。真令人期待, Let's go!
（수제맥주라서 기존의 맥주보다 독특한 맛들을 맛볼 수 있겠다. 기대된다. 렛츠 고!）

📁 生词(새로운 낱말)

1. 御命亭 Yùmìngtíng: 어명정
2. 松树路 sōngshùlù: 소나무길
3. 光化门 Guānghuàmén: 광화문
4. 酒杯岩石 Jiǔbēi yánshí: 술잔바위
5. 奉旨 fèngzhǐ: 어명을 받다
6. 溟州郡王陵 Míngzhōujùnwánglíng: 명주군왕릉
7. 新罗 Xīnluó: 신라
8. 太宗武烈王 Tàizōng Wǔlièwáng: 태종 무열왕
9. 金周元 Jīnzhōuyuán: 김주원
10. 襄阳 Xiāngyáng: 양양
11. 三陟 Sānzhì: 삼척
12. "生也是活千年, 死也是活千年" "shēng yě shì huó qiānnián, sǐ yě shì huó qiānnián":
    살아서 천년, 죽어서도 천년을 살다
13. 令人期待 Lìng rén qīdài: 기대된다, 흥미롭다

📁 常用句型(상용 문형)

1. 有点(儿) (A＝形容词/ 心理动词): 좀 (A)하다
(일반적으로 좋지 않은 일에 사용)

有点(儿)贵。(좀 비싸다.)
有点(儿)疼。(좀 아프다.)
有点(儿)累。(좀 피곤하다.)
有点(儿)难看。(좀 보기 싫다.)
我有点(儿)饿了。(나는 좀 배가 고파졌다.)

2. (A＝动词) 着 (A＝动词) 着就 ~: (A)하다 보니 어느새 ~

听着听着就 ~ (듣다 보니 어느새 ~)
写着写着就 ~ (쓰다 보니 어느새 ~)
打着打着就 ~ (치다 보니 어느새 ~)
说着说着就 ~ (말하다 보니 어느새 ~)
走着走着就到溟州郡王陵了。(걷다 보니 어느새 명주군왕릉에 도착했다.)

3. 既然 (A), 那（就）(B): 이미 (A)하니 그럼 (B)할 거야.

既然到了, 那（就）休息吧。(이미 도착을 하였으니 그럼 바로 쉬자.)
既然不喜欢, 那（就）放弃。(이미 좋아하지 않으니 그럼 포기하겠다.)
既然都会了, 那（就）考一下。(이미 모두 할 줄 아니 그럼 한번 시험을 보겠다.)
既然关门了, 那（就）回家好了。(이미 문을 닫았으니 그럼 집에 돌아가는 게 좋겠다.)
既然来了正东津, 肯定是要看日出的。(이미 정동진에 왔으니 반드시 일출을 봐야만 하겠다.)
既然叫溟州郡王陵, 那埋葬在这里的肯定是个郡王了。(이미 명주군왕릉이라고 부르고 있으니, 그럼 여기 묻혀 있는 사람은 틀림없이 군왕이었을 거야.)

拔舞路第四路_沙川河堤路
제4구간_사천 둑방길

4

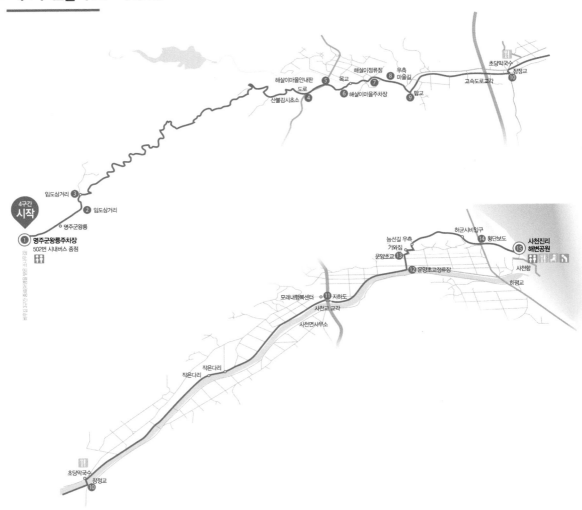

〈 路线基本信息(코스 기본 정보) 〉

路线长度(구간길이): 15.7公里(15.7km)
所需时间(소요시간): 5~6小时(5~6시간)
移动路线(이동코스): 溟州郡王陵停车场(명주군왕릉주차장) 5.7km
⇨ 阳光村(해살이마을) 6km
⇨ 沙川幸福中心(모래내행복센터) 4km
⇨ 沙川津海边公园(사천진해변공원)

📁 日常会话(일상회화)_일상생활 속에서의 감정표현_1

정말 대단하구나!
真棒!
Zhēn bàng!

당신 정말 대단하세요!
你真了不起!
Nǐ zhēn liǎobuqǐ!

정말 대단하십니다!
你真厉害!
Nǐ zhēn lìhài!

괜찮네요!
不错!
Búcuò!

재밌네요!
真有意思!
Zhēn yǒu yìsi!

잘 했어요!
做得好!
Zuò de hǎo!

좋은 생각이에요!
好主意!
Hǎo zhǔyì!

정말 기뻐요.

我很高兴。

Wǒ hěn gāoxìng.

그 말을 들으니 너무 기쁘군요.

听到那个消息我很高兴。

Tīngdào nàge xiāoxi wǒ hěn gāoxìng.

기분이 안 좋아요.

心情不好。

Xīnqíng bùhǎo.

가슴이 아파요.

心好痛。/ 好难受。/ 好难过。

Xīn hǎotòng./ Hǎo nánshòu./ Hǎo nánguò.

정말 가여워.

好可怜。

Hǎo kělián.

걱정하지 않아도 돼요.

不用担心。

Búyòng dānxīn.

너무 그렇게 상심하지 마세요.

别那么伤心。/ 别太伤心了。/ 别太难过了。

Bié nàme shāngxīn./ Bié tài shāngxīn le./ Bié tài nánguò le.

생각하는 것처럼 그렇게 심각하진 않아요.

没你想的那么严重。

Méi nǐ xiǎng de nàme yánzhòng.

잊어버리세요.

忘了吧。

Wàng le ba.

기운 내세요

加油吧。

Jiāyóu ba.

좋아질 거에요.

会好起来的。

Huì hǎo qǐlái de

앞으로는 더 좋아질 거예요.

明天会更好的。

Míngtiān huì gènghǎo de.

저런, 세상에나!

天啊!

Tiān a!

아이쿠!

哎哟!

āiyo!

말도 안 돼!

太不像话了吧!

Tài búxiànghuà le ba!

깜짝 놀랐잖아!

吓死我了!

Xiàsǐ wǒ le!

그럴리가요!

不会吧!

Bú huì ba!

믿어지지 않는데요.

不敢相信。

Bù gǎn xiāngxìn

도대체 이게 무슨 일이야!

这(是)怎么回事!

Zhè (shì) zěnme huí shì!

어떻게 그럴 수가 있어요!

怎么可能呢!

Zěnme kěnéng ne!

왜 그렇게 화를 내세요?

你干吗那么生气?

Nǐ gànmá nàme shēngqì?

더 이상 못 참겠어요.

我忍不了了。/ 我受不了了。

Wǒ rěnbuliǎo le./ Wǒ shòubuliǎo le.

나로 인해서(＝나 때문에) 화내지 마세요!

(☞ 내가 잘못했으니 나로 인해서 화를 내진 말고 당신은 기분 풀어요.)

你别生我的气呀!

Nǐ bié shēng wǒ de qì ya!

나 때문에 화가 났나요?

(☞ 내 잘못 때문에 나에게 화가 났나요?)

你生我的气了吗?

Nǐ shēng wǒ de qì le ma?

엄마 때문에 화가 나.
生妈妈的气。
Shēng māma de qì.

엄마가 잘못했으니 엄마로 인해서 화를 내진 말고 기분 풀어.
别生妈妈的气。
Bié shēng māma de qì.

당신은 나한테 화내지 마세요.
(☞ 내 잘못이 아니라 다른 사람의 잘못이니 나한테 화내지 마세요.)
你别跟我生气。/ 你别对我发火。
Nǐ bié gēn wǒ shēngqì./ Nǐ bié duì wǒ fāhuǒ.

화내지 마세요.
你别生气呀。
Nǐ bié shēngqì ya.

아직도 화가 나 있어요?
你还在生气吗?
Nǐ hái zài shēngqì ma?

그녀는 왜 화가 난 거예요?
她为什么发脾气?
Tā wèishénme fā píqì?

성질 나 죽겠어요!
气死我了!
Qìsǐ wǒ le!

走在拔舞路第四路上会话(바우길 제4구간 걷기 회화)

(1) 沙川河堤路(사천둑방길)

王　丽: 迎着春天温暖的阳光, 徒步在第四路沙川河堤路, 心情真好。
(따뜻한 봄 햇살을 맞으면서 바우길 4구간 사천둑방길을 걸으니 기분이 너무 좋아.)

洪惠兰: 这条路从大关岭溟州郡王陵一直延续到东海边, 山和海都能看到。
(이 구간은 대관령 명주군왕릉에서 동해 바다까지 이르는 구간이야. 그래서 산과 바다를 모두 볼 수 있는 곳이지.)

王　丽: 这条路段有标志性的场所吗?
(이 구간에는 어떤 특징적인 장소들이 있지?)

洪惠兰: 路中途有个芦谷韩果村, 这里延续了150多年的传统, 制作具有江陵特色的韩果。
(구간 중간에 갈골 한과 마을이 있는데, 150년 이상의 전통을 이어가면서 강릉만의 특색 있는 한과를 만들고 있어.)

王　丽: 韩国传统的点心? 我们赶紧去尝尝吧。
(한국식 간식이로구나. 어서 가서 한번 맛을 좀 보자.)

(在韩果村 한과마을에서)

王　丽: 哇哦, 这里好香啊!
(와우, 주변에서 맛있는 냄새가 난다.)

洪惠兰: 因为这里就是制作传统点心—韩果的地方。
(바로 이곳에서 전통과자인 한과를 만들기 때문이지.)

王　丽: 那我们去买点尝尝吧, 跟他们说我是从中国来江陵学习韩语的学生的话, 说不定人家还会多给点儿呢。
(그럼 우리도 한번 가서 사 먹어보자. 중국에서 한국어를 공부하러 강릉에 왔다고 말씀드리면 더 많이 주실지도 몰라.)

(吃着韩果 한과를 먹으며)

洪惠兰: 味道怎么样? 是不是感觉好像在慢慢融化, 还有股香甜味?

(어때? 사르르 녹는 듯한 달콤한 맛을 느낄 수 있지?)

王　丽: 嗯。它的样子还有味道确实跟现在的点心很不一样。

(응. 생김새나 맛이 확실히 현대식 과자와는 많이 다르네.)

洪惠兰: 好啦, 既然吃好了, 赶紧走吧。再走一会儿就到沙川海边公园了。

(자 맛있게 먹었으니 이제 서둘러서 다시 걷도록 하자. 조금 더 가면 사천해변공원에 도착해.)

王　丽: 到那儿之后是不是就能看到广阔无垠的东海了?

(거기 도착하면 탁 트인 넓은 동해바다를 볼 수 있겠지?)

洪惠兰: 当然了。

(물론이지.)

(在沙川海边公园 사천해변공원에서)

王　丽: 终于到了。快看这蔚蓝的大海, 太酷了。

(드디어 도착했다. 파란 바다를 한 번 봐. 정말 멋지구나.)

洪惠兰: 这沙川海边公园是拔舞路第四路的终点。

(여기 사천해변공원이 바우길 4구간의 종점이야.)

王　丽: 我们居然走完了这么长的第四路! 终于成功了!

(우리가 이 긴 바우길 4구간을 완주했구나. 드디어 해냈어.)

洪惠兰: 不觉得累吗?

(힘들진 않았니?)

王　丽: 虽然有点儿累, 但是这会成为我的一段很美好的回忆, 永生难忘。

(힘들긴 하였지만 한국에서 좋은 추억을 만들 수 있어서 너무 좋았어. 영원히 잊지 못할 거 같아.)

洪惠兰: 对作为外国人的你来说, 不但能直接感受到江陵自然山川的美, 而且还能深刻地体验韩国的传统文化, 我也觉得很好。

(강릉에는 이렇게 아름다운 자연산천은 물론이고 전통 깊은 문화도 함께 있다는 것을 외국인인 네가 직접 체험할 수 있게 돼서 나도 기분이 좋아.)

王　丽: 对, 在走的过程中我也能感受到住在这里的人们的温暖的气息。

(맞아. 길을 걷는 동안 내내 이곳에 살았던 사람들의 따뜻한 숨결을 느낄 수 있었어.)

(2) 爱日堂村(애일당마을)

李　刚: 为什么把这第四路叫作沙川河堤路呢?
(이 4구간을 사천둑방길이라고 하던데 왜 이렇게 부르는 거야?)

金英俊: 你前面所看到的这条小江就是沙川, 这条路沿着沙川的河堤走, 所以把它叫作沙川河堤路。
(앞에 보이는 작은 강이 바로 사천천인데 바로 이 사천천의 강둑을 걸을 수 있기에 사천둑방길이란 이름을 붙인 거야.)

李　刚: 这里仍然保留着以前河堤的模样呢!
(강둑이 옛날 모습 그대로 잘 보존이 되어 있네.)

金英俊: 对。一到秋天, 游到大海的鲑鱼就会回到这里产卵。
(가을이 오면 바다를 헤엄치고 다니던 연어들이 이곳에다 알을 낳기 위해 다시 돌아오지.)

李　刚: 鲑鱼好像有着很了不起的回归本能, 它们能重新游回这里, 说明这里的江水没有被污染, 很清澈。
(연어들의 회귀 본능은 참 대단한 거 같아. 연어들이 돌아오는 것을 보면 이곳 강물이 오염되지 않고 깨끗하다는 것을 알 수 있어.)

金英俊: 拔舞路第四路有个爱日堂村, 许筠的故居和外婆家就在这里。
(바우길 4구간에는 허균의 친가와 외가가 있던 애일당 마을이 있어.)

李　刚: 许筠和他的姐姐许兰雪轩都是朝鲜时代有名的文人吧?
(허균은 누나인 허난설헌과 함께 조선시대 유명한 문인이지 않니?)

金英俊: 是的, 去这个村子里想象朝鲜时期有名的文人兄妹小时候的时光, 好像也挺有意义的。
(맞아. 이 마을에 들러서 이 유명한 조선시대 남매 문인들의 어린 시절의 삶을 회상해보는 것도 의미가 있을 거 같아.)

李　刚: 你可以给我简单地介绍介绍他们的文学作品吗?
(그들의 문학작품을 간단히 소개해 줄 수 있겠니?)

金英俊: 弟弟许筠写了最早的韩文小说≪洪吉童传≫, 姐姐许兰雪轩创作了很多杰出的古汉文诗歌。
(남동생인 허균은 최초의 한글 소설인 ≪홍길동전≫을 썼고 누나인 허난설헌은 고대 중국어로 된 뛰어난 시가(诗歌)를 창작했어.)

李　刚: 洪吉童? 我看过韩国的电视连续剧≪快盗洪吉童≫。

(홍길동? 나도 ≪쾌도 홍길동≫이란 한국의 TV 연속극을 본 적이 있어.)

金英俊: 因为你是外国人, 可能还不太清楚。韩国人讨论男生姓名的时候, 最具有代表性的 名字就是洪吉童了, 由此可以看出洪吉童这个名字对我们来说最熟悉不过了。
(너는 외국인이라 이건 잘 모르겠구나. 한국인들은 남자의 이름을 거론할 때 가장 대표적으로 홍길동이란 이름을 흔히 거론하곤 해. 그만큼 홍길동이란 이름 이 우리에게 매우 친숙해져서 한국인 남성을 대표적으로 상징하게 됐다고 볼 수 있지.)

李 刚: 去韩国银行取钱的时候, 写金额和账号的那张取款凭条样本上的姓名空格栏里写的 就是洪吉童。洪吉童这个名字家喻户晓, 作为作家的许筠的名声自然也就非常大了。
(한국의 은행에 갔을 때 돈을 찾을 때 금액과 계좌번호를 쓰는 현금인출지가 있는데, 그 인출지의 견본에도 이름을 적는 빈칸에 홍길동이란 이름이 적혀있는 것을 본 적이 있었지. 홍길동이란 이름이 그렇게 널리 알려졌다면 작가인 허균의 명성도 그만큼 크겠구나.)

金英俊: 许筠出生的村庄里有座蛟山, 山的模样弯弯曲曲的, 就好像变成龙之前的蛟龙一样, 所以人们把这座山称之为蛟山。许筠把蛟山作为自己的号。许筠想像洪吉童那样 努力改革国家的政策, 创造出一个好世道, 结果被当作是谋逆之徒抓起来后牺牲了。 许筠也许早就预料到自己会像蛟龙一样还没有成为龙之前就死了。
(허균이 태어난 마을에 있는 산인 교산은 산 모양이 구불구불한데, 마치 용이 되기 전의 이무기 같다고 해서 붙인 이름이지. 그런데 허균이 이 교산이란 이름 을 자기의 호로 삼았어. 허균은 나중에 홍길동처럼 나라를 개혁해서 새로운 세상을 만들어보려고 노력했지만 결국에는 국가에 반역을 도모한 역도로 잡혀 서 비참한 최후를 맞이하게 돼. 이런 걸 보면 허균은 이무기처럼 용이 되지 못한 채 죽어야 하는 자신의 모습을 미리 예견한 것인지도 모르겠어.)

李 刚: 真是个令人又遗憾又悲伤的故事! 这条路曲曲折折的, 就好像许筠的一生一样, 令 人伤感。
(너무 슬프고 안타까운 이야기로구나. 이 길 역시 꼬불꼬불한데 마치 허균의 일생을 보는 것 같아 마음이 아픈 걸.)

金英俊: 你这个比喻真的很恰当, 心情突然很郁闷, 还是不要说这个故事了, 忘了它吧。韩国 有个俗语叫"民以食为天!", 我们既然到了沙川港, 就一起去吃碗鲜鱼脍吧。
(비유가 참 멋지구나. 자자, 기분이 갑자기 울적해지니 이 이야기는 그만 하고 모두 잊어버리자. 한국 속담에 "금강산도 식후경!"이라고 했어. 사천항에 도착했 으니 맛있는 물회 한 그릇 먹고 가자.)

李 刚: OK! 我听说把生鱼片泡在水里的鲜鱼脍在别的地方不常见, 是江陵独有的美食, 我们赶紧去吧。
(오케이! 생선회를 물에 말아 먹는 물회는 다른 곳에서는 많이 볼 수 없는 이곳 강릉만의 독특한 음식이라고 나도 들었어. 어서 가자.)

📁 生词(새로운 낱말)

1. 沙川河堤路 Shāchuānhédīlù: 사천 둑방길
2. 东海 Dōnghǎi: 동해
3. 芦谷韩果村 Lúgǔ hánguǒcūn: 갈골 한과촌
4. 韩语 Hányǔ: 한국어
5. 沙川海边公园 Shāchuān hǎibiāngōngyuán: 사천 해변공원
6. 广阔无垠 guǎngkuòwúyín: 끝없이 넓다
7. 爱日堂村 Àirìtángcūn: 애일당 마을
8. 许筠 Xǔjūn: 허균
9. 许兰雪轩 Xǔlánxuěxuān: 허난설헌
10. ≪洪吉童传≫ Hóngjítóngzhuàn: ≪홍길동전≫
11. ≪快盗洪吉童≫ Kuàidào Hóngjítóng: ≪쾌도홍길동≫
12. 蛟山 Jiāoshān: 교산(허균의 호)
13. 令人伤感 lìngrén shānggǎn: 슬프게 하다
14. "民以食为天" "Mín yǐ shí wéi tiān": 백성은 먹는 것을 하늘로 여긴다, 먹는 게 제일 중요하다

📁 常用句型(상용 문형)

1. 不但 (A) 而且 (B): (A)할 뿐만 아니라 (B)하기도 하다

不但漂亮而且善良。(예쁠 뿐만 아니라 착하기도 하다.)
不但可以看新闻而且可以购物。(뉴스를 볼 뿐만 아니라 물건을 구매할 수도 있다.)

不但口语好而且作文也好。(회화를 잘 할 뿐만 아니라 작문을 잘 하기도 한다.)

不但能学习汉语而且能体验中国人的生活。(중국어를 배울 수 있을 뿐만 아니라 중국인의 생활을 체험할 수 있기도 하다.)

不但能直接感受到江陵自然山川的美, 而且还能深刻地体验韩国的传统文化。(강릉의 아름다운 자연 산천을 직접 느낄 수 있을 뿐만 아니라 또한 한국의 전통문화도 깊이 체험할 수 있다.)

2. (A) 最 (B) 不过了: (A)는 더할 나위 없이 (B)하다

哈尔滨最冷不过了。(하얼빈은 더할 나위 없이 춥다.)

草莓最好吃不过了。(딸기는 더할 나위 없이 맛있다.)

汉字最难写不过了。(한자는 더할 나위 없이 쓰기 어렵다.)

雪花啤酒最好喝不过了。(설화 맥주는 더할 나위 없이 맛있다.)

洪吉童这个名字对我们来说最熟悉不过了。(홍길동이란 이 이름은 우리에게 더할 나위 없이 익히 알려져 있다.)

3. 把 (A) (B＝动词)

把狗狗称作家人。(개들을 가족으로 부르다.)

把树皮当作食物。(나무껍질을 음식물로 여기다.)

把同学看成兄弟姐妹。(친구를 형제자매로 간주하다.)

把意见不同的人视为异类。(의견이 다른 사람을 이종족으로 간주하다.)

许筠把蛟山作为自己的号。(허균은 교산을 자신의 호로 삼았다.)

5

拔舞路第五路_大海湖边路
제5구간_바다호숫길

〈 路线基本信息(코스 기본 정보) 〉

路线长度(구간길이): 15公里(15km)

所需时间(소요시간): 5~6小时(5~6시간)

移动路线(이동코스): 沙川津海边公园(사천진해변공원)4km

　　　　　　　　⇨ 海上眺望台(해중전망대) 3km ⇨ 镜浦台(경포대) 3km

　　　　　　　　⇨ 祭杆岩石(솟대바위) 4km

　　　　　　　　⇨ 江陵咖啡街(강릉커피거리) 1km

　　　　　　　　⇨ 南项津海边(남항진해변)

📁 日常会话(일상회화)_일상생활 속에서의 감정표현_2

됐어요, 됐어요.(=그만 하세요)
好了，好了。
Hǎo le, hǎo le.

그 얘기 그만 꺼내세요.
别再提了。
Bié zài tí le

너무 무례하군요!
你真没礼貌!
Nǐ zhēn méi lǐmào!

난 당신에게 실망했어요.
我对你太失望了。
Wǒ duì nǐ tài shīwàng le.

창피하지도 않으세요?
你不觉得丢脸吗?
Nǐ bù juéde diūliǎn ma?

다 너 때문이야!
都怪你不好!
Dōu guài nǐ bù hǎo!

바보!
傻瓜!
Shǎguā!

도대체 왜 그래요?

你到底想干嘛?

Nǐ dàodǐ xiǎng gànma?

다시는 절대로 이러지 마세요.

以后千万别这样。

Yǐhòu qiānwàn bié zhèyàng.

이렇게 해서는 안됩니다.

你不应该这样做。

Nǐ bù yīnggāi zhèyàng zuò.

어떻게 제게 이러실 수 있죠?

你怎么能这样对我?

Nǐ zěnme néng zhèyàng duì wǒ?

투덜거리지 마! (=불평거리지 마)

别发牢骚了。

Bié fā láosāo!

나한테 무슨 불만이 있는 건가요?

你对我有什么不满吗?

Nǐ duì wǒ yǒu shénme bùmǎn ma?

정말 무서워요.

我真害怕。

Wǒ zhēn hàipà.

두려워하지 마.

别害怕。

Bié hàipà.

뭐가 무섭다고 그래.

你怕什么呀。

Nǐ pà shénme ya.

너랑 말싸움 하고 싶지 않아.

不想跟你吵架。

Bùxiǎng gēn nǐ chǎojià.

너 죽고 싶은 모양이구나!

你不想活了吧!

Nǐ bùxiǎng huó le ba!

흥분하지 마세요.

你别激动。

Nǐ bié jīdòng.

두고 보자!

你等着瞧!

Nǐ děngzhe qiáo!

너 후회하지 마!

你别后悔!

Nǐ bié hòuhuǐ!

반드시 후회할 거야.

你肯定会后悔(的)。

Nǐ kěndìng huì hòuhuǐ (de).

좀 교양 있게 말하시지요.

你说话文明点儿。

Nǐ shuōhuà wénmíng diǎnr.

그렇게 긴장할 필요 없어요.

不要那么紧张。

Búyào nàme jǐnzhāng.

긴장 풀고 편안하게 하세요.

放松一下吧。

Fàngsōng yíxià ba.

너무 늦었어.

太晚了。

Tài wǎn le.

끝장이야.(＝망했어)

完蛋了。

Wándàn le.

당신께 감탄했습니다.

我真佩服你。

Wǒ zhēn pèifú nǐ.

당신은 우리의 자랑이에요.

你是我们的骄傲。

Nǐ shì wǒmen de jiāoào.

당신 참 이쁘네요.

你真漂亮。

Nǐ zhēn piàoliang.

정말 다정하시군요.

你真体贴呀。

Nǐ zhēn tǐtiē ya.

정말 똑똑하구나!

你真聪明啊!

Nǐ zhēn cōngmíng a!

정말 부럽다!

好羡慕你呀!

Hǎo xiànmù nǐ ya!

🗂 走在拔舞路第五路上会话(바우길 제5구간 걷기 회화)

(1) 松树林(소나무숲)

李　刚: 沙川海边公园这里有第五路和第十二路两个路线, 我们先走哪条路呢?

(사천해변공원에서 5구간과 12구간 두 개의 코스가 이어지고 있는데, 우리는 어느 구간을 선택해서 걸을까?)

金英俊: 我建议走第五路, 因为是沿着海边走的路, 所以走起来不费力。

(5구간인 바다호수길을 추천할게, 길이 해변을 따라 있어서 아주 힘들이지 않고 가볍게 걸을 수 있는 곳이거든.)

李　刚: 我也觉得走第五路更好点儿, 因为可以看到大海。

(나 역시 5구간을 걷는 게 좋겠다고 생각해. 바다 보는 걸 좋아하는 데다가 또한 오래 걷는데 익숙하지도 않으니까.)

金英俊: 从沙川海边公园沿着海边向南走就是镜浦海边和镜浦湖, 再经过草堂村就到了南项津。从沙川海边公园, 沿着海边向南走, 能到镜浦海边和镜浦湖, 所有路段都能沿着海边走。

(사천해변공원에서 바다를 따라 남쪽으로 경포해변과 경포호수 그리고 초당마을을 지나서 남항진에 이르기까지 모두 바다를 따라 걸을 수 있어.)

李　刚: 我想去海边捡贝壳, 你说海边会有贝壳吗?

(나는 해변가를 걸으며 조개껍질도 줍고 싶은데, 해변에 조개껍질이 있을까?)

金英俊: 当然有啦, 捡到好看的贝壳可以珍藏起来。

(물론 있지. 예쁜 조개껍질을 주우면 추억으로 잘 간직해둬.)

李　刚: 最近天气不错, 一想到能够尽情地仰望着蓝天徒步在海边就很兴奋。但是走在这条海边的路上，怎么看不到松树了?

(요즘 날씨도 좋은데, 푸른 하늘을 맘껏 바라보며 걸을 수 있다고 생각하니 벌써 부터 신이 난다. 그런데 해변길을 걷다 보면 더 이상 소나무는 보지 못하겠구나.)

金英俊: 以松树和松香闻名的江陵怎么可能没有松树呢，再走一会儿就能看到海松松林了，还可以漫步在海松松林间。

(소나무와 소나무향기로 유명한 강릉인데 어떻게 소나무가 없을 수가 있겠어? 한참 걷다 보면 해변에 있는 해송 솔숲을 만나게 되고 그 솔숲 사이로 난 길을 걸을 수도 있어.)

李　刚: 海松和红色的金刚松不一样吗?

(해송은 붉은 금강송과는 좀 다르니?)

金英俊: 对，海松长在海边，没有金刚松那么高，而且树皮是黑色的。

(응. 해송은 바닷가에서 자라서 키가 비교적 작고 겉껍질이 검은색을 띄고 있지.)

李　刚: 拔舞路的官网上说有卖拔舞路纪念品的地方。

(인터넷 바우길 홈페이지에 들어가서 안내문을 읽어보니, 바우길 기념품을 판매하는 곳도 있다고 하던데.)

金英俊: 中途就有卖的，能买到拔舞路护照、围巾、头巾等纪念品，一会儿我们看到商店的话，就进去看看吧。

(길 중간중간에 기념품을 판매하는 곳들이 있지. 바우길 패스포트, 바우길 스카프, 바우길 두건 등을 기념으로 살 수 있어. 도중에 기념품 판매 가게가 있으면 들러보자.)

李　刚: 今天可以尽情地看海、尽情地吹海风，途中还能买到纪念品，真是开心!

(바다 구경도 실컷 할 수 있고 도중에 기념품도 살 수 있으니 오늘 나의 바람을 완전히 충족시킬 수 있겠구나. 기분이 좋아.)

(2) 咖啡店(커피숍)

王 丽: 大海湖边路除了海松以外，还有什么东西有名?

(바다호숫길은 해송 숲길 외에 또 뭐가 유명하지?)

洪惠兰: 这个地方有许兰雪轩的故居，有个许兰雪轩公园比较有名，另外还有很多有名的咖啡店。

(이곳은 허난설헌 생가가 있는 허난설헌 공원이 유명하고 또 커피숍들이 많기로 유명해.)

王　丽: 那我们先去咖啡店吧。哪家店的咖啡最好喝呀?
（그럼 커피숍부터 가볼까? 어느 집 커피가 최고로 맛있어?)

洪惠兰: 听说这附近有个叫terarosa的咖啡店, 他家的咖啡很好喝, 我们去那里吧。
（이 근처에 테라로사라는 커피숍이 있으니 그곳에 가보자. 커피가 맛있다고 소문이 나 있어.)

王　丽: terarosa? 是什么意思?
（테라로사? 무슨 뜻이지?)

洪惠兰: 这是意大利语, 指的是地中海地区的红褐色土壤的意思, 估计是那里能产出好喝的咖啡。
（이탈리아어인데, 지중해 지역에 많은 적갈색의 토양을 가리켜. 아마 이런 땅에서 좋은 커피가 생산이 되는가 봐.)

王　丽: 我觉得咖啡豆的品质固然重要, 但最重要的还是炒咖啡豆和手冲咖啡的技术。
（커피는 커피콩의 품질이 물론 중요하지만 커피콩을 볶고 다시 드립을 시키는 기술이 가장 중요하다고 생각해.)

洪惠兰: 是的, 我也听别人说过, 能喝到好喝的咖啡不容易, 我们去喝杯美式咖啡吧。我听说现在中国的年轻人大多也开始喝咖啡了?
（응 나도 그렇게 들었어. 그만큼 맛있는 커피 한 잔을 마시기가 쉽지 않다는 것이겠지. 우리 그곳에 가서 아메리카노 한 잔 마시자. 요즘 중국인들 중에는 젊은이들이 커피를 많이 마시기 시작했다고 하던데?)

王　丽: 嗯。比起喝茶, 现在越来越多的年轻人都喝咖啡。人们对于饮食的取向真的是多变的。我们快进去喝一杯吧。
（응. 젊은이들 중에는 중국 전통의 차보다 커피를 즐기는 사람이 더 많아졌어. 음식에 대한 취향도 이렇게 자주 변하나봐. 우리 한 번 가서 맛을 보도록 하자.)

(许兰雪轩的故居 허난설헌 생가)

王　丽: 咖啡也喝了, 也充分品味了咖啡的香味, 现在我们去镜浦湖旁边的许兰雪轩的故居看看吧。在以男性为主的保守的朝鲜时期, 居然有个女诗人, 真让人难以相信。
（커피도 마셨고 커피향도 충분히 음미를 했으니 이제는 경포호수 옆의 허난설헌 생가를 한번 가보자. 남자 위주의 보수적인 사회였던 조선시대에 여자시인이 있었다는 게 믿기지가 않아.)

洪惠兰: 她本来是写古代汉诗的, 一直关注着姐姐才能的弟弟许筠把姐姐的200余篇诗给当时从中国来的使臣看, 并拜托他带到中国帮忙出版。中国使臣把诗篇带到中国出版之后, 许兰雪轩一下子就在中国诗坛出名了。

(그녀는 본래 고대중국어로 시를 잘 지었는데, 누나의 재능을 눈여겨봤던 남동생 허균이 당시 중국에서 온 사신에게 누나의 시 200여 편을 보여줬어. 그런 다음 그에게 중국에 가서 출판해달라고 부탁을 한 거지. 중국 사신이 시집을 들고 가서 중국에서 출판한 뒤로 그녀는 중국 시단에 갑자기 유명해지기 시작했지.)

王　丽: 原来她是先在中国出名的, 之后才在韩国被认可的啊!

(중국에서 먼저 유명해진 거로구나. 한국에서는 나중에 인정받기 시작했고.)

洪惠兰: 是的, 因为朝鲜时期是以男性为主的社会, 所以像许兰雪轩一样的女性能被社会认可不容易。

(그렇지. 조선시대는 남자 위주의 사회이다 보니 허난설헌 같은 여자 시인이 인정받는 것은 좀처럼 쉽지 않았던 거야.)

王　丽: 同为女性的我替生活在以男性为主的封建时代的女性感到可悲。那这个地方为什么叫草堂村呢? 我反倒联想到了四川成都的杜甫草堂。

(같은 여자로서 옛날 남자 위주의 봉건시대를 살았던 여성들이 조금은 불쌍하게 느껴진다. 그런데 이곳 마을을 초당마을이라고 부르던데 왜 그런 거지? 나는 도리어 사천 성도에 있는 두보초당이 자꾸만 떠오른다.)

洪惠兰: 许兰雪轩的父亲许烨号草堂, 他也是个名人, 当时就生活在这个村里, 并且这个村里做的豆腐很好吃, 很有名, 所以后来人们就把这个地方和豆腐的名称都叫作"草堂"。

(이 마을에 살았던 허난설헌의 아버지인 허엽 역시 유명한 분이었는데 그의 호가 바로 초당이었어. 그리고 이곳은 또한 두부가 맛이 있기로 유명했지. 그래서 나중에 마을과 두부의 이름을 모두 초당이라고 부르게 되었어.)

王　丽: 那我们应该去尝尝草堂豆腐的味道啊!

(그럼 초당두부도 꼭 한번 먹어봐야겠구나.)

洪惠兰: 来都来了, 肯定是要尝尝草堂豆腐的, 我强烈推荐你去吃草堂嫩豆腐砂锅。

(여기까지 왔으니 당연히 먹어봐야지. 너에게 초당순두부전골을 강력히 추천할게.)

王　丽: 这个叫草堂嫩豆腐的饭店门口排着长长的队, 他们都是来吃嫩豆腐砂锅的吗?

(저기 초당순두부 식당 앞에 길게 줄이 서 있는데 모두 순두부전골을 먹으려고 온 사람들이니?)

洪惠兰: 韩国人不是都爱吃辣嘛, 这个饭店开发了一道新菜, 把海鲜辣面放在嫩豆腐砂锅里, 吸引了大批游客。

(이 식당은 초당순두부에 매운 짬뽕을 섞어 만든 요리를 최근 개발했는데 이게 요즘 관광객들에게 많은 인기를 끌고 있어. 한국인들이 매운 것을 즐겨 먹잖아.)

王　丽: 我虽然不爱吃辣, 但是看到他家那么多人排队, 还是想尝一下, 我们也赶紧去排队吧!
(나는 매운 것은 잘 못 먹지만 그래도 저렇게 인기 있는 것을 보니 맛이 어떤지 한번 먹어봐야겠다. 우리 저 집에 가보자.)

(南项津 남항진)

王　丽: 第五路的最后一站是南项津, 从许兰雪轩的故居到那儿要经过哪些地方呀?
(5구간의 끝은 남항진이던데, 허난설헌 생가에서 거기까지 가는데 어떤 곳들을 지나가게 되지?)

洪惠兰: 经过安木港和咖啡一条街, 还要越过松风桥, 松风桥是连接安木港和南项津的桥梁。
(안목항과 커피숍 거리를 지나서 솔바람다리를 건너야 해. 안목과 남항진을 이어주는 다리지.)

王　丽: 你看那边的桥! 两边竖立着两排路灯, 看上去真漂亮, 我们来的可真巧! 夜晚, 灯光照在海岸上, 太美了!
(저기 다리가 보인다. 다리 양쪽에 세워져 있는 가로등에 불들이 켜져 있으니 정말 아름다워 보이네. 우리가 시간을 잘 맞춰서 왔구나. 다리에 설치된 가로등 불빛이 바다를 더 예쁘게 비춰주고 있어, 밤에 보는 이곳 정취가 너무 아름답구나.)

洪惠兰: 到了夏天, 特别是晚上, 很多人到这儿骑单车、散步。就像桥的名字那样, 吹着海风, 相当凉快。等到了夏天, 我们再一起来玩吧!
(여름밤에는 사람들이 이곳에 많이 와서 자전거도 타고 산책도 하고 그래. 다리의 이름처럼 바람이 자주 불어 시원하거든. 나중에 여름밤에 같이 와보자.)

王　丽: 终于到南项津了, 现在第五路也走完了, 不知道为什么心里感觉很充实。
(남항진에 다 왔다. 이제 이곳 5구간 바다호숫길도 다 걸었네. 왠지 마음이 뿌듯하구나.)

洪惠兰: 虽然很充实, 但是不是也感到有点儿遗憾? 是不是还想再走走? 下次有时间的话, 再一起去其它区段走走吧。今天就先这样。辛苦了。
(그렇지만 한편으로 조금은 아쉽기도 하지? 더 걸어보고 싶은 마음도 생기지? 다음에 시간이 되면 다른 구간을 더 걸어보기로 하고 오늘은 이만 아쉬움 마음을 달래보자. 걷느라 고생 많았어.)

王　丽: 惠兰, 你也辛苦了。你这么忙, 还这么亲切地给我讲解, 谢谢你。
(혜란아, 너도 바쁠 텐데 나를 안내해주고 친절히 설명까지 해줘서 고마워.)

📁 生词(새로운 낱말)

1. 松树林 sōngshùlín: 소나무숲
2. 镜浦海边 Jìngpǔ hǎibiān: 경포 해변
3. 镜浦湖 Jìngpǔhú: 경포호
4. 草堂村 Cǎotángcūn: 초당마을
5. 海松 hǎisōng: 해송
6. 咖啡店 kāfēidiàn: 커피숍
7. 意大利语 Yìdàlìyǔ: 이태리어
8. 地中海地区 Dìzhōnghǎi dìqū: 지중해 지역
9. 中国使臣 Zhōngguó shǐchén: 중국 사신
10. 四川成都 Sìchuān Chéngdū: 사천성 성도
11. 杜甫草堂 Dùfǔ Cǎotáng: 두보 초당
12. 许烨 Xǔyè: 허엽
13. 南项津 Nánxiàngjīn: 남항진
14. 安木港 Ānmùgǎng: 안목항
15. 草堂嫩豆腐砂锅 Cǎotáng nèndòufu shāguō: 초당 순두부 전골
16. 美式咖啡 Měishì kāfēi: 아메리카노
17. 难以相信 nányǐ xiāngxìn: 믿기 어렵다

📁 常用句型(상용 문형)

1. 一 (A) 就 (B): (A)하자마자 바로 (B)하다, (A)하기만 하면 (B)하게 되다

一毕业就结婚。(졸업하자마자 바로 결혼하다.)
一喝酒就头疼。(술을 마시기만 하면 머리가 아프다.)
一下课就去食堂。(수업이 끝나자마자 바로 식당에 가다.)
一到冬天就冷极了。(겨울이 오기만 하면 날이 몹시 추워졌다.)
一想到能够尽情地仰望着蓝天徒步在海边就很兴奋。(푸른 하늘을 맘껏 바라보며 해변

을 걸을 수 있다고 생각하기만 하면 벌써 신이 난다.)

2. 来都来了, (A): 일단 왔으니 (A)하는 게 어때?

[(A)하면 안 될 게 뭐 있겠느냐는 뜻, 즉 'why not?', '为什么不呢?'의 뜻을 내포하고 있음]

来都来了, 就多聊一会儿吧。(일단 왔으니 좀 더 얘기 나누자.)
来都来了, 肯定是要多住几天的。(일단 왔으니 반드시 몇일 더 묵어야겠다.)
来都来了, 一定要买一个回去的。(일단 왔으니 반드시 하나 사서 돌아가야겠다.)
来都来了, 就跟大家打个招呼吧。(일단 왔으니 모든 사람들과 인사를 좀 나누자.)

3. 从 (A) 到 (B): (A)부터/ 에서 (B)까지

从8点30分到12点上课。(8시 반부터 12시까지 수업하다.)
从我家到你那儿很远。(우리집에서 네가 있는 그곳까지는 멀다.)
从首尔到江陵要多长时间? (서울에서 강릉까지는 얼마 걸리니?)
从中国沈阳到韩国首尔要一个半小时。(중국 심양에서 한국 서울까지는 1시간 반이 걸린다.)
从许兰雪轩的故居到那儿要经过哪些地方呀? (허난설헌 생가에서 거기까지 가는데 어떤 곳들을 지나가야 하지?)

拔舞路第六路_去堀山寺之路

6

제6구간_굴산사 가는 길

〈 路线基本信息(코스 기본 정보) 〉

路线长度(구간길이): 17.3公里(17.3km)

所需时间(소요시간): 6~7小时(6~7시간)

移动路线(이동코스): 南项津海边(남항진해변) 0.9km

⇨ 清凉洞入口(청량동길입구) 3.8km ⇨ 中央市场(중앙시장) 3.5km

⇨ 母山峰(모산봉) 4.3km

⇨ 邱井面事务所(구정면사무소) 2.2km

⇨ 鹤山驱五毒传授馆(학산오독떼기전수관)

日常会话(일상회화)_일상생활 속에서의 의사표현_1

뭘 원하세요? (＝무얼 도와드릴까요?)
你要(点儿)什么?
Nǐ yào (diǎnr) shénme?

말씀 좀 여쭐게요.
请问一下。
Qǐng wèn yíxià.

다시 한번 말씀해주세요.
请再说一下。/ 请再说一遍。
Qǐng zài shuō yíxià./ Qǐng zài shuō yíbiàn.

좀 크게 말씀해주세요.
请大声说一下。
Qǐng dàshēng shuō yíxià.

좀 천천히 말씀해주세요.
(☞ 지금 말하고 있는 속도가 너무 빠르니 천천히 말해달라)
请你说慢点儿。
Qǐng nǐ shuō màn diǎnr.

좀 천천히 말씀해주세요.
(☞ 지금 너무 서두르고 있으니 차분하게 진정했다가 천천히 말을 시작해달라)
请你慢点儿说。
Qǐng nǐ màn diǎnr shuō.

손님이 오셨어요.
(☞ 오시기로 약속한 손님이 온 것)
客人来了。

Kèrén láile.

손님이 오셨어요.
(☞ 약속하지 않은 뜻밖의 손님이나 불청객이 온 것)
来了客人。
Láile kèrén.

이것 좀 들어주세요.
帮我拿这个。
Bāng wǒ ná zhè gè.

문 좀 닫아주세요.
帮我把门关上。
Bāng wǒ bǎ mén guānshang.

여기서 담배 피워도 됩니다.
这儿可以抽烟吗?
Zài zhèr kěyǐ chōuyān ma?

승락해 주세요.(=허락해 주세요)
答应我。
Dāying wǒ.

괜찮아요.
可以呀。
Kěyǐ ya.

죄송해요.
不好意思。
Bùhǎoyìsi.

못 도와드리겠어요.

帮不了。

Bāng bù liǎo.

지금은 안 되겠는데요.

现在不行。

Xiànzài bùxíng

우리 사이에 뭘.(=예의 차리지 마)

咱们俩谁跟谁呀。

Zánmen liǎ shéi gēn shéi ya.

확인 좀 부탁드릴게요.

请确认一下。

Qǐng quèrèn yíxià.

제가 들게요.

我来拿。

Wǒ lái ná.

제가 하겠습니다./ 제가 해 드리겠습니다.

我来吧。

Wǒ lái ba.

여기에 앉아도 될까요?

可以坐这儿吗?

Kěyǐ zuò zhèr ma?

휴대폰 좀 쓸 수 있을까요?

可以用(一下)你的手机吗?

Kěyǐ yòng (yíxià) nǐ de shǒujī ma?

왜 그래요? (=어째서 그래요?/ 어떻게 된 거죠?)

你怎么了?

Nǐ zěnme le?

무슨 일이에요?

你有什么事?

Nǐ yǒu shénme shì?

흥분하지 말고 진정해.

你别激动。

Nǐ bié jīdòng.

우선 내 얘기부터 들어봐.

你先听我说呀。

Nǐ xiān tīng wǒ shuō ya.

절대 오해하지 마세요.

你千万别误会。

Nǐ qiānwàn bié wùhuì.

결혼을 축하합니다!

恭喜你们结婚。

Gōngxǐ nǐmen jiéhūn.

승진을 축하합니다!

恭喜你高升。

Gōngxǐ nǐ gāoshēng.

졸업을 축하합니다!

祝贺你毕业!/ 祝贺你毕业了!

Zhùhè nǐ bìyè!/ Zhùhè nǐ bìyè le!

생일 축하드려요!

祝你生日快乐!

Zhù nǐ shēngrì kuàilè!

走在拔舞路第六路上会话(바우길 제6구간 걷기 회화)

(1) 中央市场(중앙시장)

金英俊: 王丽, 你居然没忘记我们今天要走拔舞路的第六路!

(왕리, 오늘 우리 바우길 6구간 걷기로 한 거 잊지 않았구나.

王　丽: 当然没忘记咯! 就等着今天一起走呢!

(당연히 잊지 않았지. 난 오늘만을 기다렸어.)

金英俊: 今天我们要走的第六路叫去崛山寺之路, 它是从南项津海边到鹤山驱五毒传授馆的路线。走这个区段的话可以了解到很多江陵的历史文化。

(오늘 우리가 걸으려고 하는 바우길 6구간 굴산사 가는 길은 남항진 바닷가에서부터 학산 오독떼기 전수관까지 가는 코스야. 이 구간을 걸으면 강릉의 많은 문화를 보고 깊은 역사를 알 수 있어.)

王　丽: 第六路是不是经过中央市场? 那边的路标上写着中央市场, 你饿不饿? 我有点饿了。

(이 6구간은 중앙시장을 지나게 되어 있지? 마침 저기 중앙시장이란 이정표가 보인다. 지금 배가 고프지 않니?)

金英俊: 我也有点儿饿了, 我们先去中央市场里面吃点东西吧!

(나도 배가 고프니 우리 먼저 중앙시장에 들러서 뭘 좀 먹고 가도록 하자.)

(中央市场 중앙시장)

王　丽: 哇! 市场里的食品真是五花八门啊, 有牛头汤饭、土豆饼、荞麦饼, 有土豆泥做的丸子, 还有很多新鲜的海产品。

(와우, 시장 안에 있는 식당의 종류들이 매우 다양하네. 소머리국밥, 감자전, 메밀전, 감자옹심이도 있고 싱싱한 해산물들도 많아.)

金英俊: 除此之外, 中央市场里的炸鸡块、冰激凌馅饼、手工鱼饼都很有名。你来韩国最想吃的食物是什么? 走吧, 咱们去吃吧。

(그 외에도 중앙시장에는 닭강정, 아이스크림호떡, 어묵고로케 등이 유명해. 한

国에 와서 제일 먹고 싶었던 음식이 뭐야? 그걸 먹으러 가자.)

王　丽: 韩国食物中, 我最想吃的还是热乎的汤饭。我们去吃吧!
　　　　(한국 음식 하면 역시 따끈한 국밥이 최고지. 우리 그걸 먹자.)

金英俊: 王丽, 你果然了解韩国饮食。
　　　　(역시 왕리는 한국 음식을 제대로 알고 있구나.)

(2) 端午文化馆和鹤山村(단오문화관과 학산마을)

(端午文化馆 단오문화관)

王　丽: 在中国为了纪念端午节, 人们吃粽子, 举行赛龙舟比赛。韩国也像这样纪念端午节吗?
　　　　(중국에서도 단오절을 기념하면서 쫑즈를 먹기도 하고 용선경주를 하는 등 많은 행사를 하는데, 한국에서도 단오절을 기념하고 있니?)

金英俊: 嗯, 每年的5月5日前后都会举行盛大的江陵端午祭活动。
　　　　(응, 5월 5일에 강릉단오제라는 행사를 성대하게 열지.)

王　丽: 那江陵端午祭和中国的端午节有什么不一样呢?
　　　　(그럼 강릉단오제는 중국 단오절과 어떤 점이 다르지?)

金英俊: 除了都叫作端午, 还有都是每年阴历5月5日以外, 很多地方都是不一样的。
　　　　(단오란 이름을 같이 쓰고 음력 5월 5일에 연다는 것 외에는 많은 부분이 다 다르다고 말할 수 있지.)

王　丽: 是吗? 中国的端午节是为了纪念楚国时期的忠臣屈原而举行的民间活动。
　　　　(그래? 중국 단오절은 초나라의 충신 굴원의 죽음을 기념하는 민속행사이지.)

金英俊: 江陵端午祭是为了祭祀江陵的守护神梵日国师, 希望促进农业和渔业的发展, 祈祷江陵人健康和平的祭礼仪式。可以说是全国性的最盛大的一场庆典。
　　　　(강릉 단오제는 강릉의 수호신인 범일국사에게 제사를 지내고 농업과 어업이 잘 되기를 바라고, 강릉 사람들이 건강하고 평화롭게 살기를 기원하는 제례의식을 거행하면서 시민들이 크게 한판의 축제를 신나게 벌이지. 전국적으로도 가장 성대한 축제라고 할 수 있어.)

王　丽: 原来有这么大的区别啊! 那我倒是很好奇端午文化馆里展示了哪些东西?
　　　　(중국의 단오절과 강릉 단오제는 많이 다르구나. 그럼 단오문화관에 무엇을 전시했는지 더욱 궁금해진다.)

金英俊: 我们赶紧进去参观参观吧!

(우리 빨리 들어가서 구경하도록 하자.)

(鹤山村 학산마을)

王　丽: 前面的村庄就是鹤山村吧?

(저기 앞에 보이는 마을이 학산마을인가 보다.)

洪惠兰: 路标上写着"生居鹤山"的字样, 应该就是鹤山村了。

("생거학산(生居鹤山)"이라는 한자가 이정표에 적혀 있는 걸 보니 학산마을이
맞나 보다.)

王　丽: 生居鹤山的的意思是最适合人居住的地方, 看来这个村庄是个宜居的好地方。

(사람이 살기에 학산이 제일 좋은 곳이라는 뜻인데, 이곳 마을이 정말 살기 좋은
곳인가보다.)

洪惠兰: 看那汉字成语就可以知道村里人对村庄充满着信任和骄傲。

(저런 한자 성어를 보면 마을 사람들이 마을에 갖고 있는 믿음과 자신감이 넘친
다는 걸 알 수 있겠다.)

王　丽: 这个地方就是江陵守护神梵日国师出生地的事实, 对此有着重大影响。听说民间流
传着梵日国师的诞生传说, 到底是什么传说呀?

(이곳이 바로 강릉의 수호신인 범일국사가 태어난 곳이라는 사실도 크게 영향을
미쳤겠다. 그런데 범일국사에게는 탄생 설화가 전해 내려온다고 하던데 도대체
무슨 전설이야?)

洪惠兰: 鹤山村里的石泉和鹤岩井跟他的诞生有关系。鹤山村里有个还没有结婚的姑娘在
太阳升起的时候在井边喝了井水以后就怀孕了, 之后把孩子生了下来。人们唾骂这
个没有父亲的孩子, 最后这个姑娘没办法就把孩子扔在鹤岩井下面, 第二天人们再
去那里的时候, 一只鹤和山里的野兽在给孩子喂奶, 鹤用翅膀把孩子遮盖住给孩子
取暖。所以这个姑娘就认为这个孩子长大之后一定是个非凡之人, 就再次把孩子带
回家抚养。因为是太阳升起的时候喝的井水, 所以起先就取名叫泛日国师。

(학산 마을에 있는 우물인 석천과 학바위가 그의 탄생과 관련이 있어. 학산 마을
의 한 처녀가 우물에 해가 떠 있어서 이상하게 여기면서도 그냥 우물물을 마셨는
데 그 결과 결혼도 하지 않았는데 나중에 아이를 갖게 되었고 결국 낳게 되었대.
사람들이 아비 없는 자식이라 욕을 해서 할 수 없이 학바위 밑에 아이를 버렸는
데, 다음날 다시 가보니 학과 산짐승들이 아이에게 젖을 먹이고 따뜻하게 날개로
가려주고 있었다는 거야. 그래서 그 처녀는 아이가 비범한 인물이 될 것이라
생각하고 다시 아이를 데려와 키웠다는 거야. 해가 떠 있는 우물물을 마셨다고
하여 원래는 범일(泛日)국사라고 불렀었대.)

王　丽: 因为守护江陵的守护神出生在这里, 所以这肯定是个风水宝地。我们今天来对了!
(강릉을 지키는 수호신이 이곳에서 태어났다니 정말 소중한 마을이네. 오늘 우리가 이곳에 들르길 잘했다.)

洪惠兰: 我虽然经常路过这里, 但是和你一起边走边给你介绍, 感觉对这条路有了新的认识。
(나는 자주 이 길을 지나다녔는데, 이렇게 너랑 걸으면서 안내를 하고 있으니 이 길이 다시 새롭게 느껴지는 걸.)

王　丽: 听说鹤山的驱五毒劳动谣很有名, 驱五毒是什么意思?
(학산에는 또한 오독떼기 노동요가 유명하다고 하던데 오독떼기란 무슨 뜻이야?)

洪惠兰: 是除去五毒的意思, 以前人们在田地里干农活或者下海捕鱼的时候, 就唱这种去除身体劳苦的民谣。
(오독을 제거한다는 뜻인데, 옛날에 논밭에서 농사를 짓거나 바다에 나가 물고기를 잡을 때 힘든 노동의 고통을 없애버리려고 일을 하면서 이 노래를 불렀다고 해.)

王　丽: 那鹤山的驱五毒传授馆就是教驱五毒劳动谣的, 或者是演出的地方吧。
(그럼 학산의 오독떼기전수관은 바로 오독떼기 노동요를 가르쳐주거나 공연을 하는 곳이겠구나.)

洪惠兰: 对了, 今天说不定还有演出呢。我们进去确认一下日程表, 顺便也看看传授馆里都有哪些展示吧。
(맞았어. 오늘 공연 일정이 혹시 있을지도 모르겠다. 우리 한번 안에 들어가서 일정표도 확인해보고 전수관도 내부에 무엇이 전시되어 있는지 한번 둘러보자.)

王　丽: 好啊!
(좋아.)

📁 **生词**(새로운 낱말)

1. 中央市场 Zhōngyāng shìchǎng: 중앙시장
2. 崛山寺 Juéshānsì: 굴산사
3. 鹤山 Hèshān: 학산
4. 驱五毒传授馆 Qūwǔdú chuánshòuguǎn: 오독떼기 전수관
5. 牛头汤饭 niútóu tāngfàn: 소머리 국밥

6. 土豆饼 tǔdòubǐng: 감자전

7. 荞麦饼 qiáomàibǐng: 매밀전

8. 土豆泥做的丸子 tǔdòuní zuò de wánzi: 감자옹심이

9. 丸子 wánzi: 완자, 환약

10. 炸鸡块 zhájīkuài: 닭강정

11. 冰激凌馅饼 bīngjīlíng xiànbǐng: 아이스크림 호떡

12. 手工鱼饼 shǒugōng yúbǐng: 어묵 고로케

13. 汤饭 tāngfàn: 국밥

14. 五花八门 wǔhuā bāmén: 형형색색, 여러 가지 모양

15. 端午文化馆 Duānwǔ wénhuàguǎn: 단오문화관

16. 端午节 Duānwǔjié: 단오절

17. 江陵端午祭 Jiānglíng Duānwǔjì: 강릉 단오제

18. 楚国 Chǔguó: 초나라

19. 屈原 Qūyuán: 굴원

20. 梵日国师 Fànrì guóshī: 범일국사

21. 鹤山村 Hèshāncūn: 학산마을

22. 石泉 shíquán: 석천

23. 鹤岩井 Hèyánjǐng: 학바위

24. 驱五毒劳动谣 Qūwǔdú láodòngyáo: 오독떼기 노동요

25. 粽子 zòngzi: 쫑즈(찹쌀을 대나무잎에 싸서 삼각형으로 묶은 후 찐 떡)

26. 龙舟比赛 lóngzhōu bǐsài: 용선 경기

27. "生居鹤山" "Shēngjū hèshān.": 살아서는 학산에 거주하다(학산이 살기에 최고)

常用句型(상용 문형)

1. 除了 (A) 之外, 还 (B): (A) 이외에도 또한 (B)하다

除了文化课之外, 还有手工课。(문화수업 이외에도 또한 공작수업이 있다.)
除了吃牛羊肉之外, 还吃鸡肉。(소고기·양고기를 먹는 것 이외에도 또한 닭고기를 먹는다.)

除了年龄小之外, 还没有工作经验。(나이가 어린 것 이외에도 또한 업무 경험이 없다.)

除了有中国学生之外, 还有外国留学生。(중국 학생이 있는 것 이외에도 또한 외국 유학생이 있다.)

除了都叫作端午, 还有都是每年阴历5月5日一样之外, 很多地方都是不一样的。(단오란 이름을 같이 쓰고 음력 5월 5일에 연다는 것 외에는 많은 부분이 다 다르다고 말할 수 있지.)

2. (A) 是为了 (B) 而 (C) 的: (A)는 (B)하기 위해서 (C)하는 것이다

电脑是为了上网课而买的。(컴퓨터는 인터네수업을 하기 위해서 산 것이다.)

他们是为了寻找亲人而上电视的。(그들은 가족 혈육을 찾기 위해서 텔레비젼에 출현한 것이다.)

他们是为了保持联系而加微信的。(그들은 연락을 계속 유지하기 위해서 SNS에 가입한 것이다.)

留学生是为了找工作而学习汉语的。(유학생들은 일자리를 찾기 위해서 중국어를 배우고 있는 것이다.)

中国的端午节是为了纪念楚国时期的忠臣屈原而举行的民间活动。(중국 단오절은 초나라의 충신 굴원을 기념하기 위해 거행하는 민속행사이다.)

3. (A) 说不定 (B): (A)는 아마도 (B)할지도 모른다./ (A)는 아마도 (B)하는지 단언하기 어렵다.

明天说不定下雪。(내일 아마 눈이 내릴지도 모른다.)

今天说不定还有演出呢。(오늘 공연 일정이 혹시 있을지도 모르겠다.)

这件事的最终结果, 现在还说不定。(이 일의 최종 결과는 지금 아직 단언하기 어렵다.)

会议说不定有多少人参加。(회의에 얼마나 많은 사람들이 참가할지 단언하기 어렵다.)

同学们说不定什么时候见面。(친구들은 언제 만날지 단언하기 어렵다.)

拔舞路第七路_风湖恋歌路

7 제7구간_풍호연가길

〈 路线基本信息(코스 기본 정보) 〉

路线长度(구간길이): 15.7公里(15.7km)

所需时间(소요시간): 5~6小时(5~6시간)

移动路线(이동코스): 鹤山驱五毒传授馆(학산오독떼기전수관) 2.4km

⇨ 江陵汽车电影院(강릉자동차극장) 3.2km

⇨ 山脊林路起点(능선숲길시점) 4.9km

⇨ 山脊林路终点(능선숲길종점) 5.2km

⇨ 安仁港(안인항)

📁 日常会话(일상회화)_일상생활 속에서의 의사표현_2

한국에 오신 것을 환영합니다!
欢迎你来韩国!
Huānyíng nǐ lái Hánguó!

행운을 빕니다!
祝你好运!
Zhù nǐ hǎoyùn!

그거 좋은 소식이군요.
那真是个好消息啊。
Nà zhēnshi gè hǎo xiāoxi a.

당신은 정말 기쁘겠군요.
你该多么高兴啊。
Nǐ gāi duōme gāoxìng a.

다른 의견 있습니까?
有其他(别的)意见吗?
Yǒu qítā (biéde) yìjiàn ma?

질문 있습니까?
有没有(人)提问?
Yǒu méiyǒu (rén) tíwèn?

전적으로 찬성입니다.
完全同意。
Wánquán tóngyì.

저는 반대입니다.

我反对。
Wǒ fǎnduì.

저는 절대 반대입니다.
我绝对不同意。
Wǒ juéduì bù tóngyì.

내 생각도 그렇습니다.
我也这么想。
Wǒ yě zhème xiǎng.

난 그렇게 생각하지 않습니다.
我不那么认为。
Wǒ bú nàme rènwéi.

아마 아닐 거예요.
可能不是。
Kěnéng búshì.

오늘 다 팔렸어요.
今天卖光了。
Jīntiān màiguāng le.

손대지 마세요.
不要乱碰。
Búyào luàn pèng.

공중화장실
公共厕所。
Gōnggòng cèsuǒ.

들어가지 마세요.

(请)止步。
(Qǐng) Zhǐbù.

정숙
肃静/ 请保持肃静。
Sùjìng./ Qǐng bǎochí sùjìng.

방해하지 마세요.
请勿打扰。
Qǐngwù dǎrǎo.

촬영 금지
禁止拍照。
Jìnzhǐ pāizhào.

오늘 날씨는 어때요?
今天天气怎么样?
Jīntiān tiānqì zěnmeyàng?

비가 올 것 같아요.
好像(要)下雨。
Hǎoxiàng (yào) xiàyǔ.

바람이 불어요.
刮风。
Guāfēng.

날씨가 따뜻해요.
天气很暖和。
Tiānqì hěn nuǎnhuo.

오늘은 무슨 요일이지요?

今天星期几?

Jīntiān xīngqījǐ?

오늘은 몇 일이죠?

今天几号?

Jīntiān jǐhào?

지금은 몇 시죠?

现在几点?

Xiànzài jǐdiǎn?

지금은 오전 10시 반이에요.

现在上午十点半。

Xiànzài shàngwǔ shídiǎn bàn.

走在拔舞路第七路上会话(바우길 제7구간 걷기 회화)

(1) 风湖(풍호)

王　丽: 拔舞路第七路叫风湖恋歌路, 风湖是湖吗?

(바우길 7구간은 풍호연가길이라고 하던데 풍호는 호수를 말하는 거니?)

金英俊: 对, 虽说是湖, 但不是一般的湖, 是像镜浦湖一样的潟湖。

(맞아. 호수인데 그냥 평범한 호수가 아니고 경포호처럼 석호야.)

王　丽: 潟湖是怎样形成的?

(석호는 어떻게 만들어지는 건데?)

金英俊: 我也很好奇, 所以昨天特意查了一下资料, 这样才能讲给你听, 哈哈。

(나도 궁금해서 어제 책에서 찾아봤어. 그래야 왕리 너에게 설명해줄 수 있을 거 같아서. 하하.)

王　丽: 谢谢, 我好感动呀! 那潟湖倒底是什么样的呀?

(고마워. 감동적이네. 그래 무슨 뜻인데?)

金英俊: 经过漫长的岁月，海浪把沙子推到了海岸上，形成了阻挡水流的堤坝，堵住了本来
应该流向大海的江水。所以江水流不进大海，聚集起来形成了湖，就叫潟湖。
(오랜 세월 동안 바다 파도가 모래를 해안으로 밀어 올려서 바다모래가 자연스럽
게 물을 막는 둑이 되었고, 그래서 본래 바다로 흘러들어가던 강물을 막게 된
것이지. 그래서 강물이 바다로 흘러 들어가지 못하고 한 데 모여 자연스럽게
호수를 이룬 거야.)

王　丽: 本来应该是像镜浦湖一样大的湖，现在看起来特别小。
(그럼 본래는 경포호처럼 꽤 큰 호수였겠는 걸. 지금은 아주 작아 보이는데.)

金英俊: 附近的火力发电厂产生的石炭灰大部分都被埋在湖里，所以湖才会越来越小。你看
这个填埋地上面还建了个高尔夫球场。
(인근에 있는 화력발전소에서 나오는 석탄 쓰레기를 매립하는데 호수 대부분이
사용되었기 때문에 작아진 거야. 지금은 매립지 위에 골프장을 세웠어.)

王　丽: 啊，因为这样湖才变小的呀！尽管如此，风湖里面栽满了莲花，湖水四周可真美啊！
还有很多游客来观赏莲花。
(아, 그래서 호수가 작아진 거로구나. 그래도 풍호에는 연꽃이 가득 자라고 있어
서 호수 주변이 참 아름답다. 연꽃을 구경하는 사람들도 아주 많고.)

金英俊: 一到7月，这里就会举行莲花庆典，到那时候全国各地的游客都会来观赏莲花。特别
是莲花盛开的时候，很多恋人会来赏莲，然后去旁边的情感村约会。
(7월이 오면 이곳에서 연꽃 축제를 해. 그래서 7월 전후가 되면 전국에서 이곳으
로 연꽃을 구경하러 오는 사람들이 많지. 특히 연꽃이 아름답게 필 때면 이곳은
옆 마을인 정감이마을과 함께 연인들의 데이트 장소로 유명하지.)

王　丽: 我能理解人们来观赏莲花，但为什么情感村对于恋人们来说人气那么高呢?
(풍호는 연꽃이 예쁘게 피어서 연인들이 자주 찾아오는 것을 이해할 수 있겠는
데, 그런데 정감이마을은 왜 연인들에게 인기가 있는 거지?)

金英俊: 据说以前有个富人家的女儿和自己家的长工陷入爱河后两人一起私奔了，私奔的
时候就是从这条路走的。从那以后就有了相爱的人一起走这条路的话，一定会走向
婚姻殿堂这样的说法。所以这里才能吸引大批年轻人。
(전해오는 얘기에 의하면, 부잣집의 머슴이 주인집의 딸과 사랑에 **빠져** 결국
도망을 치게 되었는데 그 때 이 길을 걸었다는 거야. 그 뒤로 이 길을 걸으면서
사랑을 약속하면 결혼까지 이루어진다는 얘기가 전해지면서 젊은 사람들에게
인기를 끌게 된 것이지.)

王　丽: 哇! 还有这么浪漫的故事呢! 那我下次再来江陵的话，一定再来风湖莲花路，顺便去
情感村逛逛。

(와우, 그런 낭만적인 사연이 전해진다니 놀라운 걸. 그럼 나도 나중에 강릉에 다시 오면 꼭 이곳 풍호연꽃길을 걸으면서 정감이마을에 들러야겠다.)

金英俊: 你说什么? 王丽, 你有男朋友了?

(뭐라고? 왕리? 너에게 남자친구가 생긴 거야?)

王　丽: 没有, 我是说如果有了男朋友的话, 肯定要来看看, 嘻嘻!

(아니, 앞으로 생기게 되면 그렇게 하겠다는 거지. 히히!)

金英俊: 这样啊, 那就祝你早日找到男朋友。

(그래, 어서 빨리 남자친구가 생기길 기원할게.)

王　丽: 要是真的那样的话就好了。

(제발 그랬으면 좋겠어.)

(2) 下诗洞和海岸沙丘(하시동과 해안사구)

王　丽: 从风湖再走一会儿就到海边了吗?

(여기 풍호에서 조금만 더 가면 바다가 나오는 거니?)

洪惠兰: 嗯, 本来风湖就叫潟湖, 是在大海旁边形成的, 所以就离大海特别近。

(응, 본래 풍호는 석호라서 바다 옆에 만들어지니까 바다에서 가까울 수밖에 없지.)

王　丽: 但我看这条路上的松树都有点矮小啊!

(근데 바다로 가는 길에 있는 소나무들은 조금 작구나.)

洪惠兰: 对, 本来江陵的松树都是金刚松, 很高大, 但这里长的都是海松, 和金刚松比起来就显得矮小了。

(응. 본래 강릉 소나무는 금강송이라 키가 큰데, 여기는 해송이 자라고 있어서 금강송에 비해 키가 작아.)

王　丽: 在沙地和强烈的海风这样的恶劣条件下, 也能在此深深扎根, 我不由地产生了敬佩之心。

(모래땅과 강한 바다바람이라는 악조건 속에서도 뿌리를 깊게 내린 해송들을 보니 생존을 위해 몸부림을 친 것 같아 저절로 존경의 마음이 생긴다.)

洪惠兰: 这里的大海跟其它地方的大海不一样, 这里是沙子堆积起来形成的小沙丘。下诗洞的海岸沙丘就是经过海浪拍打, 海风吹过来的沙子堆积而形成的。

(그렇다고 할 수 있지. 이곳 바다는 다른 곳과 달리 모래가 많이 쌓여 언덕을 이루고 있어. 하시동의 해안사구는 파도가 치고 바람이 불면서 모래를 이곳에

쌓아놓아 자연스럽게 형성된 거야.)

王　丽：因为海岸沙丘是自然形成的，所以这里的生态系被保存得很好。去年我有机会去了
　　　　一趟西海岸新斗里，那里也有海岸沙丘，也被作为天然纪念物保存得完好无损。
　　　　(해안사구가 자연스럽게 형성된 것이니만큼 이곳은 생태계가 잘 보존되어 있겠
　　　　구나. 지난 해 서해안 신두리에 놀러 갈 기회가 있었는데 그곳에도 해안사구가
　　　　있었고 천연기념물로 보존되어 있어서 생태환경이 아주 잘 보존되어 있었거든.)

洪惠兰：这个海岸沙丘在2400年前就形成了，并且在2008年被指定为江陵的生态环境保护
　　　　区。
　　　　(이 해안사구는 지금으로부터 2400년 전에 형성된 것인데, 2008년에 강릉시에서
　　　　도 생태환경 보존지역으로 지정하였지.)

王　丽：那是不是还可以看到很多稀有的植物和动物了？
　　　　(그럼 각종 희귀한 식물과 동물들을 만날 수 있겠다.)

洪惠兰：我听说这里还生活着濒临绝种的动物水獭，大自然仿佛有着能恢复本来面貌的神
　　　　秘力量。
　　　　(이곳에는 멸종 위기 동물인 수달도 살고 있대. 자연은 스스로 원래 모습대로
　　　　복원시키는 신비로운 힘을 지닌 것 같아.)

王　丽：从现在起我们要更积极地保护和爱护大自然了。如果我们依赖生存的自然生态环
　　　　境被破坏的话，我们人类也将无法存活。
　　　　(이제는 우리가 적극적으로 자연을 잘 보호하고 사랑할 때야. 우리가 기대고
　　　　사는 자연 생태환경이 파괴되면 결국 인간도 살 수 없을 테니까.)

洪惠兰：我们今天拔舞路也走得差不多了，现在去吃点好吃的缓解一下疲劳吧！安仁津港这
　　　　里的水拌鲽鱼片很有名，我们去尝尝吧。
　　　　(바우길 걷기도 잘 했으니 이제 맛있는 거 먹어서 피로를 회복해야겠지. 이곳
　　　　안인진항에 참가자미 물회가 유명하니 먹으러 가자.)

王　丽：好啊好啊，我的口水都要流出来了。
　　　　(좋아. 벌써 침이 나오는 걸.)

生词(새로운 낱말)

1. 风湖 Fēnghú: 풍호
2. 风湖恋歌路 Fēnghú liàngēlù 풍호 연가길
3. 潟湖 xìhú 석호
4. 情感村 Qínggǎncūn 정감이 마을
5. 火力发电厂 huǒlìfādiànchǎng 화력발전소
6. 高尔夫球场 gāo'ěrfūqiúchǎng 골프장
7. 下诗洞 Xiàshīdòng 하시동
8. 西海岸 Xīhǎiàn 서해안
9. 新斗里 Xīndòulǐ 신두리
10. 安仁津港 Ānrénjīngǎng 안인진항
11. 水獭 shuǐtǎ 수달
12. 海岸沙丘 hǎiàn shāqiū 해안사구
13. 水拌鲽鱼片 shuǐbàndiéyúpiàn 참가자미 물회

常用句型(상용 문형)

1. (A) 越来越 (B): (A)는 갈수록 (B)해지다

   成绩越来越好。(성적은 갈수록 좋아졌다.)
   家乡越来越近。(고향은 갈수록 가까워졌다.)
   天气越来越暖和。(날씨는 갈수록 따뜻해졌다.)
   女孩儿越来越漂亮。(여자아이는 갈수록 예뻐졌다.)
   湖才会越来越小。(호수야말로 갈수록 작아질 거다.)

2. 因为 (A), 所以 (B): 왜냐하면 (A)하기 때문에 그래서 (B)하다

   因为父母宠爱, 所以他很任性。(부모가 끔찍하게 사랑하였기에 그래서 제멋대로 한다.)

因为没有朋友, 所以一个人过节。(친구가 없기 때문에 그래서 혼자서 명절을 지낸다.)

因为走的人多了, 所以成了一条路。(걷는 사람이 많아졌기 때문에 그래서 길이 생겼다.)

因为得到大家的帮助, 所以顺利结束了。(모든 사람들의 도움을 받았기 때문에 그래서 순조롭게 마쳤다.)

因为海岸沙丘是自然形成的, 所以这里的生态系被保存得很好。(왜냐하면 해안사구는 자연스럽게 형성된 것이기 때문에 그래서 이곳 생태계는 아주 잘 보존되어있다.)

因为守护江陵的守护神出生在这里, 所以这肯定是个风水宝地。我们今天来对了! (강릉을 지키는 수호신이 이곳에서 태어났기 때문에 그래서 여기는 틀림없이 정말 소중한 마을일 거야.)

3. 如果/ 要是/ 假如 (A) (的话) 也/ 就/ 那么 (B): 만약 (A)한다면 (B)할 것이다

如果下雪(的话)就去滑雪。(만약에 눈이 내린다면 스키를 타러 갈 것이다.)

如果你不喜欢(的话)就别买。(만약에 좋아하지 않는다면 사지 마라.)

如果想家(的话)就回家看看。(만약에 집이 그립다면 집에 좀 돌아가 보아라.)

如果愿意联系(的话)就打电话。(만약에 연락을 하고 싶다면 전화를 해라.)

如果你有时间, 就多看看书吧。(만약에 네가 시간이 있다면 책을 더 좀 보아라.)

如果海浪声能治愈压力的话, 就应该多来这里看看。(만약 파도소리가 사람의 스트레스를 치유할 수 있다면 이곳에 더 좀 와봐야겠다.)

如果我们依赖生存的自然生态环境被破坏的话, 我们人类也将无法存活。(만약 우리가 기대어 사는 자연생태환경이 파괴된다면 우리 인류 역시 생존할 방법이 없을 것이다.)

拔舞路第八路_山上的海边散步路
제8구간_산우에 바닷길

8

〈 路线基本信息(코스 기본 정보) 〉

路线长度(구간길이): 9.3公里(9.3km)

所需时间(소요시간): 5小时(5시간)

移动路线(이동코스): 停车场(주차장) 2km

⇨ 滑翔场眺望台(활공장전망대) 1.3km

⇨ 广播发射塔(방송송신탑) 1.8km

⇨ 神殿(당집) 2.6km ⇨ 183峰(183봉) 1.5km ⇨ 正东津站(정동진역)

日常会话(일상회화)_질병·사고·부탁 등 긴급한 상황에서의 의사표현_1

도둑이야!
小偷!
Xiǎotōu!

불이야!
着火了!
Zháohuǒ le!

도와주세요.
请帮帮忙。
Qǐng bāngbang máng.

조심해요.
小心点儿。
Xiǎoxīn diǎnr.

길이 미끄러우니 조심해.
当心地上滑。
Dāngxīn dìshàng huá

비켜주세요(＝지나가겠습니다).
让一下。/ 让一让。/ 请让让。
Ràng yíxià./ Ràng yí ràng./ Qǐng ràngrang.

길을 잃었어요.
迷路了。
Mílù le.

여권을 잃어버렸어요.

护照丢了。

Hùzhào diū le.

가방을 기차에 두고 내렸어요.

我把包忘在火车上了。

Wǒ bǎ bāo wàngzài huǒchē shàng le.

지갑을 어제 지하철에서 소매치기당했어요.

我的钱包昨天在地铁上被偷了。

Wǒ de qiánbāo zuótiān zài dìtiě shàng bèi tōu le.

분실물 취급소는 어디에 있나요?

失物招领处在哪儿?

Shīwù zhāolǐngchù zài nǎr?

이 전화번호로 연락을 해주세요.

请用这个电话号码联系我。

Qǐng yòng zhègè diànhuà hàomǎ liánxì wǒ.

저는 지도상으로 지금 어디에 있나요?

我在地图上的什么位置?

Wǒ zài dìtúshang de shénme wèizhì?

저를 좀 도와주세요.

请帮帮我吧。

Qǐng bāngbang wǒ ba.

내가 네 대신 찾아줄게.

(☞ 연동문, 찾는 주체는 네가 아니라 나를 가리킴)

我帮你找。

Wǒ bāng nǐ zhǎo.

내 대신 이 물건을 들어주세요.

帮我拿一下这个东西。

Bāng wǒ ná yíxià zhège dōngxi.

선생님은 나의 중국어 학습을 도와주신다.

(☞ 겸어문, 학습의 주체는 선생님이 아니라 나를 가리킴)

老师帮助我学习汉语。

Lǎoshī bāngzhù wǒ xuéxí hànyǔ.

도와주실 수 있습니까?

可以帮(帮)我吗?

Kěyǐ bāng(bang) wǒ ma?

이 일을 처리해 주세요.

拜托你(帮我)办这件事。

Bàituō nǐ (bāng wǒ) bàn zhè jiàn shì.

꼭 부탁드릴 것이 있습니다.

有件事想拜托你。

Yǒu jiàn shì xiǎng bàituō nǐ.

도와주실 수 있을지 모르겠습니다.

不知道你能不能帮帮我。

Bù zhīdào nǐ néng bùnéng bāngbang wǒ.

도움이 필요합니다.

我需要你的帮助。

Wǒ xūyào nǐ de bāngzhù.

부탁드릴 일이 있어요.

拜托你一件事儿。

Bàituō nǐ yíjiàn shìr.

자동차 사고가 났어요.

我出车祸了。

Wǒ chū chēhuò le.

차가 고장이 났어요.

车出了故障。

Chē chū le gùzhàng.

돌아오는 길에 사고가 났어요.

回来的路上出事了。

Huílái de lùshang chū shì le.

얼른 앰뷸런스를 좀 불러주세요.

请快叫一下救护车。/ 帮忙叫一下救护车。

Qǐng kuài jiào yíxià jiùhùchē./ Bāngmáng jiào yíxià jiùhùchē.

즉시 경찰에 신고하세요.

马上报警。

Mǎshàng bàojǐng.

기차역 부근에 교통사고가 발생했다.

火车站附近发生了一起交通事故。/ 火车站附近发生了一起车祸。

Huǒchēzhàn fùjìn fāshēng le yìqǐ jiāotōng shìgù./ Huǒchēzhàn fùjìn fāshēng le yìqǐ chēhuò.

여보세요, 여기 화재가 발생했어요.

喂, 这里发生了火灾。/ 喂, 这里起火了。

Wèi, zhèli fāshēng le huǒzāi./ Wèi, zhèli qǐhuǒ le.

저는 교통사고를 신고하려고 합니다.

(☞ '申报'는 주로 서면으로 정식 신고하는 데 사용)

我想申报发生了车祸。

Wǒ xiǎng shēnbào fāshēng le chēhuò.

부상당한 사람이 있어요.

有人受伤了。

Yǒurén shòushāng le.

응급조치가 필요해요.

需要急救。

Xūyào jíjiù.

몸이 좋지 않아요.

身体不舒服。

Shēntǐ bù shūfu.

머리가 아프고 열이 나요.

我头疼、发烧。

Wǒ tóu téng、fāshāo.

두통이 너무 심했어요.

头疼得太厉害了。

Tóu téng de tài lìhài le.

두통약이 있나요?

有头疼药吗?

Yǒu tóuténgyào ma?

감기약을 좀 지어주세요.

给我开点儿感冒药。

Gěi wǒ kāi diǎnr gǎnmàoyào.

다리뼈가 부러졌어요.

我腿骨断了。

Wǒ tuǐgǔ duàn le.

발을 다쳤어요.

脚受伤了。

Jiǎo shòushāng le

배가 아프고 소화가 안 돼요.

肚子难受, 消化不良。

Dùzi nánshòu, xiāohuà bùliáng.

배탈이 났어요.

闹肚子了。

Nào dùzi le.

설사를 해요.

拉肚子。

Lā dùzi.

走在拔舞路第八路上会话(바우길 제8구간 걷기 회화)

(1) 山上的登山路和灯明洛嘉寺(산위등산길과 등명낙가사)

王 丽: 据说徒步在第八路上可以一直从山上俯视大海。

(바우길 8구간은 걷는 동안 내내 산 위에서 바다를 내려다보며 걸을 수 있는 길이라고 하던데.)

洪惠兰: 对, 所以偶尔会让人产生山海相连的幻想。

(그래서 가끔 산과 바다가 맞닿아 있는 듯한 환상을 불러일으키곤 하지.)

王 丽: 走在山上却给人一种在海上行走的错觉, 应该不止我一个人有这种感觉吧?

(산위를 걷고 있는데 가끔 바다위를 걷고 있는 듯한 착각을 했었는데 이건 나만 갖는 느낌은 아닌가 보구나.)

洪惠兰: 在海上行走真是个有诗意的比喻啊!

(바다 위를 걷는 듯하다는 말은 정말 시적으로 멋지게 비유한 말이네.)

王　丽：江陵的松树既高大又笔挺，但这里的松树不但矮小而且树枝都被压弯了，很特别的样子。

（강릉의 소나무들은 크고 쭉쭉 뻗었는데 여기 소나무들은 작고 휘어져 있어서 독특한 모습을 보여주는구나.）

洪惠兰：估计是因为每天被海风吹才变成这样的吧。

（바다에서 불어오는 거친 바람을 맞아서 그런가 봐.）

王　丽：你听这海浪声，就好像贝多芬的命运交响曲一样宏伟。

（파도소리도 마치 베토벤의 운명 교향곡처럼 아주 웅장하게 들려.）

洪惠兰：哇，王丽你今天说的话就像是诗一样，海浪声把周围的声音都压倒，让我们沉浸其中。如果声音能治愈压力的话，真应该多来这里看看。

（와우, 오늘 왕리의 표현은 모두 한 편의 시와 같구나. 파도소리가 주변의 소리를 압도하면서 우리를 그 소리에 빠져들게 만들고 있어. 소리로 사람의 스트레스를 치유하게 할 수 있다면 이곳에 오면 아주 좋겠다.）

王　丽：听着海浪声不知不觉就到了寺庙，快看！那里有个寺庙。

（파도소리를 들으며 걷다 보니 어느새 사찰에 도착했네. 저기 봐 사찰이 하나 보여.）

洪惠兰：那里就是灯明洛嘉寺。

（저곳은 등명낙가사라는 곳이야.）

王　丽：指示牌上说是新罗善德女王时期慈藏律师创建的。

（안내판에 신라 선덕여왕 때 자장율사가 창건했다고 소개하고 있네.）

洪惠兰：王丽，你最近是不是在准备就业考试？

（왕리, 요즘 취직시험 준비한다고 했지?）

王　丽：你怎么知道的？我最近压力好大，不管是在中国还是在韩国找工作都好难啊。

（어떻게 알았어? 그래서 요즘 스트레스를 많이 받고 있어. 중국이나 한국이나 요즘 취업하기가 쉽지 않잖아.）

洪惠兰：那我们来对地方了，今天我们就在这个寺庙向佛祖祈祷让你通过考试吧。

（잘 됐다. 오늘 이 절에서 부처님께 합격시켜달라고 정성스럽게 기도를 해봐.）

王　丽：这个寺庙真的有那么灵验吗？

（이 절에 특별히 영험한 힘이 있는 거야?）

洪惠兰：据说是的，听说以前人们在这里向佛祖祈祷，就能登科及第。

（그렇대. 옛날부터 이 절에서 부처님께 기도를 하면 과거에 빨리 급제를 했다는 얘기가 전해지고 있어.）

王　丽: 是吗? 那我们赶紧到佛堂里面向佛祖祈祷吧。

(그래? 그러면 얼른 법당 안으로 들어가서 부처님께 절을 하고 기도를 하자.)

洪惠兰: 今天这条路走对了吧? 明早还要早起看日出, 我们赶紧回去休息吧。

(이 길을 걷기를 잘했지? 내일은 아침 일찍 일어나서 일출을 보아야 하니 얼른 숙소로 돌아가자.)

(2) 正东津站(정동진역)

李　刚: 英俊, 现在还是凌晨, 你这么早喊我起床, 是要去哪儿吗?

(영준아, 이렇게 새벽부터 어디를 가겠다고 나를 깨우는 거야?)

金英俊: 既然来了正东津, 肯定是要看日出的。

(여기 정동진까지 왔으니 반드시 일출을 봐야지.)

李　刚: 日出? 太好了, 因为我一直生活在中国内陆地区, 还没有见过从海岸线升起的太阳呢! 所以我特别想看看。

(일출을 볼 수가 있다고? 잘 됐다. 난 중국 내륙에 살아서 그동안 바다에서 떠오르는 일출을 본 적이 없었거든. 그래서 무척 보고 싶었어.)

金英俊: 拔舞路第八路的最后一站是正东津站, 正东津是看日出的胜地, 因为这里是韩国太阳最早升起的地方。

(바우길 8구간의 마지막 지점이 정동진역인데, 이곳은 일출을 볼 수 있는 곳이기도 해. 대한민국에서 해가 가장 빨리 뜬다고 하거든.)

李　刚: 正东津站靠近海边, 应该能看到日出吧? 一想到能看到日出, 我的心情就很激动。

(정동진역이 바다 옆에 있어서 일출을 볼 수가 있겠지? 일출을 볼 수 있다고 생각하니 정말 가슴이 설레인다.)

金英俊: 据了解, 世界上离海最近的就是正东津站了。一到新年, 这里就人山人海, 都是来看日出的。

(세계에서 바다와 가장 가까운 역이 바로 정동진역이라고 알려져 있어. 새해에는 이곳에서 일출을 보겠다고 오는 사람들로 인산인해를 이뤄.)

李　刚: 正东津虽然不大, 但是周边有很多建筑物, 很繁华。

(정동진역은 비교적 작은데 주변에 건물도 많고 비교적 번화했어.)

金英俊: 正东津附近原本有个小渔村, 是当时有名的电视连续剧≪沙漏≫的拍摄地, 从那之后就火了, 所以正东津也发生了很大的变化。

(정동진역 주변은 원래 조용한 조그마한 어촌 마을이었는데, 이곳 정동진역에서

그 유명한 ≪모래시계≫라는 TV 연속극을 촬영한 이후로 이곳이 갑자기 유명한 관광명소가 되었고 그에 따라 이곳도 번화해지기 시작했지.)

李　刚：我见过一张照片, 上面的女主人公站在正东津站前面的松树下等火车, 估计就是≪沙漏≫里面的场面吧。

（정동진역 앞의 소나무에서 여자 주인공이 서서 기차를 기다리던 장면을 나도 사진으로 본 적이 있어. 바로 그 ≪모래시계≫ 연속극의 한 장면인가 보구나.）

金英俊：对, 所以连那棵松树都出名了, 人们只要来正东津, 就会站在松树前留影纪念。

（맞았어. 그래서 정동진역 앞의 소나무 역시 매우 유명해졌지. 사람들은 정동진역에 오면 꼭 이 소나무 앞에서 사진을 찍곤 하지.）

李　刚：但这个村为什么叫正东津啊? 是某个地方的东边村庄的意思吗?

（근데 이 마을은 왜 정동진이라고 부르는 거야? 무엇의 동쪽 방향에 있는 마을이라는 뜻일 텐데.）

金英俊：这里处于朝鲜时代王所在的首尔光化门的东边, 所以叫做正东津。

（이곳은 조선시대 왕이 계셨던 서울 광화문의 동쪽 방향에 있다고 해서 정동진이라고 불렀어.）

李　刚：听了这几个故事, 这个地方想不出名都不行啊。英俊, 你看, 那边一轮红日正在冉冉升起。

（몇 가지 사연을 들어보니 확실히 이곳은 관광명소가 될 수밖에 없었네. 영준아, 봐라. 저기 새빨간 둥근 태양이 조금씩 솟아오르고 있어.）

金英俊：红日把海水染红, 好像在熊熊燃烧一样, 好壮观啊! 赶紧拍照留念吧!

（바닷물을 빨갛게 물들이며 떠오르고 있구나. 이글이글 타오르는 것 같아. 정말 장관이다. 얼른 사진 한 장 찍어서 기념으로 남기도록 하자.）

李　刚：我要给中国的朋友发微信, 给他们看看日出的照片。虽然今天的日出很壮观, 但最开心的还是和你一起来了正东津。

（위챗(wecaht)으로 중국에 있는 친구들에게도 일출 사진을 보내줘야겠어. 오늘 정동진역의 일출도 멋있었지만 영준 너와 함께 오게 돼서 더욱 좋아.）

金英俊：我的心情和你一样。观赏美景的意义最终还是在于和谁一起看。

（나도 마찬가지야. 이렇게 아름다운 자연경치를 감상하는 일도 결국 누구와 함께 보느냐에 따라서 의미와 가치가 달라지는 것 같아.）

李　刚：就像人生, 人生成功的速度不重要, 选择什么样的方向生活更重要。

（인생은 얼마나 빨리 성공하느냐 하는 속도가 중요한 게 아니라 어느 방향을 선택해서 사느냐 하는 방향성이 더욱 중요하다고 말들을 하지.）

金英俊: 对, 选对方向, 然后跟心灵相通的朋友一起向着同样的方向前行才是人的一生中最
幸福的事情。
(또 내가 선택한 방향으로 걸어갈 때 마음이 맞는 친구와 함께 동일한 방향으로
함께 동행할 수 있다면 그것은 인생에서 더 바랄 나위 없이 좋고 행복한 일이겠지.)

生词(새로운 낱말)

1. 灯明洛嘉寺 Dēngmíngluòjiāsì: 등명낙가사
2. 贝多芬 Bèiduōfēn: 베토벤
3. ≪命运≫交响曲 Mìngyùn Jiāoxiǎngqǔ: ≪운명≫ 교향곡
4. 善德女王 Shàndénǚwáng 선덕여왕
5. 慈藏律师 Cícáng lǜshī 자장율사
6. 佛祖 Fózǔ: 석가모니, 부처
7. 正东津站 Zhèngdōngjīnzhàn: 정동진역
8. 中国内陆地区 Zhōngguó nèilù dìqū: 중국 내륙지역
9. 电视连续剧≪沙漏≫ Diànshì liánxùjù Shālòu: TV연속극 ≪모래시계≫
10. 首尔光化门 Shǒuěr Guānghuàmén: 서울 광화문
11. 冉冉升起 rǎnrǎn shēngqǐ: 넘실거리다, 넘실대다
12. 熊熊燃烧 xióngxióngránshāo 활활 타오르다

常用句型(상용 문형)

1. 既 (A) 又 (B): (A)하기도 하고 또 (B)하기도 하다

万里长城既美又长。(만리장성은 아름답기도 하고 길기도 하다.)
老师既漂亮又亲切。(선생님은 아름답기도 하고 친절하기도 하다.)
秋天的天空既高又蓝。(가을 하늘은 높기도 하고 파랗기도 하다.)
城市既繁华又有活力。(도시는 번화하기도 하고 활력이 있기도 하다.)

江陵的松树既高大又笔挺。(강릉의 소나무들은 크기도 하고 쭉쭉 뻗어 있기도 하다.)

2. 不管 (A) 还是 (B) 都 (C): (A)하든지 아니면 (B)하든지 간에 모두 (C)하다

不管城市还是乡村都美丽。(도시든지 아니면 시골이든지 간에 모두 아름답다.)
不管白酒还是啤酒都不喜欢。(고량주든지 아니면 맥주든지 간에 모두 좋아하지 않는다.)
不管飞机还是火车都不到那里。(비행기든지 아니면 기차든지 간에 모두 그곳에 가지
　　않는다.)
不管大人还是孩子都觉得有趣。(어른이든지 아니면 어린이든지 간에 모두 재미가 있다
　　고 느낀다.)
不管是在中国还是在韩国找工作都好难啊。(중국이든지 아니면 한국이든지 간에 일자
　　리를 찾는 것은 모두 꽤 어렵다.)

3. 连 (A) 也/ 都 (B): (A)까지도/ 마저도/ 조차도 (B)하다

连一个人都没有。(한 사람조차도 없다.)
连火车都没坐过。(기차조차도 타본 적이 없다.)
连小孩子也会做。(어린아이까지도 할 줄 안다.)
连一句话都听不懂。(한 마디조차도 알아들을 수 없다.)
连那棵松树都出名了。(그 소나무까지도 유명해졌다.)

4. 只要 (A), 就 (B): (A)하기만 하면 (B)하다.
['只要'는 충분/ 최소 조건만 만족하면 결과가 나오는 것을 가리킴. 이에 비해 '只有/ 除非 ~ 才 ~'는 유일/
최대 조건을 만족시켜야만 비로소 결과가 나오는 것을 가리킴]

只要你们来, 我就非常高兴了。(다만 너희들이 오기만 하면 나는 매우 기쁠 거다.)
只有亲眼看见, 我才会相信。(오직 내 눈으로 직접 보아야만 비로소 나는 믿을 것이다.)
除非你去, 才能搞定这件事。(오직 네가 가야만 비로소 이 일을 해결할 수 있을 것이다.)
只有来北京, 才能吃到正宗的北京烤鸭。(오직 북경에 와야만 비로소 본 고장 특유의
　　북경오리구이를 먹을 수 있을 것이다.)
人们只要来正东津, 就会站在松树前留影纪念。(사람들은 정동진역에 오기만 하면 꼭
　　이 소나무 앞에서 사진을 찍곤 하지.)

拔舞路第九路_献花路散步路
제9구간_헌화로 산책길

9

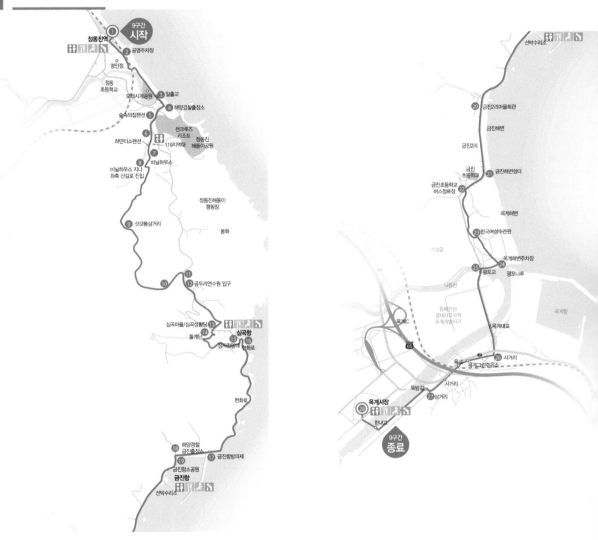

〈 路线基本信息(코스 기본 정보) 〉

路线长度(구간길이): 13.5公里(13.5km)

所需时间(소요시간): 5小时(5시간)

移动路线(이동코스): 正东津站(정동진역) 2.6km
⇨ 斗笠峰三岔路口(삿갓봉삼거리) 1.8km
⇨ 深谷港城隍庙(심곡항성황당) 2.7km
⇨ 金津港公园(금진항공원) 3.4km ⇨ 玉溪海边停车场(옥계해변주차장) 3km
⇨ 玉溪市场(옥계시장)

9-1

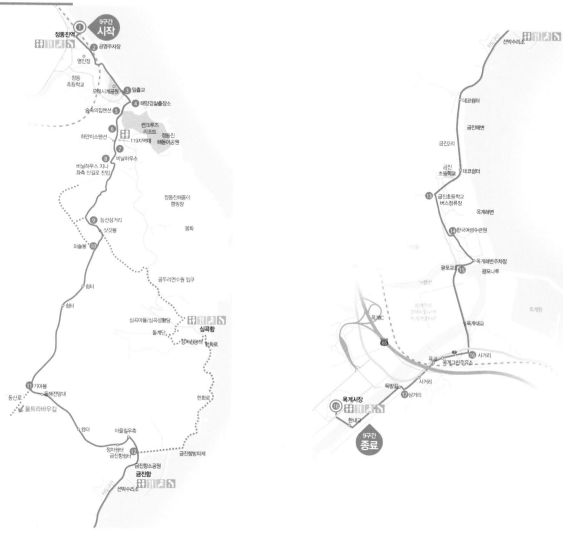

〈 路线基本信息(코스 기본 정보) 〉

路线长度(구간길이): 14.7公里(14.7km)

所需时间(소요시간): 6~7小时(6~7시간)

移动路线(이동코스): 正东津站(정동진역) 3.3km

⇨ 独松峰(외솔봉) 2.7km ⇨ 骑马峰(기마봉) 2.3km

⇨ 金津公交车终点站(금진버스종점) 2.1km

⇨ 海边眺望台休息处(바다전망대쉼터) 4.3km

⇨ 玉溪面行政事务所(옥계면사무소)

日常会话(일상회화)
_질병·사고·부탁 등 긴급한 상황에서의 의사표현_2

믿어주세요!
相信我!
Xiāngxìn wǒ!

정말 어쩔 수가 없었어요.
实在没办法了。
Shízài méi bànfǎ le.

변명은 필요 없어!
不要找借口!
Búyào zhǎo jièkǒu!

시간이 없었어요.
没时间了。
Méi shíjiān le.

서두를 필요 없어요.
不用着急。
Búyòng zháojí.

뭐가 그리 급하세요?
着什么急呀?
Zháo shénme jí ya?

그렇게 조급해하지 마.
别那么着急。
Bié nàme zháojí.

저 급해요.

我很急。

Wǒ hěn jí.

빨리하세요.

快点儿干吧。

Kuài diǎnr gàn ba .

서둘러 주세요.

请快一点儿。

Qǐng kuài yìdiǎnr.

시간이 많지 않아.

时间不够。

Shíjiān búgòu.

한시가 급해요, 서둘러야 해요.

我们赶时间。

Wǒmen gǎn shíjiān.

시간이 없어요.

我们没时间(了)。

Wǒmen méi shíjiān (le).

지각하겠어.

快迟到了。

Kuài chídào le.

곧 수업이 시작돼.

快上课了。

Kuài shàngkè le.

시간 낭비하지마세요.

不要浪费时间。

Búyào làngfèi shíjiān.

가능한 한 빨리하세요.

请尽快办好。

Qǐng jǐnkuài bànhǎo.

천천히 하세요.

你慢点儿。

Nǐ màn diǎnr.

아직 어느 정도 시간이 있어요.

还有一段时间呢。

Hái yǒu yíduàn shíjiān ne.

아직 일러요.

时间还早。

Shíjiān hái zǎo.

당신에게 사과드립니다.

我向你道歉。

Wǒ xiàng nǐ dàoqiàn.

죄송합니다.

对不起。

Duìbuqǐ.

미안해요.

不好意思。

Bù hǎoyìsi.

고의로 그런 게 아닙니다.

不是故意的。

Búshì gùyì de.

오래 기다리게 했네요.

让你久等了。

Ràng nǐ jiǔ děng le.

용서해주세요.

请你原谅。

Qǐng nǐ yuánliàng.

제가 충고하겠습니다.

我要给你一个忠告。

Wǒ yào gěi nǐ yíge zhōnggào.

그의 충고를 따라야 합니다.

你应该接受他的忠告。

Nǐ yīnggāi jiēshòu tā de zhōnggào.

경고합니다!

我警告你!

Wǒ jǐnggào nǐ

자존심이 너무 강하군요.

自尊心太强了。

Zìzūnxīn tài qiáng le.

돈을 좀 빌리고 싶은데요.

我想借点儿钱。

Wǒ xiǎng jiè diǎnr qián.

얼마나 필요해요?

你需要多少钱?

Nǐ xūyào duōshao qián?

내일 갚겠습니다.

明天能还。

Míngtiān néng huán.

저도 돈이 떨어졌어요.

我也没钱了。

Wǒ yě méi qián le.

빨리 말해.

你快说呀。

Nǐ kuài shuō ya.

급해 죽겠어(＝속 타 죽겠어).

急死我了。

Jísǐ wǒ le.

부탁이야, 제발 빨리 좀 알려줘.

求求你了, 快告诉我呀。

Qiúqiu nǐ le, kuài gàosù wǒ ya.

할 말 있으면 바로 해.

有话直说。

Yǒu huà zhíshuō.

走在拔舞路第九路上会话(바우길 제9구간 걷기 회화)

(1) 献花路(헌화로)

王　丽: 原来从正东津到深谷港是要沿着这条狭窄的山路转啊!
　　　　(정동진역에서 심곡항까지 가는데 좁은 산길을 돌고 돌아서 가야 하는구나.)

洪惠兰: 因为深谷港在很深很深的地方, 所以6.25战争的时候生活在这里的人连发生了战争都不知道。
　　　　(이 심곡항은 워낙 깊은 곳에 있어서 6.25 전쟁이 일어났을 때 전쟁이 났는지조차 모르고 넘어간 곳이라고 해.)

王　丽: 因为生活在山脚下、大海旁, 难免会不知道外界的事儿。天哪! 这里居然可以近距离看到波涛起伏的样子。你看, 浪花先飞溅到岩石上, 再噼噼啪啪地飞溅到路边。
　　　　(산 아래 바다 옆에 있으니 세상일을 모를 법도 하다. 세상에나, 바다에서 파도치는 모습을 이렇게 가까이서 볼 수 있다니. 바위에 부서진 파도가 길에까지 튀어 오른다.)

洪惠兰: 浪花拍击岩石飞溅的水花在夜晚路灯的照射下更加美丽。
　　　　(바위에 부딪쳐서 날아오른 물방울들이 저녁에 가로등 불빛에 반사되는 모습을 보면 더욱 아름다워.)

王　丽: 要是能在走献花路的时候被飞溅的水花溅到的话就好了。
　　　　(헌화로 산책길은 파도쳐서 날아오르는 물방울들을 조금씩 맞으면서 걸어야 하겠는걸.)

洪惠兰: 以深谷港为起点的献花路以美丽而闻名, 就是因为路上可以直接看到波涛起伏的样子。
　　　　(심곡항에서 시작되는 헌화로산책길은 걷기에 아름다운 길로 전국적으로 유명해. 옆에서 파도치는 모습을 직접 보면서 걸을 수 있기 때문이지.)

王　丽: 我听说献花路的名称和新罗时期的传说有关联?
　　　　(헌화로라는 이름은 신라 시대의 전설과 관련이 있다고 하던데?)

洪惠兰: 江陵太守纯贞公的夫人水路夫人想要悬崖上开的花, 但是据说她周围没有人有勇气爬到悬崖边上去摘花。这时正好有个路过的老人一边唱着≪献花歌≫, 一边勇敢地爬上悬崖把花摘下来献给了水路夫人。
　　　　(강릉태수 순정공의 부인인 수로부인이 이곳 절벽 위에 피어 있는 꽃을 갖고

싫다고 했는데도 그녀 주변에는 절벽에 올라가서 꽃을 꺾어올 수 있는 용기를 지닌 사람이 없었다고 해. 근데 마침 길을 지나던 한 노인이 용감하게 절벽 위로 기어 올라가서 꽃을 꺾어 수로부인에게 바치면서 ≪헌화가≫를 불렀다는 전설이 내려오고 있어.)

王　丽: 这边有个低洼的悬崖, 指示牌上写着合宫谷。合宫是男女相遇的意思吗?
(옆에는 움푹 파인 절벽이 있는데 여기가 합궁골이라고 안내판에 설명되어 있어. 합궁은 남자와 여자가 만난다는 뜻이지?)

洪惠兰: 传说没有子女的夫妻来这里祈祷的话就会有孩子。
(아이가 없는 부부가 이곳에 와서 기도하면 아이가 생긴다는 전설이 있어.)

王　丽: 好神奇啊! 真的会有孩子吗?
(신기하네. 정말 아이가 생기는 것일까?)

洪惠兰: 求子心切的人们肯定会相信。
(아이를 갖기를 간절하게 원하는 사람들은 그렇게 믿고 기도를 하겠지.)

王　丽: 献花路不仅风景美丽, 而且故事也生动丰富。惠兰, 你不饿吗?
(헌화로는 경치도 아름답고 갖가지 사연도 풍부하네. 혜란, 조금씩 배가 고파오지 않니?)

洪惠兰: 稍微忍一下, 再走一会儿吧。前面的金津港有家饭馆的鱼辣汤味道不错, 我们去那里吃午饭吧。
(조금만 참고 더 걷자. 저 앞에 금진항에 가면 생선매운탕으로 유명한 식당이 있어. 그곳에 가서 맛있는 점심을 먹도록 하자.)

王　丽: 好啊! 好期待啊! 我们快点儿走吧!
(기대되네. 서둘러 걷자.)

(2) 玉溪集市(옥계장터)

洪惠兰: 过了金津港有个韩国女性修炼院, 旁边就是片松树林, 据说那里很美, 是个好地方。
(금진항을 지나면 한국여성수련원이 있고 그 옆에 소나무숲이 있는데 이곳 소나무들이 예쁘고 보기 좋은 것으로 소문이 나 있어.)

李　刚: 真的是呢。这里的松树又高又大, 给人们展示着它们最好的姿态, 真是妙不可言!
(정말 그렇네. 소나무가 키도 크고 기기묘묘하게 아름다운 모습들을 보여주고 있어.)

洪惠兰: 特别是在海上雾霭蒙蒙的拂晓时分, 松树的姿态尤其美丽。所以一到拂晓时分, 会看到许多专门拍摄松树的摄影师撑起支架相机等着拍照片。

(특히 바다 안개가 끼는 새벽녘에 소나무들의 모습이 더욱 아름다워. 그래서 새벽녘이 되면 소나무사진을 전문적으로 찍는 사진가들이 카메라 다리를 받쳐 놓고 아름다운 광경이 펼쳐지길 기다리고 있는 모습을 자주 볼 수 있어.)

李　　刚: 玉溪市场离这儿还远吗?

(옥계 시장은 아직 멀었니?)

洪惠兰: 快了, 玉溪市场是拔舞路第9区段的终点站。

(거의 다 와간다. 옥계시장이 바우길 9구간의 마지막 종착지야.)

李　　刚: 玉溪市场有哪些特别之处呢?

(옥계시장에는 어떤 특별한 점이 있니?)

洪惠兰: 玉溪市场因为开设传统集市而闻名。韩国的传统集市是阴历4日和9日开设市场, 因为每五天开设一次所以也叫作五日场。

(옥계시장은 전통시장이 열리기도 한다는 점에서 특별하지. 한국의 전통시장은 음력 4일과 9일이 되는 날에 평소에 없던 시장이 일시적으로 새롭게 열리지. 5일 간격으로 열린다고 해서 5일장이라고 부르기도 해.)

李　　刚: 听说江原道的北平、旌善、注文津等地方的五日场也很有名。

(강원도에서 북평, 정선, 주문진 등의 5일장이 유명하다고 들었어.)

洪惠兰: 这些都是在全国都有名的地方, 虽然玉溪的五日场跟那几个地方的没法儿比, 但是在这个地区算是很大的集市了。

(이곳들은 모두 전국적으로 유명한 5일장이지. 옥계의 5일장은 그곳들보다는 못하지만 그래도 이 지역에서는 꽤 큰 시장이라고 할 수 있어.)

李　　刚: 五日场和一般的常设市场有什么区别呀?

(5일장은 일반 상설 시장과는 어떤 점이 다르지?)

洪惠兰: 常设市场以商店为主每天固定开放, 但五日场的时候有很多生产农水产物和农器具的人会直接过来, 在路边设立临时的地摊儿贩卖商品, 商品的种类琳琅满目。所以来这里的话能买到一些稀有物, 还能买到新鲜的农水产物。

(상설 시장은 상점 위주로 해서 매일 고정적으로 열린다면 5일장에는 많은 농수산물과 농기구 등의 생산자들이 직접 나와서, 길에다 임시로 가판대를 설치해놓고 여기에 물건을 벌여 놓고 파니까 물건 종류가 훨씬 많아. 그래서 이곳에 나오면 희귀한 물품들도 살 수 있고, 좀 더 싱싱한 농수산물을 구입할 수가 있지.)

李　　刚: 我听说传统集市里的风味汤面很有名, 是专门为来五日场的人们制作的, 慢慢地就出名了。

(전통시장에서 파는 장터국수가 유명하다고 들었는데 바로 이런 5일장에 나오는 사람들을 위해 국수를 만들어 팔다보니 유명해진 모양이구나.)

洪惠兰: 玉溪市场的荞麦饼也很有名, 我们快去尝尝吧。

(이 옥계시장은 메밀전도 유명해. 우리도 얼른 가서 한번 시식을 해보자.)

李 刚: 在市场里吃了点儿东西之后现在又有力量了, 我觉得今天走在第9区段的感觉很好, 特别是从深谷港到金津港的这段路, 是我走过的这些路中最美的。

(장터에서 뭘 좀 먹고 나니까 이제야 힘이 다시 생긴다. 오늘 9구간의 길을 걷기를 잘했다는 생각이 들어. 특히 심곡항에서 금진항까지의 바우길은 내가 걸어본 길 중에서 가장 아름다웠어.)

洪惠兰: 路的左边是茫茫大海, 右边陡峭的悬崖上耸立着一些奇岩怪石, 景色无比美丽。这条路我走了好多次, 但每次都有新的感动。

(길 왼쪽에는 파란 바다가 드넓게 펼쳐져 있고, 오른쪽에는 깎아지른 듯한 절벽에 기암괴석이 우뚝 서 있으니 그 모습이 정말 비할 데 없이 아름다운 것이지. 나는 이곳을 이미 몇 번 걸어 보았지만 그때마다 감동이 새로워.)

📁 生词(새로운 낱말)

1. 献花路 Xiànhuālù: 헌화로
2. 深谷港 Shēngǔgǎng: 심곡항
3. 6.25战争 Liùèrwǔ zhànzhēng: 6.25전쟁
4. 江陵太守 Jiānglíng tàishǒu 강릉태수
5. 纯贞公 Chúnzhēngōng: 순정공
6. 水路夫人 Shuǐlù fūrén: 수로부인
7. ≪献花歌≫ Xiànhuāgē: ≪헌화가≫
8. 合宫谷 Hégōnggǔ: 합궁골
9. 金津港 Jīnjīngǎng: 금진항
10. 鱼辣汤 yúlàtāng: 생선매운탕
11. 玉溪集市 Yùxī jíshì: 옥계장(정기시장)
12. 韩国女性修炼院 Hánguó nǚxìng xiūliànyuàn
13. 玉溪市场 Yùxī shìchǎng: 옥계시장

14. 北平 Běipíng: 북평

15. 旌善 Jīngshàn: 정선

16. 注文津 Zhùwénjīn: 주문진

17. 传统集市 chuántǒng jíshì: 전통장(정기시장)

18. 五日场 wǔrìchǎng: 오일장

19. 荞麦饼 qiáomàibǐng: 매밀전

20. 风味汤面 fēngwèi tāngmiàn: 장터국수

21. 雾霭蒙蒙 wùǎiméngméng: 안개가 자욱하다

22. 琳琅满目 línlángmǎnmù: 아름다운 옥이 눈앞에 가득하다, 갖가지 훌륭한 물건이 매우 많다

📁 常用句型(상용 문형)

1. 原来 (A) 是 (B) 啊!: 알고 보니 (A)는 (B)하는구나!

원来你是韩国人啊! (알고 보니 너는 한국인이었구나!)
原来这个人是你啊! (알고 보니 이 사람이 너였구나!)
原来有这么大的区别啊! (알고 보니 이렇게 큰 차이가 있었구나!)
原来冬天滑雪这么有意思啊! (알고 보니 겨울에 스키 타는 것이 이렇게 즐겁구나!)
原来坐火车也是可以到达的啊! (알고 보니 기차를 타도 역시 도착할 수 있었구나!)
原来从正东津到深谷港是要沿着这条狭窄的山路转啊! (알고 보니 정동진역에서 심곡항까지 가는데 이 좁은 산길을 돌고 돌아서 가야 하는구나.)

2. 要是 (A) 的话就 (B): 만약 (A)한다면 (B)할 것이다

要是多买的话就便宜。(만약 많이 산다면 쌀 것이다.)
要是放假的话就去旅行。(만약 방학을 한다면 여행갈 것이다.)
要是能听懂方言的话就很方便。(만약 사투리를 알아들을 수 있다면 편리할 것이다.)
要是人再多一些的话就会更热闹。(만약 사람들이 좀 더 많아진다면 시끌벅적해질 것이다.)

要是能在走献花路的时候被飞溅的水花溅到的话就好了。(헌화로 산책길을 걸을 때 파도쳐서 흩날리는 물방울들이 튀어서 맞을 수 있다면 좋겠다.)

3. 不仅 (A), 而且 (B): (A)할 뿐만 아니라 (B)하기까지 하다

不仅是母女, 而且是朋友。(모녀일 뿐만 아니라 친구이기까지 하다.)

不仅空气清新, 而且环境也美。(공기가 맑을 뿐만 아니라 환경 역시 아름답기까지 하다.)

不仅修了公路, 而且通了高铁。(도로를 닦았을 뿐만 아니라 고속철도를 개통하기까지 했다.)

不仅爱吃中国菜, 而且会自己做中国菜。(중국요리 먹는 걸 좋아할 뿐만 아니라 스스로 중국요리를 할 줄 알기까지 하다.)

献花路不仅风景美丽, 而且故事也生动丰富。(헌화로는 경치가 아름다울 뿐만 아니라 사연들도 생동적이고 풍부하다.)

拔舞路第十路_沈斯德望路

10 제10구간_심스테파노길

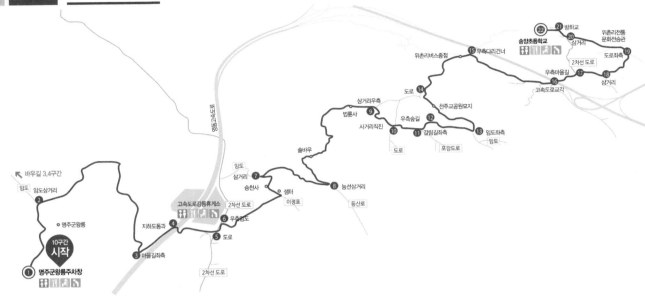

〈 路线基本信息(코스 기본 정보) 〉

路线长度(구간길이): 11公里(11km)

所需时间(소요시간): 5小时(5시간)

移动路线(이동코스): 溟洲郡王陵(명주군왕릉주차장) 0.5km

⇨ 第三路分岔口(3구간분기점) 4.1km

⇨ 松岩展望台(솔바우전망대) 3.6km

⇨ 渭村里公交终点站(위촌리버스종점) 2.8km

⇨ 松壤小学(송양초교)

📁 日常会话(일상회화)_대화·전화 등에서의 의사표현

여보세요.

(☞ 사람을 부르거나 전화할 때 쓰는 말로, 전화상으로는 'Wéi'로 발음할 때가 많음)

喂。

Wèi.

누구를 찾으세요?

你找谁呀?

Nǐ zhǎo shéi ya?

샤오왕 있나요?

小王在吗?

Xiǎowáng zài ma?

나야.

(☞ 아는 사람의 전화를 받았을 때)

是我。

Shì wǒ.

전데요.(＝접니다만.)

(☞ 모르는 사람의 전화를 받았을 때)

我就是。/ 我是。

Wǒ jiù shì./ Wǒ shì.

시간 괜찮으세요? (＝시간 있으세요?)

有空吗?

Yǒu kòng ma?

지금 바쁘세요?

现在忙吗?

Xiànzài máng ma?

드릴 말씀이 있는데요.
我有话要跟你说。
Wǒ yǒu huà yào gēn nǐ shuō.

얘기 좀 할 수 있을까요?
我能跟你谈谈吗?
Wǒ néng gēn nǐ tántan ma?

상의 드릴 게 있는데요.
我有事儿要跟你商量。
Wǒ yǒu shìr yào gēn nǐ shāngliang.

하시고 싶은 말씀 있으시면 무엇이든지 다 말씀하세요.
你想说什么就说什么。
Nǐ xiǎng shuō shénme jiù shuō shénme.

도대체 무슨 말이 하고 싶은 건데요?
你到底想说什么呀?
Nǐ dàodǐ xiǎng shuō shénme ya?

우물쭈물 하지마.
别吞吞吐吐的。
Bié tūntūntǔtǔ de.

우선 제 말씀부터 들어보세요.
你先听我说呀。
Nǐ xiān tīng wǒ shuō ya.

듣고 있어요.
我听着呢。

Wǒ tīng zhe ne.

계속 말씀하세요.
你继续说吧。
Nǐ jìxù shuō ba.

이해할 수 있습니다.
我能理解。
Wǒ néng lǐjiě

당신이 틀린 것 같습니다.
好像(是)你错了。
Hǎoxiàng (shì) nǐ cuò le.

그건 단지 당신 생각일 뿐이죠.
这只是你个人的想法而已。
Zhè zhǐshì nǐ gèrén de xiǎngfǎ éryǐ.

내가 말하고자 하는 것은…
我想说的是…。
Wǒ xiǎng shuō de shì….

뭐라고 할까.(＝뭐라고 말해야 하나)
怎么说呢。
Zěnme shuō ne.

비밀 하나 말해줄게요.
我告诉你一个秘密。
Wǒ gàosu nǐ yíge mìmì.

말할 수 없어.
我不能告诉你。

Wǒ bùnéng gàosu nǐ.

진담이에요 농담이에요?
真的还是假的?
Zhēnde háishì jiǎde?

이해했어요.
我明白了。
Wǒ míngbai le.

농담하세요?
你在开玩笑吗?
Nǐ zài kāi wánxiào ma?

뭘 그리 진지해요?
你干吗那么认真?
Nǐ gānmá nàme rènzhēn?

전화 왔어요.
来电话了。
Lái diànhuà le.

전화 좀 받아요.
接电话吧。
Jiē diànhuà ba.

나가고 없는데요.
他不在, 出去了。
Tā búzài, chūqù le.

잘못 거셨는데요.
你打错了。

Nǐ dǎcuò le.

전화번호 다시 한번 확인해 보시죠.
请再确认一下号码。
Qǐng zài quèrèn yíxià hàomǎ.

몇 번에 거셨죠?
你拨的是多少号?
Nǐ bōde shì duōshao hào?

5분 후에 다시 걸겠습니다.
五分钟之后我再打吧。
Wǔfēnzhōng zhīhòu wǒ zài dǎ ba.

메시지를 남겨드릴까요?
你要留言吗?
Nǐ yào liúyán ma?

전하실 말씀이 있나요?
你有什么话要转告他吗?
Nǐ yǒu shénme huà yào zhuǎngào tā ma?

제게 전화해달라고 그에게 전해주십시오.
帮我转告他, 让他给我打电话。
Bāng wǒ zhuǎngào tā, ràng tā gěi wǒ dǎ diànhuà.

차라리 저에게 문자로 보내세요.
还是给我发短信吧。
Háishì gěi wǒ fā duǎnxìn ba.

바쁜 일 먼저 보세요.
先忙你的吧。

Xiān máng nǐde ba.

어떻게 연락하면 될까요?

我怎么跟你联络呢?

Wǒ zěnme gēn nǐ liánluò ne?

이게 제 휴대폰 번호에요.

这是我的手机号码。

Zhè shì wǒde shǒujī hàomǎ.

走在拔舞路第十路上会话(바우길 제10구간 걷기 회화)

(1) 沈斯德望路(심스테파노길)

王 丽: 拔舞路第十路叫做沈斯德望路, 沈斯德望是什么意思? 是江原道方言吗?

(바우길 10구간은 심스테파노길이라고 하던데 심 스테파노는 무슨 뜻이지? 혹시 강원도 사투리니?)

金英俊: 不是, 朝鲜时期有一个因天主教受迫害而殉教的教徒, 他的洗礼名叫作斯德望。

(아냐. 조선시대 때 천주교 박해로 순교한 순교자의 이름인데 스테파노는 그의 세례명이야.)

王 丽: 朝鲜时期迫害天主教是怎么回事?

(조선시대 때 천주교 박해는 어떻게 시작된 것이야?)

金英俊: 19世纪西方强国不时地侵略朝鲜, 一直要求进行贸易往来, 而且开始传播天主教。意识到危机的朝鲜王朝认为天主教是为了西方强国才在朝鲜开始传播天主教。于是国民们为了让天主教从国内消失, 大家团结一致, 杀死了很多天主教教徒。

(19세기에 서양의 강대국들이 수시로 조선을 침략하면서 무역 거래를 요구해 왔어. 그리고 천주교를 전파하기 시작했지. 이에 위기의식을 느끼던 조선 왕조는 천주교가 서양 강대국들을 위해서 그들의 종교를 조선에 전파한다고 여겼어. 그리하여 천주교를 국내에서 없애서 국민들의 마음을 단결시키고자 했어. 그 결과 많은 천주교인들을 죽이기에 이른 것이지.)

王　丽：真的是令人伤心的历史。死去的教徒的家属该有多伤心啊!
（참으로 슬프고 안타까운 역사였구나. 죽음을 당한 사람들의 가족은 얼마나 슬펐겠니!）

金英俊：沈斯德望20岁的时候成为天主教信徒, 在京畿道龙仁和广州等地方生活, 他50岁时生活在江陵, 发生丙寅迫害事件的时候在江陵被逮捕。
（심 스테파노는 20세에 천주교 신자가 되어 경기도 용인과 광주(广州) 등지에서 신앙생활을 했고, 병인박해가 일어났던 50세 때에는 강릉에서 신앙생활을 하다가 강릉에서 체포된 것이지.）

王　丽：沈斯德望被抓走的时候走的就是这条路, 所以人们把这条路叫做沈斯德望路。
（그럼 심 스테파노가 잡혀서 끌려갈 때 이 길을 걸었기에 심 스타파노길이라고 이름을 붙인 것이겠구나.）

金英俊：据说沈斯德望走的时候, 即使知道死亡就在眼前, 仍毅然决然地走了。
（심스테파노는 죽음의 두려움 앞에서도 이 길을 의연하게, 용기 있게 걸어갔다고 전해지고 있어.）

王　丽：这条路的故事让人又伤心又满怀遗憾, 我的心情也跟着肃然起来, 变得更虔诚了。
（이 길에 담긴 사연이 슬프고 한스러워서 그런 것인지 마음이 자못 숙연해지고 경건해지는구나.）

金英俊：我们边悼念沈斯德望边走吧。
（우리 심스테파노를 추모하면서 걸어보자.）

(2) 松岩路(솔바위길)

李　刚：拔舞路第十路沈斯德望路是以溟州郡王陵为起点的。
（바우길 10구간 심스테파노길은 명주군왕릉에서부터 시작되는구나.）

洪惠兰：从这里沿着低矮的山路继续走的话就到山顶的松岩了。
（여기서부터 야트막한 산길을 따라 계속 걷다 보면 산의 꼭대기인 솔바위에 도착해.）

李　刚：我们经过松林了耶!
（역시 소나무숲을 지나는구나.）

洪惠兰：这里果然是具有可以一边观赏松林一边享受美景的代表性的路线之一啊!
（이곳 역시 금강송숲을 감상하고 즐길 수 있는 대표적인 구간 중의 하나이지.）

李　刚：还可以一边闻着松香, 一边锻炼身心健康呢。但是松岩指的是岩石旁的松树吗?

(여기서도 소나무향기를 맡으면서 심신의 건강을 단련할 수 있겠구나. 근데 솔바위는 바위 옆의 소나무를 가리키니?)

洪惠兰: 不是, 松岩指的是中间能长出松树的岩石。

(아니, 가운데서 소나무가 자라고 있는 바위를 가리켜.)

李　刚: 哇哦! 你说岩石中间会长出松树来? 松树的生命力那么顽强吗?真的很神奇, 我不由得又产生了敬畏之心。从岩石中间扎根下来要经历多少苦痛啊! 真的令人敬佩。沈斯德望死之前应该也经历过那样的苦痛吧。

(와우! 바위 가운데서 소나무가 자란다고? 그 정도로 소나무의 생명력이 강인하다니 정말 신비롭고 존경스러운 마음이 생긴다. 바위 가운데서 뿌리를 내리기까지 또 얼마나 큰 고통을 견뎌냈을까 생각하니 정말 사람으로 하여금 고개를 숙이게 만든다. 심스테파노도 죽음을 당하기 전에 그런 고통을 겪었겠지.)

洪惠兰: 在这松岩上, 江陵市内和蔚蓝的大海尽收眼底, 我们边休息边欣赏美景吧。

(이곳 솔바위에서는 강릉 시내와 푸른 바다를 한눈에 다 바라볼 수 있으니 잠시 쉬면서 경치를 감상해보도록 하자.)

李　刚: 人们把沈斯德望生活过的村庄叫做鲸鱼岩石村, 有什么由来吗?

(심스테파노가 살았던 마을을 고래바위마을이라고 부르던데 이름의 유래가 어떻게 되니?)

洪惠兰: 当然和岩石有关了, 长得像鲸鱼一样的岩石安扎在村里大山的半山腰上, 所以人们才把这村庄叫作鲸鱼岩石村。

(역시 바위와 관련이 있어. 고래처럼 생긴 바위가 마을의 산 중턱에 자리 잡고 있기 때문에 마을 이름을 그렇게 부르게 된 것이지.)

李　刚: 村子里的人以岩石的名字作为村庄的名字, 由此可以看出人们把这块岩石看得很重要。

(마을 사람들이 이 바위의 이름으로 마음 이름을 지을 정도면 얼마나 이 바위를 소중하게 여기고 있는지 짐작할 수 있겠다.)

洪惠兰: 村子里的人甚至认为这块岩石具有很神奇的力量, 他们相信向岩石祷告的话, 岩石会成全他们的愿望。还相信鲸鱼岩石下面流淌的水能治愈孩子们的疾病。

(마을사람들은 심지어 이 바위가 영험한 힘을 갖고 있다고 여겨서 기도를 올리면 소원을 들어준다고 믿고 있어. 또 고래바위 아래로 흐르는 물은 아이들의 병을 치유해준다고 믿고 있고.)

李　刚: 太神奇了! 沈斯德望殉教已经很久了吧?

(신비롭기 그지없네. 고래바위마을에 살았던 심스테파노가 순교한 지도 벌써 상당히 오랜 시간이 흘렀지?)

洪惠兰: 已经过去100年了。虽然很悲伤, 但是走过这条路的人都会慰藉他的灵魂并把他记在心上。

(벌써 100년의 시간이 흘러갔어. 슬프긴 하지만 이 길을 걷는 사람들이 모두 그의 넋을 위로하고 그를 기억해줄 것이라 믿어.)

📁 生词(새로운 낱말)

1. 沈斯德望路 Shěnsīdéwànglù: 심스테파노길
2. 天主教 Tiānzhǔjiào: 천주교
3. 西方强国 xīfāng qiángguó: 서방 강국
4. 京畿道 Jīngjīdào: 경기도
5. 龙仁 Lóngrén: 용인
6. 广州 Guǎngzhōu: 광주(경기도)
7. 松岩路 Sōngyánlù: 솔바위길
8. 溟州郡王陵 Míngzhōujùnwánglíng: 명주군왕릉
9. 鲸鱼岩石村 Jīngyú yánshícūn: 고래바위마을

📁 常用句型(상용 문형)

1. 又 (A) 又 (B): (A)기도 하고 (B)하기도 하다

这里的松树又高又大。(이곳의 소나무는 크기도 하고 거대하기도 하다.)

新手机又时尚又漂亮。(새 핸드폰은 트랜디하기도 하고 예쁘기도 하다.)

这个冬天又寒冷又漫长。(이번 겨울은 춥기도 하고 길기도 하다.)

你怎么能又贪吃又贪睡? (너는 어째서 게걸스럽게 먹기도 하고 늦잠만 자기도 하는 거니?)

这个学习方法又容易掌握又有效果。(이 학습방법은 마스터하기도 쉽고 효과가 있기도 하다.)

这条路的故事让人又伤心又满怀遗憾。(이 길에 담긴 사연이 슬프기도 하고 굉장히 한스

럽기도 하다.)

2. (A) 不由得 (B): (A)는 저절로/ 저도 모르게 (B)해지다

我不由得又产生了敬畏之心。(나는 저도 모르게 또 경외하는 마음이 생겼다.)
想起过去的苦难, 不由得掉下眼泪来。(과거의 고난을 생각하니 저도 모르게 눈물이 흘러내린다.)
他说得这么透彻, 不由得你不信服。(그가 이렇게 확실하게 말하니 너는 승복하지 않을 수 없겠다.)

3. (A) 都 (B) 了: (A)한 지 벌써 (B)가 되다

奶奶都95岁了。(할머니는 벌써 95세가 되셨다.)
他们结婚都50年了。(그들은 결혼한 지 벌써 50년이 되었다.)
我们都等了3个多小时了。(우리들은 벌써 세 시간여 동안 기다렸다.)
公司都拥有100家分公司了。(회사는 벌써 100개의 자회사들을 거느리게 되었다.)
沈斯德望殉教已经都过去100年了。(심스테파노가 순교한 지도 이미 벌써 100년의 시간이 흘러갔어.)

11

拔舞路第十一路_申师任堂路
제11구간_신사임당길

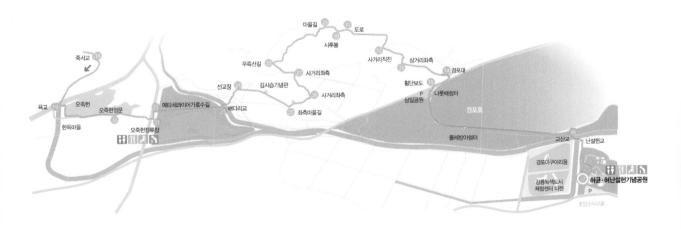

〈 路线基本信息(코스 기본 정보) 〉

路线长度(구간길이): 16.2公里(16.2km)
所需时间(소요시간): 6~7小时(6~7시간)
移动路线(이동코스): 松壤小学(송양초교) 2.7km
　　　　　　　　　⇨ 申师任堂路天桥(신사임당로육교) 3.9km
　　　　　　　　　⇨ 第十一路第二路段分岔口(11-2코스분기점) 3.1km
　　　　　　　　　⇨ 乌竹轩(오죽헌) 4.5km ⇨ 镜浦台(경포대) 2km
　　　　　　　　　⇨ 许筠、许兰雪轩纪念馆(허균·허난설헌기념관)

日常会话(일상회화)_여가·취미생활 속에서의 의사표현_1

보통 주말에 어떻게 시간을 보내십니까?

一般怎么过周末呢?/ 周末一般怎么过?

Yìbān zěnme guò zhōumò ne?/ Zhōumò yìbān zěnme guò?

시간 있을 때 무엇을 하십니까?

有空的时候你做什么?

Yǒu kòng de shíhou nǐ zuò shénme?

여행 가는 걸 좋아합니다.

我喜欢去旅行。

Wǒ xǐhuan qù lǚxíng.

그냥 집에 있습니다.

只能在家呆着。

Zhǐnéng zài jiā dāizhe.

퇴근 후에 특별히 하시는 일이 뭔가 있습니까?

下班后有什么特别的活动吗?

Xiàbān hòu yǒu shénme tèbié de huódòng ma?

저는 농구를 좋아합니다.

我喜欢打篮球。

Wǒ xǐhuan dǎ lánqiú.

저는 자주 PC방에 갑니다.

我经常去网吧。

Wǒ jīngcháng qù wǎngbā.

텔레비전 자주 보세요?

常看电视吗?

Cháng kàn diànshì ma?

연속극을 좋아합니다.

我喜欢看连续剧。

Wǒ xǐhuan kàn liánxùjù.

지금 영화를 하고 있습니다.

正在播出电影。

Zhèngzài bōchū diànyǐng.

볼 시간이 없었어요.

我没时间看。

Wǒ méi shíjiān kàn.

어떤 영화 좋아하세요?

你喜欢看什么样的电影。

Nǐ xǐhuan kàn shénmeyàng de diànyǐng?

저는 애니메이션을 좋아합니다.

我喜欢看卡通片。

Wǒ xǐhuan kàn kǎtōngpiàn.

저는 액션영화를 좋아합니다.

我喜欢看动作片。

Wǒ xǐhuan kàn dòngzuòpiàn.

요새 영화관에서 어떤 영화 상영하고 있죠?

最近电影院上映的电影有哪些?

Zuìjìn zài diànyǐngyuàn shàngyìng de diànyǐng yǒu nǎxiē?

피아노 연주할 줄 압니다.

我会弹钢琴。

Wǒ huì tán gāngqín.

기타 연주 할 줄 알아요.

我会弹吉他。

Wǒ huì tán jítā

대중가요를 좋아합니다.
我喜欢听大众歌谣。
Wǒ xǐhuan tīng dàzhòng gēyáo.

그 노래는 별로에요.
那首歌不怎么好听。
Nàshǒu gē bù zěnme hǎotīng.

노래 한 곡 하세요.
唱(一)首歌吧。
Chàng (yì)shǒu gē ba.

저는 노래 못해요.
我不会唱歌。
Wǒ búhuì chànggē.

노래 정말 잘 하시네요.
你唱得真好听。
Nǐ chàng de zhēn hǎotīng.

그림 그리는 거 좋아하세요?
你喜欢画画儿吗?
Nǐ xǐhuan huàhuàr ma?

보는 것만 좋아해요.
我只喜欢欣赏。
Wǒ zhǐ xǐhuan xīnshǎng.

미술관에 자주 오시나요?
常来美术馆吗?
Cháng lái měishùguǎn ma?

저는 비교적 풍경화를 좋아합니다.

我比较喜欢风景画。

Wǒ bǐjiào xǐhuan fēngjǐnghuà.

拔舞路第十一路会话(바우길 제11구간 회화)

(1) 乌竹轩(오죽헌)

王　丽: 拔舞路第十一路是申师任堂路, 是经过乌竹轩和船桥庄通往镜浦台的路。
　　　　(바우길 11구간 신사임당길은 오죽헌과 선교장을 거쳐 경포대로 가는 길이구나.)

金英俊: 这条路上有很多江陵的代表建筑物和景点。
　　　　(이 길에 강릉을 대표하는 건물과 명소가 모두 있다고 해도 과언이 아니야.)

王　丽: 我早就开始期待了。一越过竹轩水库和低矮的山路就觉得拔舞路变得很熟悉了。
　　　　(벌써부터 너무 기대되는 걸. 죽헌 저수지와 야트막한 산을 넘자니 바우길이 정겹고 친숙하게 느껴진다.)

金英俊: 这条路是申师任堂带着李栗谷回娘家的时候走的路吧? 一想到就要见到自己的父母亲了, 该有多开心激动啊!
　　　　(이 길을 신사임당이 이율곡의 손을 잡고 강릉에 있는 오죽헌 친정까지 걸어왔던 거지. 자신의 친정아버지, 어머니를 만난다는 생각에 얼마나 기쁘고 설레였을까?)

王　丽: 听你这么一说我突然好想远在中国的爸爸妈妈啊! 但是既然来韩国了, 就应该尽情地感受韩国的文化和景致, 你说是不是? 还要走一阵子才到乌竹轩吧?
　　　　(네가 그렇게 말하니 갑자기 중국에 있는 우리 엄마, 아빠가 보고 싶어진다. 그렇지만 기왕 한국에 왔으니 한국의 문화와 경치를 맘껏 접하고 가야겠지. 오죽헌은 한참 더 가야 하니?)

金英俊: 快到了, 前面能看到的瓦房屋顶的木屋就是乌竹轩, 是申师任堂和她的儿子李栗谷的出生地。
　　　　(거의 다 왔어. 저기 앞에 보이는 기와지붕에 목조건물이 바로 오죽헌이야. 신사임당과 그녀의 아들인 이율곡이 태어난 곳이지.)

王　丽: 那种形态的建筑是不是可以叫作传统韩屋? 一看到它就能感受到它优雅的品格和

传统。

(저런 형태의 건물을 전통 한옥이라고 말할 수 있는 거지? 보자마자 우아한 품격과 전통을 알아볼 수 있겠어.)

金英俊: 乌竹轩前面的石头指示牌上印着"见得思义"几个字，能感觉到这个家族有着像竹子一样刚直的精神。

(오죽헌 앞에 있는 돌 표지판에 견득사의(见得思义)라고 새겨져 있어. 이 가문의 어떤 곧은 대쪽 같은 정신이 느껴져.)

王 丽: 这几个字的含义非常令人印象深刻，是说得到利益的时候首先要想一下这件事是不是正确，然后再采取行动的意思。乌竹轩里有个梦龙室。

(뜻이 무척 인상적이야. 이익을 얻게 될 때 그것은 올바른 일인가를 먼저 생각하고 취하라는 뜻이겠지. 오죽헌 안에 몽룡실(梦龙室)이 있다.)

金英俊: 申师任堂怀上李栗谷的时候做了个生了龙的胎梦，所以把这间屋子取名为梦龙室。

(신사임당이 꿈에서 용이 나타나는 꿈을 꾸고 이율곡을 잉태했다고 해서 이 건물의 이름을 그렇게 지은 것이지.)

王 丽: 乌竹轩被指定为韩国宝物165号，能得到国家的肯定，由此就可以看出乌竹轩的过人之处。

(오죽헌은 대한민국 보물 165호로 지정되었다고 하니 국가에 의해 인정을 받은 것을 보면 훌륭한 건물이긴 한가보다.)

金英俊: 它可以说是朝鲜时期贵族两班们所居住的代表性的建筑物。从这里再走一会儿的话是个叫作船桥庄的地方，这里是400年前建造的朝鲜时期两班们的代表性的房屋。

(조선시대 귀족 양반들이 거주하던 대표적인 건물이라고 할 수 있어. 여기서 조금만 걸어가면 선교장이란 곳이 나오는데, 이곳 역시 400여 년 전 지어진 조선시대 양반들의 대표적인 가옥이야.)

王 丽: 通过乌竹轩和船桥庄可以毫厘不差地看出朝鲜时期两班的家风和品格。

(오죽헌과 선교장을 통해서 조선시대 양반가의 기풍과 품격을 제대로 볼 수 있겠다.)

金英俊: 我虽然在江陵出生，在江陵长大，但是我还没有细心地观察过这些。王丽，多亏了你，我才能毫厘不差地了解这些。

(나도 강릉에서 태어나고 자랐지만 두 곳을 세심하게 살펴볼 겨를이 없었어. 왕리, 네 덕분에 제대로 감상할 수 있겠다.)

王 丽: 通过11区段的申师任堂路，可以从学问和艺术两方面了解到杰出的江陵的历史性人物，学到的和感受到的东西很多。

(11구간 신사임당길에는 학문과 예술 두 방면에서 뛰어났던 역사적인 강릉의

인물들을 많이 만날 수 있으니 참 배울 것도 많고 느끼는 점도 많아.)

金英俊: 申师任堂和李栗谷母子俩, 还有许兰雪轩和许筠姐弟俩都是历史性的伟人, 回顾他们的生活有着充分的价值, 所以我认为这条11区段的路更加有意义。

(신사임당과 이율곡 두 모자, 허난설헌과 허균 두 남매 등이 모두 역사적인 위인들이니까 그들의 삶을 한번 되돌아볼 가치가 충분히 있어. 그래서 이 11구간 길은 더욱 의미가 있다고 여겨진다.)

(2) 镜浦台樱花路(경포대벚꽃길)

王　丽: 听说平昌冬奥会的时候, 冰上竞技是在江陵举行的, 那时候就特别想来江陵。今天真正来了之后感慨颇深。

(평창 동계올림픽이 열릴 때 빙상경기가 강릉에서 열린다는 소식을 듣고 강릉에 더욱 오고 싶었지. 오늘 실제 이곳에 오니 감회가 아주 새롭다.)

洪惠兰: 你真的是来对了, 现在正是春天, 可以去美食店吃美食, 还能去咖啡店街一边喝咖啡一边欣赏海景。

(아주 잘 왔어. 지금 봄이 한창이라서 여기저기 구경하러 다니기 아주 좋아. 맛집에 들러 맛있는 음식도 먹어보고, 커피숍에 들러 커피를 마시면서 바다를 볼 수도 있고.)

王　丽: 能看到湖水旁矮山上的韩式传统建筑了。

(호수 옆에 있는 야트막한 산 위에 한국식 전통 건물이 보인다.)

洪惠兰: 那里就是镜浦台。作为关东八景之一的镜浦台是为了能观赏远处的湖水和大海而建造的楼亭。朝鲜时期江陵的儒生们经常来这里开展诗会, 所以这里也成了儒生们的社交场所。

(그곳이 바로 경포대야. 관동팔경 중의 하나로서 저 멀리 호수와 바다를 감상할 수 있도록 만든 누정이지. 조선시대 강릉의 선비들이 이곳에서 시회를 열기도 했으니 선비들의 사교 장소이기도 했어.)

王　丽: 所以才把海水浴场和湖水的名字都取为镜浦的啊!

(그래서 해수욕장과 호수 이름을 모두 경포라고 부르는 것이구나.)

洪惠兰: 因为镜浦台是被人们广泛知晓的关东八景之一。

(경포대가 그만큼 많은 사람에게 알려진 관동팔경 중의 하나로서 유명한 이름이니까.)

王　丽: 镜浦台前面路的两侧开满了美丽的樱花!

(경포대 앞에 있는 길의 양 옆으로 벚꽃이 정말 아름답게 피어 있구나.)

洪惠兰: 一到4月初, 这里就会举行盛大的樱花节, 全国各地的游客们都会过来。

（이곳은 4월 초순이 되면 벚꽃 축제를 성대하게 거행해. 그럼 전국에서 많은 관광객들이 이곳으로 벚꽃을 보러 와.)

王　丽: 樱花节之后就是5月的端午祭, 再加上秋季举行的咖啡节, 江陵真是个有着许多文化活动的城市啊!

（강릉은 벚꽃 축제에다가 5월의 단오제, 그리고 가을에 개최하는 커피 축제까지 정말 많은 문화 활동들이 거행되는 곳이로구나.)

洪惠兰: 欣赏完樱花之后我们去骑自行车吧, 这里有租借自行车的地方。 一边吹着凉爽的风, 一边沿着镜浦湖骑车的话, 再多的压力都能消失。

（벚꽃을 구경하고 나서 자전거를 좀 타기로 하자. 이곳에는 자전거를 빌려주는 곳도 있거든. 시원한 바람을 쐬면서 경포호수 주변을 자전거로 달리면 그간의 스트레스를 다 날릴 수 있을 거야.)

王　丽: 好啊! 骑车之前我们以樱花还有镜浦湖水为背景拍张照片吧, 我要发个朋友圈炫耀一下。

（좋아. 자전거 타러 가기 전에 우리 벚꽃과 경포호수를 배경으로 기념사진 한 장 찍자. 내 SNS(微信)에 올려놓고 친구들에게 자랑해야겠다.)

洪惠兰: 那你的朋友们也许会认出我并且让你把我介绍给他们呢?哈哈! 一想到可以结交新朋友就有点(儿)期待呢!

（그럼 네 친구들이 나를 알아보고 나를 소개시켜 달라고 할지도 모르겠는 걸. 하하. 새로운 친구를 사귈 수 있다고 생각하니 벌써부터 기대가 되는 걸.)

📂 生词(새로운 낱말)

1. 申师任堂路 Shēnshīrèntánglù: 신사임당로
2. 乌竹轩 Wūzhúxuān: 오죽헌
3. 船桥庄 Chuánqiáozhuāng: 선교장
4. 镜浦台 Jìngpǔtái: 경포대
5. 竹轩水库 Zhúxuān shuǐkù: 죽헌저수지
6. 许兰雪轩 Xǔlánxuěxuān: 허난설헌

7. 许筠 Xǔjūn: 허균

8. 韩国宝物 Hánguó bǎowù: 한국 보물

9. 朝鲜时期 Cháoxiǎnshíqī: 조선시대

10. 开心激动 kāixīn jīdòng: 기쁘고 설레다, 유쾌하고 흥분되다

11. "见得思义"Jiàndésīyì: 이득을 보면 의로움을 생각한다, 이득을 얻을 때면 반드시 의로운 것인지를 판단한다

12. 毫厘不差 háolíbúchà: 조금도 차이가 나지 않다

13. 多亏了你 duōkuī le nǐ: 네 덕분이다

14. 樱花路 Yīnghuālù: 벚꽃길

15. 平昌冬奥会 Píngchāng dōngàohuì: 평창동계올림픽

16. 冰上竞技 bīngshàng jìngjì: 빙상경기

17. 关东八景 Guāndōng bājǐng: 관동팔경

18. 樱花节 Yīnghuājié: 벚꽃축제

19. 端午祭 Duānwǔjì: 단오제

📁 常用句型(상용 문형)

(A) 早就 (B): (A)는 벌써/ 진작부터 (B)하고 있다

我早就到了呀。(나는 벌써 도착해 있어.)
我早就准备好了。(나는 진작부터 준비를 잘 해두었다.)
我早就开始期待了。(나는 벌써 너무 기대된다.)
这件事我早就知道。(이 일은 나는 진작부터 알고 있었다.)
他早就懂了, 不用再讲了! (그는 벌써 이해했으니 더 얘기할 필요가 없어.)

2. 该有多 (A) (啊/ 呀)!: 얼마나 (A)하니!
[정도가 대단함을 나타냄]

该有多好看啊! (얼마나 예쁘니!)
该有多高兴啊! (얼마나 기쁘니!)

该有多孤独啊! (얼마나 외로울까!)

你看看这儿, 该有多干净呀! (여기를 좀 봐, 얼마나 깨끗하니!)

一天到晚只与大海和海浪声为伴, 该有多孤独啊! (온종일 오로지 바다와 파도소리만을 벗하면서 지내야 하니 얼마나 외롭겠니!)

一想到就要见到自己的父母亲了, 该有多开心激动啊! (자신의 부모님을 만난다는 생각에 얼마나 기쁘고 설레였을까?)

3. 多亏 (了) (A): (A) 덕분에/ 덕에

多亏了大家。 (여러분들 덕분입니다.)

多亏了急救员, 他才保住了性命。 (구급요원 덕분에 그는 비로소 생명을 보존하게 되었다.)

多亏了您的帮助, 我才能东山再起。 (당신의 도움 덕분에 제가 권토중래할 수 있었습니다.)

多亏了老师, 我粗硬的口气改善了不少。 (선생님 덕분에 나의 거칠고 딱딱한 말투는 많이 개선되었다.)

多亏了你, 我才能毫厘不差地了解这些。 (네 덕분에 난 비로소 이것들을 정확하게 제대로 이해할 수 있게 되었다.)

4. (A) 再加上 (B): (A)한데 게다가/ 그 위에 (B)하다

电闪雷鸣再加上暴风雨, 天气真是太恶劣了。 (천둥 번개 치는데 게다가 비바람까지 있어서 날씨가 참 고약하다.)

下着大雨, 再加上道儿不熟, 所以他迟到了。 (큰비가 내리고 있는데 게다가 길도 익숙하지 못해 그래서 그는 늦었다.)

我出交通事故的地点是下坡路, 再加上之前下过雨, 路很滑。 (내가 교통사고를 낸 장소는 내리막길인데 게다가 그 앞서 비가 내리기까지 하여서 길이 아주 미끄러웠다.)

樱花节之后就是5月的端午祭, 再加上秋季举行的咖啡节, 江陵真是个有着许多文化活动的城市啊! (벚꽃 축제 뒤에 5월의 단오제, 게다가 가을에 개최하는 커피 축제까지 강릉은 정말 많은 문화 행사들이 거행되는 도시로구나.)

本来江陵的自然山水风光就很美, 再加上镜浦台、乌竹轩、船桥庄这些具有历史传统的建筑物就更有名了。 (강릉은 본래 자연산수 풍광이 아름다운데, 게다가 경포대, 오죽헌, 선교장 같은 이러한 역사 깊은 전통 건물들은 더욱 유명하기까지 하다.)

拔舞路第十二路_去注文津之路

제12구간_주문진 가는 길

〈 路线基本信息(코스 기본 정보) 〉

路线长度(구간길이): 11.6公里(11.6km)

所需时间(소요시간): 4~5小时(4~5시간)

移动路线(이동코스): 沙川津海边公园(사천진해변공원) 4.7km

⇨ 领津港(영진항) 3.5km

⇨ 注文津港(주문진항) 2km

⇨ 牛岩港(소돌항)[儿子岩公园(아들바위공원)] 1.4km

⇨ 注文津海边公园(주문진해변공원)

日常会话(일상회화)_여가·취미생활 속에서의 의사표현_2

독서가 유일한 즐거움입니다.
读书是我唯一的乐趣。
Dúshū shì wǒ wéiyī de lèqù.

그 사람은 정말 책벌레예요.
他那个人真是个书呆子。
Tā nàge rén zhēnshì ge shūdāizi.

요즘 베스트셀러가 무엇입니까?
近来的畅销书是什么?
Jìnlái de chàngxiāoshū shì shénme?

어떤 신문을 읽으세요?
您看什么报纸?
Nín kàn shénme bàozhǐ?

어떤 기사를 즐겨 읽으세요?
喜欢看什么栏目?
Xǐhuan kàn shénme lánmù?

주로 정치면부터 봅니다.
一般先看政治栏目。
Yìbān xiān kàn zhèngzhì lánmù.

신문 다 읽으셨나요?
报纸看完了吗?
Bàozhǐ kànwán le ma?

해외여행 해본 적 있나요?

你去国外旅行过吗?

Nǐ qù guówài lǚxíng guo ma?

여행은 즐거우셨습니까?

旅途愉快吗?

Lǚtú yúkuài ma?

아주 즐겁게 보냈어요.

度过了一段很快乐的时光。

Dùguò le yíduàn hěn kuàilè de shíguāng.

휴가를 어디서 보냈습니까?

去哪儿度假了?

Qù nǎr dùjià le?

가장 가보고 싶은 곳이 어디입니까?

最想去的地方是哪里?

Zuì xiǎng qù de dìfang shì nǎli?

무슨 운동을 좋아하나요?

你喜欢什么运动?

Nǐ xǐhuan shénme yùndòng?

배드민턴 치는 거 좋아합니다.

我喜欢打羽毛球。

Wǒ xǐhuan dǎ yǔmáoqiú.

볼링 치는 거 좋아해요.

喜欢打保龄球。

Xǐhuan dǎ bǎolíngqiú.

축구경기 보는 거 좋아해요.

喜欢看足球赛。

Xǐhuan kàn zúqiúsài.

어느 팀을 응원하고 있습니까?

你在为哪个队加油呢?

Nǐ zài wèi nǎge duì jiāyóu ne?

어느 편이 이겼습니까?

哪个队赢了?

Nǎge duì yíng le?

누가 이기고 있습니까?

哪个队领先啊?

Nǎge duì lǐngxiān a?

1 : 1 무승부에요.

一比一平了。

Yī bǐ yī píng le.

수영할 줄 아세요?

你会游泳吗?

Nǐ huì yóuyǒng ma?

저는 맥주병입니다.(=저는 수영할 줄 모릅니다.)

我是个旱鸭子。

Wǒ shì ge hànyāzi.

스키 탈 줄 아세요?

你会滑雪吗?

Nǐ huì huáxuě ma?

레슨받은 적 있어요?

你参加过培训吗?

Nǐ cānjiā guo péixùn ma?

주말에 골프를 치러 간다.

我周末去打高尔夫球。

Wǒ zhōumò qù dǎ gāo'ěrfūqiú.

너는 골프를 잘 치니?

你高尔夫球打得好吗?

Nǐ gāo'ěrfūqiú dǎ de hǎo ma?

📁 拔舞路第十二路会话(바우길 제12구간 회화)

(1) 领津海边和波希米亚咖啡店(영진 해변과 보헤미안 커피숍)

王　丽: 拔舞路第十二路叫作去注文津之路, 是从沙川海边出发走到注文津的路。
(바우길 12구간 주문진 가는 길은 사천 해변에서 출발해서 주문진 해변까지 걸어가는 구간이구나.)

金英俊: 我们欣赏着沙川海边的松林慢慢走吧。路上还能听到海浪和海鸥的声音, 能给我们带来特别的享受和欢乐。
(사천 해변에 있는 해송 숲을 보면서 천천히 걸어가자. 걸으면서 파도소리와 갈매기소리를 듣는 것은 또 다른 즐거움과 기쁨을 우리에게 주지.)

王　丽: 本来江陵的自然山水风光就很美, 再加上镜浦台、乌竹轩、船桥庄这些具有历史传统的建筑物就更有名了。而且这里还有着像拔舞路一样漂亮并有故事的路, 确实是个能给人带来欢乐和幸福的城市。
(강릉은 본래 자연산수 풍광이 아름답고, 또 경포대, 오죽헌, 선교장 같은 역사 깊은 전통 건물들이 유명해. 그런데 여기에 또 바우길 같은 아름답고 사연이 많은 길을 갖고 있으니 정말 즐거움과 행복을 가져다주는 아름다운 도시임에 틀림이 없어.)

金英俊: 除此之外, 江陵还经常举行各种大型文化活动仪式, 咖啡节就是其中之一。

(강릉은 그밖에도 여러 가지 거대한 규모의 문화활동행사를 개최하는데 커피축제도 그 중 하나야.)

王　丽: 对了, 我听说领津港附近有一家被称为韩国咖啡圣地的波希米亚咖啡店很有名。
(참, 영진항 근처에 한국의 커피 성지라 불리는 유명한 보헤미안 커피숍이 있다고 들었어.)

金英俊: 既然来到这里了, 我们肯定要进咖啡店喝杯咖啡再走。这家店的老板叫朴利秋, 朴利秋老师是在日本学习了制作咖啡的方法, 引进到韩国后在这里定居的, 因为咖啡的味道非常好, 后来逐步地被认可。朴老师可以说是江陵的第1代咖啡师。
(여기까지 왔으니 반드시 그 커피숍에 들러서 커피 한 잔을 하고 가야겠지. 이곳은 박이추 선생이 커피를 볶고 드립을 하는 방법을 일본에서 배워 와서 처음으로 정착한 곳이야. 그런데 워낙 커피맛이 좋아서 점차로 널리 알려지기 시작했지. 박 선생은 강릉의 바리스타 중 제1세대 바리스타라고 할 수 있어.)

王　丽: 这么说江陵本来就和咖啡有着千丝万缕的联系啊! 怪不得江陵每年都举办咖啡节!
(그렇다면 강릉은 원래부터 커피와 깊은 관련을 맺고 있었구나. 강릉에서 커피축제를 매년 거행하는 충분한 이유가 있었구나.)

金英俊: 2000年以后会炒咖啡和滴漏咖啡的咖啡师们开始在江陵定居, 并开了属于自己的咖啡店开始卖咖啡, 每年10月份举办咖啡节的时候都会有数十万人从全国各地来江陵品尝咖啡的味道。
(2000년 이후 커피를 볶고 내릴 수 있는 바리스타들이 강릉에 많이 정착하면서 커피숍을 차리고 자기들의 커피맛을 뽐내기 시작했지. 매년 10월에 거행하는 강릉 커피축제에는 수십만의 많은 사람들이 전국에서 커피맛을 보려고 강릉으로 몰려들어.)

王　丽: 从领津港这里去波希米亚咖啡店的路很漂亮, 羊肠小道两旁的密密麻麻的竹林别有情致。
(이곳 영진항에서 보헤미안 커피숍으로 가는 길도 멋있어. 오솔길 사이로 빽빽한 대나무숲도 정취가 있고.)

金英俊: 竹叶随风飘动的声音特别动听, 再加上从远处飘来的炒咖啡的香味, 真是令人心旷神怡。
(바람에 흔들리는 대나무잎소리가 정말 그윽하지. 게다가 멀리서 구수한 커피 볶는 냄새까지 여기까지 전해져오니 정말 환상적이야.)

(2) 注文津港(주문진항)

李　剛: 注文津港被叫作是韩国的那不勒斯，港口和海边真的有那么美吗？
(주문진항은 한국의 나폴리라고 부르던데. 그만큼 항구와 해변이 아름답다는 것이겠지?)

洪惠兰: 注文津港周边不仅景致很美，而且小吃的种类也很丰富，所以游客们也喜欢来这里。
(주문진항은 주변 경치도 아름답지만 먹거리도 풍성해. 그래서 관광객들이 많이 들르는 곳이기도 하지.)

李　剛: 看注文津港这边的水产市场就知道这里的小吃肯定很丰盛。左边一排是干海货商店，右边一排是活鱼生鱼片店。
(주문진항에 수산시장이 넓게 펼쳐진 것을 보니 먹거리가 풍성하다는 것을 잘 알겠어. 왼편에는 건어물 가게들이 쭉 열 지어 있고, 오른쪽에는 활어 생선회 가게들이 쭉 줄지어 서 있어.)

洪惠兰: 和海鲜腥味很重的一般港口不同的是这里整顿得很干净。你想吃什么？今天我请客。
(생선 비린내가 많이 나는 일반 항구들과는 달리 이곳은 깨끗하게 정비되어 있구나. 오늘 뭘 먹고 싶니? 내가 오늘은 한턱낼게.)

李　剛: 既然都来了我一定要尝尝长脚蟹。说到大螃蟹，本来是庆北宁德那边最有名，但注文津的大螃蟹也特别有名。
(주문진항까지 왔으니 꼭 대게를 먹어보고 싶어. 대게는 본래 경북 영덕의 대게가 유명하지만 주문진도 꽤 유명하던걸.)

洪惠兰: 注文津主要盛产鱿鱼，除此以外还盛产银鱼、玉筋鱼、鲽鱼。你是从中国来的尊贵的客人，虽说有点儿贵，但我们还是去吃点长脚蟹吧。
(주문진에서는 오징어를 제일 많이 잡고, 그밖에도 도루묵, 양미리, 가자미 등을 많이 잡아. 근데 오늘은 중국에서 여기까지 귀한 손님이 왔으니 값은 비싸지만 특별히 대게를 먹도록 하자.)

李　剛: 惠兰，不用太勉强，长脚蟹很贵，咱俩AA吧。
(혜란, 너무 무리하지 않아도 돼. 대게가 비싸니 식사비는 같이 부담하도록 하자.)

洪惠兰: 没关系，我就是想请你尝一下韩国的长脚蟹。
(괜찮아. 내가 한턱내서 리강 너에게 한국의 대게를 꼭 한번 맛보게 하고 싶어.)

李　剛: 我听说东海这里的海水的温度上升，现在应该抓不了多少鱿鱼吧？
(근데 이곳 동해 바다의 물 온도가 올라가면서 이제는 오징어가 많이 잡히지 않는다면서?)

洪惠兰: 是的, 现在这里的特产鱿鱼不太好抓, 所以鱿鱼的价格也上涨了, 怪可惜的。地球变暖现象的影响如此严重, 真让人担心。

(맞았어. 이곳의 명물인 오징어가 잘 안 잡히니 오징어값이 꽤 비싸졌어. 조금 안타까운 일이야. 지구의 온난화 현상이 이토록 심각하니 무척 걱정이 돼.)

李　刚: 好啦, 到长脚蟹料理店啦, 螃蟹的腿真的是又细又长, 肯定很好吃。

(자, 대게 찜요리가 나왔다. 다리가 아주 가늘고 길구나. 맛있겠다.)

洪惠兰: 人们把它叫作是长脚蟹的理由就是它的腿像竹子一样又直又长。

(대게라고 이름 지은 이유는 바로 대나무처럼 다리가 곧고 길기 때문이야.)

李　刚: 一只螃蟹这么大, 两个人吃一只就够了。长脚蟹也吃了, 现在我们去观赏注文津灯塔, 然后再去牛岩港看看吧。听说那里的风景也很美。

(대게 한 마리를 두 사람이 먹어도 양이 충분하네. 그만큼 한 마리가 크다는 것이겠지. 대게도 맛있게 먹었으니 이제 주문진 등대를 구경한 다음 소돌항에도 가보자. 그곳도 경치가 좋다고 하던데.)

洪惠兰: 灯塔在很高的位置, 视野很开阔吧? 在漆黑的夜晚, 这灯塔起着引导船舶航行的重要作用。

(등대는 높은 곳에 있어서 전망이 아주 좋지? 이 등대가 깜깜한 밤에는 수많은 배들에게 훌륭한 안내자 역할을 해주지.)

李　刚: 我在电视上看过一个介绍岛上的灯塔基地生活的节目。 一天到晚只与大海和海浪声为伴, 该有多孤独啊! 为了成为无数只船舶的"领航人", 辛苦地忍受着孤独, 我们应该感谢它。

(예전에 한 TV에서 섬의 등대지기 생활을 소개하는 프로그램을 본 적이 있어. 오로지 바다와 파도소리만을 벗하면서 온종일 지내야 하니 얼마나 외로울까 하는 생각이 들었어. 수많은 배들의 안내자가 되기 위해서 외로움을 참아가면서 이렇게 수고를 하니 고맙지 않을 수 없었어.)

洪惠兰: 再走一会儿就到小石头港了, 这里有很多奇岩怪石, 其中有块叫儿子岩石的石头。古时候, 有对夫妇在岩石前祈祷说想要个儿子, 之后就生了个儿子。后来就有了没有子女的夫妇来这里祈祷的话就会生儿子的传说。

(조금만 더 가면 소돌항이 있어, 이곳에는 기암괴석들이 많은데 그 중에는 아들바위라는 바위도 있어. 옛날 어느 부부가 이 바위 앞에서 기도를 한 후 아들을 얻었다고 해. 그래서 자식이 없는 부부들이 이곳에 와서 기도를 하면 아들을 얻을 수 있다는 전설이 계속 내려오고 있어.)

李　刚: 怪不得我看到有好多年轻夫妇, 应该就是因为这个理由才来的吧?

(소돌항에 와보니 젊은 부부들이 많이 보이는데 바로 그런 이유 때문에 이곳에

많이 온 걸까?)

洪惠兰: 也许是吧, 哈哈。

(아마 그럴지도 몰라. 하하.)

李　刚: 蔚蓝的大海和白沙场的海鸥, 再加上很多美丽的传说, 真的使人陶醉。今天我太幸福了, 这将成为我最美好的回忆, 真的谢谢你。

(푸른 바다와 백사장의 갈매기, 그리고 이곳의 많은 아름다운 이야기들이 나를 도취하게 만드는 걸. 나는 오늘도 행복과 추억을 가득 가슴속에 지닐 수 있게 됐어. 정말 고맙다.)

洪惠兰: 没有啦, 我也是托你的福才度过了这么愉快而又幸福的时间, 应该是我感谢你才对。

(아냐. 나도 네 덕분에 이렇게 즐겁고 행복한 경험을 하게 되었는 걸. 내가 도리어 너에게 고마워.)

📁 生词(새로운 낱말)

1. 领津海边 Lǐngjīn hǎibiān: 영진해변

2. 波希米亚 Bōxīmǐyà: 보헤미안

3. 注文津 Zhùwénjīn: 주문진

4. 沙川海边 Shāchuān hǎibiān: 사천해변

5. 咖啡节 Kāfēijié: 커피축제

6. 领津港 Lǐngjīngǎng: 영진항

7. 朴利秋 Piáolìqiū: 박이추

8. 千丝万缕 qiānsīwànlǚ: 관계가 밀접하다, 깊은 관련이 있다

9. 别有情致 biéyǒuqíngzhì: 정취가 매우 있다

10. 心旷神怡 xīnkuàng shényí: 마음이 트이고 기분이 유쾌하다

11. 注文津港 Zhùwénjīngǎng: 주문진항

12. 那不勒斯 Nàbúlèsī: 나폴리

13. 庆北宁德 Qìngběi Níngdé: 경북 영덕

14. 注文津灯塔 Zhùwénjīn dēngtǎ: 주문진 등대

15. 牛岩港 Niúyángǎng: 소돌항

16. "领航人" Lǐnghángrén: 항로 인도자, 안내자

17. 儿子岩石 érzi yánshí: 아들바위

18. 活鱼生鱼片店 huóyú shēngyúpiàndiàn: 활어 생선회집

19. 长脚蟹 chǎngjiǎoxiè 대게

20. 鱿鱼 yóuyú: 오징어

21. 银鱼 yínyú: 도루묵

22. 玉筋鱼 yùjīnyú: 양미리

23. 鲽鱼 diéyú: 가자미

24. AA制 AAzhì: 각자 부담하다, 더치페이하다

25. 使人陶醉 shǐrén táozuì: 도취하게 만들다, 도취시키다

📁 常用句型(상용 문형)

1. 除此之外, (A): 이 외에/ 밖에도 더 (A)하다

除此之外, 别无他法。(이 외에 다른 방법이 없다.)

除此之外, 没有别的事了吗? (이 외에 다른 일이 없나요?)

除此之外, 还有一个办法。(이 외에도 또한 방법 하나가 더 있다.)

除此之外, 如果还有什么需要就随时跟我说吧。(이 외에도 만약 또 필요한 뭔가가 있으면 언제든지 나에게 말해라.)

除此之外, 江陵还经常举行各种大型文化活动仪式, 咖啡节就是其中之一。(이 외에도 강릉은 또한 각종 거대한 규모의 문화활동 행사를 개최한다.)

除此之外, 中央市场里的炸鸡块、冰激凌馅饼、手工鱼饼都很有名。(이 외에도 중앙시장에는 닭강정, 아이스크림호떡, 어묵고로케 등이 유명하다.)

2. 怪不得 (A)!: 어쩐지/ 과연 (A)하더라니!; (A)를 탓할 수 없다

怪不得有种奇怪的感觉。(어쩐지 아주 이상하더라니!)

也怪不得他, 事情本身就很难办。(그를 탓할 수는 없다. 일 자체가 처리하기 어려웠으니까.)

怪不得江陵每年都举办咖啡节! (어쩐지 강릉은 매년 마다 커피 축제를 거행하더라니!)

外面下雪了, 怪不得屋里这么亮。(밖에 눈이 내렸다. 어쩐지 방안이 이렇게 밝더라니.)

天气预报说今晚有雨, 怪不得这么闷热。(일기예보에서 오늘 저녁 비가 내린다고 하더니, 과연 이렇게 무덥구나.)

3. AA(All Average) (制): 더치페이/ 각자 부담(하다)

我们经常AA制。(우리는 항상 더치페이를 한다.)

我觉得AA制最好。(나는 더치페이가 가장 좋다고 생각한다.)

今天的活动实行AA制。(오늘 행사는 더치페이로 실시한다.)

长脚蟹很贵, 咱俩AA吧。(대게가 비싸니 식사비는 같이 부담하도록 하자.)

现在的年轻人买单一般AA制。(요즘 젊은이들은 계산하는데 일반적으로 더치페이를 한다.)

同学们, 会费花光了, 今天AA制吧。(친구들아, 회비를 다 써버렸으니 오늘은 더치페이로 하자.)

4. 为了 (A): (A)하기 위하여

为了工作, 学习新知识。(업무를 위하여 새로운 지식을 배우다.)

为了考上大学, 他倍加努力复习。(대학에 합격하기 위해서 그는 더욱더 열심히 복습한다.)

为了美好的明天, 我们都要倍加努力。(아름다운 내일을 위하여 우리 모두는 노력을 배가해야 한다.)

为了教育群众, 首先要向群众学习。(대중을 교육하기 위해서는 제일 먼저 대중에게서 배워야 한다.)

在中国为了纪念端午节, 人们吃粽子, 举行赛龙舟比赛。(중국에서는 단오절을 기념하기 위해서 사람들은 쫑즈를 먹고 용선경주를 실시하기도 한다.)

为了成为无数只船舶的"领航人", 辛苦地忍受着孤独, 我们应该感谢它。(수많은 배들의 안내자가 되기 위해서 수고롭게 애써서 외로움을 참고 있으니 우리들은 그것에 감사해야 한다.)

5. 托你的福: 당신 덕분이다

都是托你的福啦。(모두 네 덕분이야.)

托你的福, 活力满满。(네 덕분에 활력이 넘친다.)

托你的福今天一天都很有趣。(네 덕분에 오늘 하루는 아주 재미가 있을 수 있었다.)

托你的福, 我这一年过得很安稳。(네 덕분에 나는 올 한 해 무사태평하게 보냈다.)

我也是托你的福才度过了这么愉快而又幸福的时间。(나도 네 덕분에 비로소 이렇게 즐
　　겁고 행복한 시간을 보냈어.)

拔舞路第十三路_香湖风路

13 제13구간_향호 바람의 길

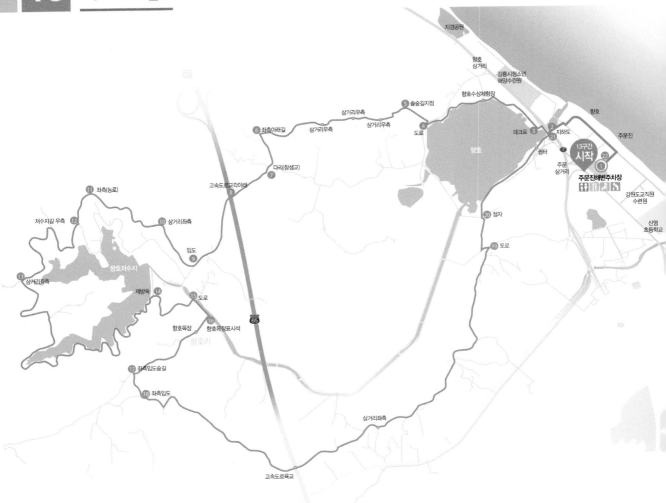

〈 路线基本信息(코스 기본 정보) 〉

路线长度(구간길이): 15公里(15km)

所需时间(소요시간): 5~6小时(5~6시간)

移动路线(이동코스): 注文津海边停车场(주문진해변주차장) 3.3km

⇨ 高速道路桥墩(고속도로 교각) 5.2km

⇨ 水库堤坝(저수지 제방) 2.8km

⇨ 高速道路天桥(고속도로 육교) 3.7km

⇨ 注文津海边停车场(주문진해변주차장)

日常会话(일상회화)_출입국·공항 등에서의 의사표현

언제 떠나실 예정이죠?
你打算什么时候出发?
Nǐ dǎsuàn shénme shíhou chūfā?

북경행 비행기표를 예약하고 싶어요.
我想预订去北京的飞机票。
Wǒ xiǎng yùdìng qù Běijīng de fēijīpiào.

토요일 오후에 출발하는 비행기가 있나요?
有星期五下午出发的飞机吗?
Yǒu xīngqīwǔ xiàwǔ chūfā de fēijī ma?

상해 가는 왕복 티켓의 요금은 얼마인가요?
到上海的往返机票多少钱?
Dào Shànghǎi de wǎngfǎn jīpiào duōshao qián?

항공권 예약을 재확인하고 싶어요.
我想再确认一下预订的飞机票。
Wǒ xiǎng zài quèrèn yíxià yùdìng de fēijīpiào.

이 예약을 취소하려고 해요.
我想取消预订的机票。
Wǒ xiǎng qǔxiāo yùdìng de jīpiào.

성함과 비행기 편명을 알려주세요.
请告诉我您的姓名和航班号。
Qǐng gàosu wǒ nín de xìngmíng hé hángbānhào.

통로쪽 좌석을 원해요.

要靠过道的座位。

Yào kào guòdào de zuòwèi.

이 짐을 KAL 카운터로 운반해주세요.

把这个行李搬到韩行服务台。

Bǎ zhège xíngli bāndào Hánháng fúwùtái.

면세점은 어디에 있나요?

免税店在哪儿?

Miǎnshuìdiàn zài nǎr?

탑승 수속 카운터는 어디에 있나요?

办理登机手续的柜台在哪里?/ 在哪里办理登机手续?

Bànlǐ dēngjī shǒuxù de guìtái zài nǎli?/ Zài nǎli bànlǐ dēngjī shǒuxù?

10번 게이트는 어디에 있나요?

十号登机口在哪儿?

Shíhào dēngjīkǒu zài nǎr?

몇 시에 탑승을 시작하나요?

几点开始登机?

Jǐdiǎn kāishǐ dēngjī?

탑승권을 좀 볼까요?

看一下登机牌。

Kàn yíxià dēngjīpái.

손님의 자석은 15-D입니다.

您的座位是15-D。

Nín de zuòwèi shì shíwǔ-D.

이 좌석은 어디에 있습니까?

这个座位在哪儿?

Zhège zuòwèi zài nǎr?

자리 좀 바꿀 수 있나요?

可以换一下座位吗?

Kěyǐ huàn yíxià zuòwèi ma?

비행기는 정시에 이륙하나요?

飞机准时起飞吗?

Fēijī zhǔnshí qǐfēi ma?

비행기가 한 시간 연착했다.

飞机晚点一个小时了。

Fēijī wǎndiǎn yíge xiǎoshí le.

비행기(정기편)이 날씨 때문에 연착했다.

航班因为天气(原因)延误了。

Hángbān yīnwèi tiānqì (yuányīn) yánwù le.

닭고기를 드시겠어요, 아니면 쇠고기를 드시겠어요?

你要鸡肉还是要牛肉?

Nǐ yào jīròu háishì yào niúròu?

물 한 잔 가져다 주세요.

来一杯水。

Lái yìbēi shuǐ.

홍차 한 잔 주세요.

要一杯红茶。

Yào yìbēi hóngchá.

위스키 두 병 가져다 주세요.
来两瓶威士忌。
Lái liǎngpíng wēishìjì.

한국돈으로 지불해도 됩니까?
用韩币付钱, 可以吗?
Yòng hánbì fù qián, kěyǐ ma?

입국신고서 한 장 더 가져다 주세요.
再来一张入境申请表。
Zài lái yìzhāng rùjìng shēnqǐngbiǎo.

입국심사는 어디에서 하나요?
在哪儿办理入境手续?
Zài nǎr bànlǐ rùjìng shǒuxù?

여권 좀 보여주시겠어요?
请给我看一下护照。
Qǐng gěi wǒ kàn yíxià hùzhào.

사업하러 왔어요.
我是来做生意的。
Wǒ shì lái zuò shēngyì de.

여행하러 왔어요.
我是来旅游的。
Wǒ shì lái lǚyóu de.

중국방문이 처음이신가요?
你第一次来中国吗?
Nǐ dì yícì lái Zhōngguó ma?

며칠 동안 체류하시나요?

你要呆几天？

Nǐ yào dāi jǐtiān?

북경호텔에 묵을 예정이예요.

打算住北京饭店。

Dǎsuàn zhù Běijīng fàndiàn.

수하물 찾는 곳은 어딘가요?

行李提取处在哪儿？

Xíngli tíqǔchù zài nàr?

갈색 가죽트렁크가 제 것이예요.

褐色皮箱是我的。

Hèsè píxiāng shì wǒde.

이 슈트케이스(＝여행용 가방) 좀 열어주시겠어요?

请打开手提箱，好吗？

Qǐng dǎkāi shǒutíxiāng, hǎo ma?

제 짐 좀 찾아주세요.

请帮我找一下我的行李。

Qǐng bāng wǒ zhǎo yíxià wǒ de xíngli.

신고할 것이 있나요?

有要申报的东西吗？

Yǒu yào shēnbào de dōngxi ma?

이것들은 모두 제 휴대 용품이예요.

这些都是我的随身物品。

Zhèxiē dōu shì wǒ de suíshēn wùpǐn.

세관으로 가세요.

请去海关吧。

Qǐng qù hǎiguān ba.

走在拔舞路第十三路上会话(바우길 제13구간 걷기 회화)

(1) 香湖(향호)

王　丽: 拔舞路第十三路的香湖风路是所有区段里面平坦的道路最多的地方, 今天试试这条路怎么样?
(바우길 13구간인 향호 바람의 길이 바우길 구간 중에서 평탄한 길이 제일 많은 곳이라고 하네. 오늘은 이 길을 걸어보는 게 어떨까?)

金英俊: 好啊, 香湖跟镜浦湖和风湖一样, 是流向大海的江水被沙子堵住而形成的湖, 我们把这种湖叫作潟湖。
(좋아. 향호는 경포호나 풍호처럼 바다로 흘러 들어가던 강물이 바닷가 모래에 의해 막혀서 이루어진 호수이지. 이런 호수를 우리는 석호(潟湖)라고 불러.)

王　丽: 在东海岸旁, 这样的潟湖应该很多吧? 但为什么把它叫作香湖呢?
(아무래도 동해안 옆이라서 그런 석호들이 많은가 봐. 근데 왜 향호라고 불렀지?)

金英俊: 我们韩国有一个在从山上流下来的溪水和从大海里流出来的海水汇聚的地方埋下桧树的传统埋香的风俗。因为高丽忠宣王时期在这个地方埋了桧树, 所以叫作香湖。
(우리 한국은 전통적으로 산에서 내려오는 계곡물과 바다에서 흘러 들어오는 바닷물이 만나는 곳에 향나무를 묻는 매향의 풍습이 있어. 고려 충선왕 때 이곳에 향나무를 묻었기 때문에 향호라고 부른 것이야.)

王　丽: 真是个有趣的传统! 以后我要更深刻地了解一下韩国的传统了, 好像了解了这些传统以后, 就能更快地跟韩国人变得更亲近了。可是埋下桧树以后有什么样的效果呢?
(참 재밌는 전통이네. 나중에 한 번 이런 한국의 전통에 대해 더 자세하게 살펴봐야겠다. 이런 전통들을 이해하게 되면 한국인들과도 더 빨리 가까워질 수 있을 거 같아. 근데 향나무를 묻으면 어떤 효과가 있는 거야?)

金英俊: 传说每次国家有值得庆贺的事情的时候, 被埋下的桧树会发散出光芒。

(전설에 의하면 나라에 경사스러운 일이 있을 때마다 땅에 묻은 향나무에서
빛을 발산해주었다고 해.)

王　丽: 好神奇的传说呀!

(꽤 신비로운 이야기로구나.)

金英俊: 王丽你对鸟感兴趣吗?

(왕리는 새에 대해서 관심이 많이 있니?)

王　丽: 我虽然知道的不多, 但是很感兴趣, 特别是候鸟成群结队的模样特别壮观。有机会
的话, 我想安静地坐着, 仔细地观赏并观察它们行动。

(나는 새들에 대해서는 잘 알지 못 하지만 관심은 많아. 특히 철새들이 떼를
이루어 날아가는 모습은 정말 장관을 이루지. 기회가 된다면 가만히 앉아서
그들의 활동을 관찰하면서 감상하고 싶은 마음은 항상 많았어.)

金英俊: 太好啦! 我们要去的香湖, 周边会有很多平时不常见的鸢、天鹅等珍贵的候鸟飞来
飞去。

(잘됐다. 우리가 가려는 향호는 주변에서 쉽게 볼 수 없는 말똥가리나 고니 같은
희귀한 철새들이 많이 날아온다고 해.)

王　丽: 真的吗? 那我要把望远镜还有照相机带上。

(정말? 그럼 망원경과 카메라를 준비해서 가야겠다.)

金英俊: 听说一到晚上就有像狍子一样的动物从树林里下来喝水休息。提前了解动物们的
脚印的话, 一看到脚印就能知道夜里有哪些动物来过这里了。

(밤에는 이곳으로 노루와 같은 동물들이 숲에서 내려와서 물을 먹고 쉬었다
간다고 해. 동물들의 발자국이 어떤 모습인지 미리 알고 간다면 밤새 무슨 동물
들이 다녀갔는지 발자국을 보고 알 수 있을 거야.)

王　丽: 可是出现动物的话你不害怕吗?

(근데 동물들이 출현하면 무섭지 않을까?)

金英俊: 没事儿, 狍子不是可怕的动物。再说白天的时候动物们都在树林里的窝里休息, 不
会出来的。

(괜찮아. 노루는 무섭지 않은 동물인걸. 게다가 낮에는 동물들도 숲에 있는 보금
자리에서 쉬면서 밖으로 나오지 않으니까.)

王　丽: 那么坐在湖边一边悠闲地观赏湖水, 一边观赏鸟儿玩耍的样子, 会很不错吧?

(호숫가에 앉아서 한가롭게 호수를 바라보면서 새들이 노는 모습을 감상하는
것도 괜찮겠지?)

金英俊: 我听说香湖旁的松树林里除了松树以外, 还有白桦树、软木栎、樱桃树等各种各样

的树木。我们去松树林里铺个垫子坐着欣赏湖水吧。

(향호 옆의 소나무숲에는 소나무 외에도 자작나무, 굴참나무, 벚나무 등 다양한 나무들이 자라고 있다고 들었어. 소나무숲에 자리를 깔고 앉아서 호수를 바라보도록 하자.)

王　丽: 我来准备紫菜包饭还有水带过去, 坐在那儿可以一边闻着松香, 一边观赏湖水里的芦苇丛, 还有候鸟。

(내가 김밥과 물을 준비해서 갈게. 거기 앉아서 한편으로 소나무향을 맡으면서 한편으로 호수의 갈대숲과 새들을 감상할 수 있겠다.)

金英俊: 那我来准备我们要坐的草席吧。

(그럼 나는 우리가 앉을 수 있도록 돗자리를 준비해 가야겠다.)

王　丽: 好啊, 那我们开始朝着香湖方向走吧? 今天的徒步旅行真令人激动!

(자, 그럼 향호를 향해서 걷기를 시작해볼까? 오늘의 걷기 여행 역시 사람을 설레게 만드는구나.)

(2) 注文津水产市场(주문진 수산시장)

王　丽: 拔舞路第十三路香湖风路是从香湖出发回到我们原本出发的注文津水产市场的路啊!

(바우길 13구간 향호 바람의 길은 이곳 향호에서 우리가 본래 출발했던 주문진 수산시장으로 다시 돌아가는 구간이네.)

金英俊: 又回到原处的路真的挺特别的呢! 这也是第十三路的最大的特征之一。

(제자리로 다시 돌아간다는 것이 좀 독특하지. 그게 이 13구간의 큰 특징이기도 해.)

王　丽: 从刚才开始我就看到这里有好多钓鱼的人。

(아까부터 보니까 이곳 향호에서는 낚시하는 사람들이 참 많아.)

金英俊: 这个湖里鱼类的食物很丰富, 所以有很多像梭鱼、鲫鱼、鳗鱼等鱼类, 我听说到了鱼类产卵的时候还会有更多的鱼聚集在这里。

(이곳 호수에는 먹이가 풍부해서 숭어, 붕어, 뱀장어 등 물고기들이 많아. 그리고 산란을 할 때가 되면 더 많은 물고기들이 이곳으로 모인다고 해.)

王　丽: 因为这里能捕捉到很多鱼, 所以有很多钓鱼爱好者在这儿钓鱼。最近有个超火的电视节目叫≪都市渔夫≫, 它拍的就是几位艺人去江边或者海边垂钓的情景。有专门拍钓鱼的电视节目, 这说明钓鱼成了现代人解压的一种兴趣活动。

(물고기들이 많이 잡히니 이렇게 낚시꾼들도 많은 거로구나. 요즘 TV에서 보면
〈도시어부〉라는 프로그램이 꽤 인기를 끌더라. 이 프로그램은 몇 명의 방송인들
이 강이나 바다로 나가 낚시하는 모습을 방영하고 있는데, 이렇게 TV프로그램에
도 낚시가 등장한 것을 보면 확실히 요즘 낚시가 현대인들에 스트레스를 풀게
하는 좋은 취미활동이 되었나봐.)

金英俊: 是的, 因为比起激烈的运动来有很多人更喜欢一边钓鱼一边注视着水波这样休闲
的兴趣活动。
(맞아. 정적인 활동을 좋아하는 사람들은 격렬한 운동보다 낚시를 하면서 잔잔
한 물결을 바라보고 조용히 쉬는 그런 정적인 취미활동을 즐기니까.)

王　丽: 因为是在海边的湖, 所以海风有点儿大。但虽然风很大, 风却很暖还有香气扑面而
来。
(바닷가옆 호수라서 그런지 바람이 제법 세게 분다. 그런데도 바람이 따뜻하고
게다가 향기까지 실려 오고 있는 것 같아.)

金英俊: 对的, 因为这个香湖充满了风声, 可以边走边听到风声, 所以给这条路取名为香湖
风路。一想到可以闻见随风扑面而来的香气, 真是件特别浪漫的事儿呢。
(맞았어. 이곳 향호에 가득한 바람 소리를 들으며 걸을 수 있기에 이 길의 이름도
향호 바람의 길로 지은 것이겠지. 게다가 바람에 실려 오는 향기를 맡을 수
있다고 생각하면서 걸으면 너무 낭만적일거야.)

王　丽: 我们现在慢慢走回去怎么样? 肚子也有些饿了。
(이제 슬슬 돌아가 볼까? 은근히 배가 좀 고프기도 하고.)

金英俊: 我也是, 再想到我们回去的地方是注文津水产市场, 里面都是好吃的, 所以感觉更
饿了。
(나도 그래. 게다가 우리가 돌아가는 곳인 주문진 수산시장은 맛있는 먹거리가
많은 곳이니깐.)

王　丽: 好期待啊, 那里都有哪些好吃的啊?
(기대된다. 그곳에는 주로 어떤 음식들이 있어?)

金英俊: 有生鱼片也有炖长脚蟹, 还有烤鱼或者明太鱼辣汤都是不错的选择。
(생선회도 있고 대게찜도 먹을 수 있지. 아니면 생선구이나 동태 매운탕을 먹어
봐도 좋아.)

王　丽: 我今天特别想吃烤鱼。
(오늘은 생선구이가 특별히 더 먹고 싶은 걸.)

金英俊: 太好啦, 我经常去的一家烤鱼店就在这附近, 那里有烤秋刀鱼、烤青花鱼、烤鲅鱼,
都是烤好了一起装在盘子里端出来, 真的特别好吃, 而且他们家用鲭鱼鱼籽做的海

鲜酱有着独特的味道。来到这里是一定要去他家吃一次烤鱼的。

(잘 됐다. 내가 자주 가는 생선구이 식당이 있어. 이곳은 꽁치, 고등어, 삼치를 구워서 함께 한 접시에 담아 내오는데 정말 맛있어. 게다가 그 식당의 청어알로 만든 젓갈은 정말 독특한 맛을 지니고 있지. 여기까지 왔으면 그 식당에 가서 꼭 생선구이를 한번 먹어봐야 해.)

王 丽: 快走吧, 我从刚才就开始流口水了。果然还是吃东西是最重要。

(얼른 가자. 벌써부터 침이 고이기 시작했어. 역시 먹는 일이 가장 중요하고 재미난 일인 것 같아.)

金英俊: 所以中国有句格言叫"民以食为天", 就是说人们把吃饭这件事看得跟天一样重要, 也给了治理国家的统治者们应该给老百姓提供富足的食物的教训。食物是我们生存的必需品, 更是使我们的生活更加快乐和幸福的必需品。

(그래서 일반 사람은 먹는 것을 하늘처럼 소중하게 여긴다고 하는 "민이식위천(民以食为天)"이란 중국의 격언도 있는 것이겠지. 나라를 다스리는 통치자들은 이런 일반 백성들에게 먹거리를 풍족하게 제공해주어야 한다는 교훈을 주는 말이지. 이처럼 음식은 우리의 생존을 위해서도 필요하지만 생활의 즐거움과 행복을 충족시키기 위해서도 절대적으로 필요한 것이지.)

王 丽: 像中国人一样懂得享受美食之乐的外国人不多吧? 我们快点儿去尝尝味道吧。

(중국인처럼 식도락을 즐기는 국민들도 없지. 어서 가서 맛을 한번 보도록 하자.)

金英俊: OK, 再加把劲儿走吧。

(오케이. 또 힘을 내서 걸어가자.)

📁 生词(새로운 낱말)

1. 香湖 Xiānghú: 향호
2. 风路 Fēnglù: 바람의 길
3. 风湖 Fēnghú: 풍호
4. 潟湖 xìhú: 석호
5. 高丽忠宣王时期 Gāolí Zhōngxuānwáng shíqī: 고려 충선왕 시기
6. 鵟 kuáng: 말똥가리
7. 天鹅 tiān'é: 고니
8. 候鸟 hòuniǎo: 철새
9. 狍子 páozi: 노루
10. 白桦树 báihuàshù: 자작나무
11. 软木栎 ruǎnmùlì: 굴참나무
12. 樱桃树 yīngtáoshù: 벚나무
13. 紫菜包饭 zǐcàibāofàn: 김밥
14. 芦苇丛 lúwěicóng: 갈대숲
15. 注文津水产市场 Zhùwénjīn shuǐchǎnshìchǎng: 주문진 수산시장
16. 梭鱼 suōyú: 숭어
17. 鲫鱼 jìyú: 붕어
18. 鳗鱼 mányú: 뱀장어
19. 生鱼片 shēngyúpiàn: 생선회
20. 炖长脚蟹 dùnzhǎngjiǎoxiè: 대게찜
21. 烤鱼 kǎoyú: 생선구이
22. 明太鱼辣汤 míngtàiyú làtāng: 동태 매운탕
23. 烤秋刀鱼 kǎoqiūdāoyú: 꽁치구이
24. 烤青花鱼 kǎoqīnghuāyú: 고등어구이
25. 烤鲅鱼 kǎobàyú: 삼치구이
26. 鲭鱼鱼籽 qīngyú yúzǐ: 청어알
27. 海鲜酱 hǎixiānjiàng: 젓갈
28. ≪都市渔夫≫ Dūshì yúfū: ≪도시어부≫(TV 프로그램명)

常用句型(상용 문형)

1. 不管怎么样: 아무래도/ 여하튼/ 어쨌든/ 어떻든

不管怎么样都不可以。(어떻게 해도 모두 안 된다.)
不管怎么样, 我只要回家就行。(어쨌든 나는 집에 돌아가기만 하면 된다.)
不管怎么样开业典礼圆满结束了。(어쨌든 개업식은 성공적으로 끝났다.)
不管怎么样, 总算是准时到了广州, 真是万幸。(여하튼 제시간에 광주에 도착하여 정말
　　다행이라고 하겠다.
来到这里不管怎么样都要去他家吃一次烤鱼的。(여기에 왔으면 어떻든 간에 그 식당에
　　가서 생선구이를 한번 먹어봐야 해.)

2. 对 (A) 感兴趣: (A)에 대해 관심/ 흥미를 갖다

你对鸟感兴趣吗? (너는 새에 대해 관심이 있니?)
她对打扮不感兴趣。(그녀는 화장에 대해 관심이 없다.)
我对美术非常感兴趣。(나는 그림에 매우 관심이 많다.)
他从小就对中国历史感兴趣。(그는 어려서부터 중국역사에 흥미를 갖고 있었다.)
他对我很好, 我却对他不感兴趣。(그는 나에게 잘 해주는데, 나는 도리어 그에게 관심이
　　없다.)

3. 果然 (A): 과연/ 역시/ 생각한 대로/ 아닌 게 아니라 (A)하다

果然名不虚传。(생각한 대로 명불허전이다.)
这件事果然是他做的。(이 일은 생각한 대로 역시 그가 한 것이구나.)
你果然了解韩国饮食。(너는 역시 한국 음식을 제대로 알고 있구나.)
果然还是吃东西是最重要。(아닌 게 아니라 역시 먹는 일이 가장 중요하다.)
果然像你说的那么简单, 事情就好办了。(정말 네가 말한 것처럼 그렇게 간단하다면 일
　　은 처리하기가 쉬울 거다.)

14 拔舞路第十四路_楚姬路
제14구간_초희길

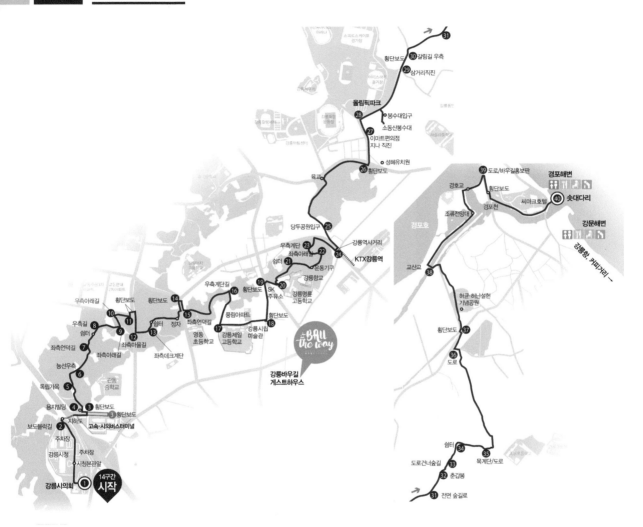

〈 路线基本信息(코스 기본 정보) 〉

路线长度(구간길이): 11公里(11km)

所需时间(소요시간): 4~5小时(4~5시간)

移动路线(이동코스): 江陵市政府(강릉시청) 0.7km ⇨ 长途/ 高速公交客运总站[시외/ 고속버스터미널] 2.8km

⇨ 江陵市立美术馆(강릉시립미술관) 1.5km ⇨ 高铁江陵站(KTX강릉역) 1.5km

⇨ 小东山烽燧台(소동산봉수대) 2.6km

⇨ 许筠、许兰雪轩纪念(허균·허난설헌기념관) 1.9km

⇨ 祭杆桥/ 镜浦海边(솟대다리/ 경포해변)

日常会话(일상회화)_호텔·식당 등에서의 의사표현_1

방을 예약하고 싶어요.
我想预订房间。
Wǒ xiǎng yùdìng fángjiān.

호텔까지 어떻게 가지요?
去饭店怎么走?
Qù fàndiàn zěnme zǒu?

숙박부를 기재해 주세요.
请登记一下。
Qǐng dēngjì yíxià.

지금 체크인할 수 있어요?
现在能登记入住吗?
Xiànzài néng dēngjì rùzhù ma?

제 짐들을 방까지 옮겨 주시겠어요?
请帮我把行李拿到我的房间好吗?
Qǐng bāng wǒ bǎ xíngli nádào wǒ de fángjiān hǎo ma?

1인실을 원하나요? 아니면 2인실을 원하나요?
你要单人间还是要双人间?
Nǐ yào dānrénjiān háishì yào shuāngrénjiān?

3일 동안 묵으려고 해요.
我打算住三天。
Wǒ dǎsuàn zhù sāntiān.

1박에 얼마인가요?

一天多少钱?

Yìtiān duōshao qián?

언제 체크아웃을 해야 하나요?

(☞ 회화에서 '要'는 일반적으로 '~하려고 한다'는 의지보다 '~해야 한다'는 당위로 더 많이 사용. '~하려고 한다'는 의지는 '打算'을 더 많이 사용)

(☞ 다시 말해서 '你几点要退房?'은 '당신은 언제 체크아웃 하시려구요?'라는 뜻 외에도 '당신은 몇 시에 체크아웃을 해야 한다'는 뜻으로도 해석이 가능하다. 즉 '你三点要离开这儿。'은 일반적으로 '당신은 3시에 이곳을 떠나야 한다.'는 당위로 해석된다.)

要在几点前退房?

Yào zài jǐdiǎn qián tuìfáng?

당신은 몇 시에 체크아웃을 하시려구요?

你打算几点退房?

Nǐ dǎsuàn jǐdiǎn tuìfáng?

하루 더 묵고 싶어요.

我想再住一天。

Wǒ xiǎng zài zhù yìtiān.

하루 일찍 체크아웃을 하고 싶은데요.

我想早一天退房。

Wǒ xiǎng zǎo yìtiān tuìfáng.

식당은 몇 시에 시작하나요?

餐厅几点开门?

Cāntīng jǐdiǎn kāimén?

방을 보여주시겠어요?

请给我看一下房间。

Qǐng gěi wǒ kàn yíxià fángjiān.

에어컨은 어떻게 조절하나요?

空调怎么调?

Kōngtiáo zěnme tiáo?

텔레비전이 안 켜져요.

电视机坏了。

Diànshìjī huài le.

룸서비스는 어떻게 부르나요?

怎么叫客房服务?

Zěnme jiào kèfáng fúwù?

룸서비스는 몇 시까지 하나요?

客房服务到几点?

Kèfáng fúwù dào jǐdiǎn?

6시에 모닝콜 부탁해요.

请六点叫醒我。

Qǐng liùdiǎn jiàoxǐng wǒ.

방을 바꾸고 싶어요.

我想换房间。

Wǒ xiǎng huàn fángjiān.

이 방은 소음이 많네요.(너무 시끄럽네요)

这房间太吵了。

Zhè fángjiān tài chǎo le.

내일 아침 계산하려고 해요.

明天上午结帐。/ 我想明天上午结帐。

Míngtiān shàngwǔ jiézhàng./ Wǒ xiǎng míngtiān shàngwǔ jiézhàng.

제 짐을 로비까지 가져다주세요.
请把我的行李送到大厅。
Qǐng bǎ wǒ de xíngli sòngdào dàtīng.

짐은 어디에다 맡기나요?
行李在哪儿存放?
Xíngli zài nǎr cúnfàng?

뭘 좀 먹고 싶다.
我想吃点儿东西。
Wǒ xiǎng chī diǎnr dōngxi.

우리 한국 식당에 가자.
我们去韩国餐厅吧。
Wǒmen qù Hánguó cāntīng ba.

이곳의 명물 요리를 먹고 싶어요.
我想吃这里比较有名的菜。/ 我想吃这里的特色菜。
Wǒ xiǎng chī zhèli bǐjiào yǒumíng de cài./ Wǒ xiǎng chī zhèli de tèsècài.

예약이 필요합니까?
需要预订吗?
Xūyào yùdìng ma?

안녕하세요, 몇 분이시죠?
你好, 您几位?
Nǐ hǎo, nín jǐwèi?

저를 따라 오세요.
请跟我来。
Qǐng gēn wǒ lái.

자, 이쪽으로 모실게요.

来, 这边请。

Lái, zhèbiān qǐng.

어서 오십시오. 안쪽으로 들어와 앉으세요.

欢迎光临, 请里边坐。

Huānyíng guānglín, qǐng lǐbiān zuò.

이제 여러분을 위해 강연을 해주시도록 최교수님을 모시겠습니다.

现在有请崔教授给大家作讲演(/ 演讲)。

Xiànzài yǒu qǐng Cuījiàoshòu gěi dàjiā zuò jiǎngyǎn(/ yǎnjiǎng).

走在拔舞路第十四路上会话(바우길 제14구간 걷기 회화)

(1) 许楚姬纪念馆(허초희기념관)

王　丽: 拔舞路第十四路是楚姬路, 它是从江陵市中心走到海边的路。因为贯穿江陵市内, 所以被认为是一条更有特色的路。
　　　　(바우길 14구간인 초희길은 강릉 시내 중심에서 바까지 걷는 길이구나. 강릉 시내를 관통하는 길이라 더욱 특별한 길로 여겨져.)

洪惠兰: 从象征江陵的市政府出发, 可以徒步在春甲峰等林间小路上, 风景很值得一看。
　　　　(강릉의 상징인 시청에서 출발해서 춘갑봉 등 숲길을 걸을 수 있기 때문에 풍경이 아주 볼 만해.)

王　丽: 江陵市政府的最顶层是个小图书馆, 听说在最顶层可以眺望东海。
　　　　(강릉 시청의 맨 위층에는 작은 도서관이 있는데, 거기에서 동해바다를 바라볼 수도 있다고 하던데.)

洪惠兰: 既能俯瞰东海, 又能遍览群书, 真令人心生向往。
　　　　(동해바다를 내려다보면서 책을 읽을 수 있다는 것은 정말 환상적인 일이야.)

王　丽: 那楚姬指的是谁呀?
　　　　(근데 초희가 누구를 가리키는 것이지?)

洪惠兰: 楚姬是朝鲜时期着名的女诗人许兰雪轩的本名。

(초희는 바로 조선시대 유명한 여성시인인 허난설헌의 이름이야.)

王　丽: 我已经听过很多关于许兰雪轩的故事了, 她是在江陵的草堂村出生的吧?

(허난설헌에 대해서는 이미 나도 들어서 알고 있어. 강릉의 초당 마을에서 태어났다고 하지?)

洪惠兰: 对, 许兰雪轩跟着学识渊博的父亲、两个哥哥还有弟弟在这里一起度过了幸福的学习时光。她的弟弟就是小说《洪吉童传》的作者许筠。

(이곳에서 허난설헌은 학식이 풍부한 아버지와 두 오빠, 그리고 남동생과 함께 마음껏 공부하면서 행복한 날들을 보내. 그녀의 남동생이 바로 소설 《홍길동전》을 쓴 허균이야.)

王　丽: 人们评价许兰雪轩时都说她是从女性特有的细腻的感观方面作诗的, 并且中国的文人都评价她是上天赋予才能的诗人。

(허난설헌은 여성 특유의 섬세한 감각으로 시를 잘 썼다고 평가를 받고 있다고 알고 있어. 중국에서도 문인들이 허난설헌은 하늘에서 내린 사람이라는 평가를 하였다고 하던데.)

洪惠兰: 中国文人们能对她的诗作出那么高的评价, 真的是个例外, 而且令人震惊! 从那之后喜欢许兰雪轩的诗的中国人也渐渐变多了, 可以说是掀起了最初的韩流吧?

(중국 문인들이 이렇게 그녀의 시를 높게 평가를 한 것은 매우 이례적이고 놀라운 일이야. 그 뒤로 중국인들 중에서도 한국 여시인인 허난설헌의 시를 좋아하는 사람들이 많아졌으니 어쩌면 최초의 한류라고 할 수 있지 않을까?)

王　丽: 当时中国的文人和一些书籍影响着韩国, 但是中国文人反而喜欢许兰雪轩的诗, 真的可以算是最初的韩流了!

(당시는 중국의 문인과 서적들이 한국에 많이 영향을 미친 것이 일반적인 상황이었는데, 중국 문인들이 오히려 허난설헌의 시를 좋아하게 되었으니까 그렇게 얘기할 수도 있겠구나.)

洪惠兰: 许兰雪轩和许筠的故居附近建了一个纪念公园。

(허난설헌과 허균이 태어났던 생가 주변은 기념공원으로 조성이 되어 있어.)

王　丽: 纪念公园里有个展示馆, 我特别好奇里面都展示了些什么。

(기념공원에는 전시관도 있는데 거기에 전시된 것들이 무엇인지 굉장히 궁금해지는 걸.)

洪惠兰: 里面能看到许兰雪轩和许筠姐弟俩留下的文学作品。

(허난설헌과 허균 두 남매가 남긴 문학작품들을 살펴볼 수 있어.)

王　丽: 我在想是不是江陵的大海、镜浦湖、还有草堂的松林的精气使许兰雪轩这个伟大的女诗人诞生的。

(강릉 경포호수와 바다, 그리고 초당의 소나무숲들이 허난설헌이라는 위대한 여시인을 탄생시키지 않았을까 생각되는구나.)

洪惠兰：一到春天，纪念公园周围的白色樱花都盛开了。

(봄이 오면 기념공원 주변에는 흰 벚꽃들이 아주 흐드러지게 펴.)

王　丽：是吗？我平时很喜欢花，我特别想看看白色樱花绽放的样子。

(그래? 난 평소 꽃들을 좋아하는데 하얀 벚꽃이 화려하게 핀 모습이 정말 보고 싶구나.)

洪惠兰：许兰雪轩出生地周围湖水、大海和山相互融合在一起，如果徒步在这条路上的话，可以看到江陵最里面最神秘的部分。

(허난설헌이 태어난 곳 주변에는 호수와 바다 및 산이 서로 어우러지고 있어. 이 길을 걸을 수 있다면 강릉의 가장 안쪽에 있는, 강릉의 가장 비밀스러운 부분을 볼 수 있게 되지.)

(2) 春甲峰和森林浴(춘갑봉과 삼림욕)

王　丽：徒步在市中心连接到海边的林间小路上，真令人心旷神怡！

(도시의 중심에서 바다까지 이어진 숲길을 걷는다는 것이 더욱 마음을 설레게 해.)

洪惠兰：到达江陵长途汽车站的旅客们穿过前面的马路后沿着江陵市中心的林间小路走，就可以一直走到镜浦海边。

(강릉시외버스터미널에 도착한 여행객이라면 앞에 있는 큰길을 건너자마자 계속 강릉 시내 중심에 있는 숲길을 걸어서 경포바다까지 걸어서 도착할 수 있어.)

王　丽：这条路都经过哪些地方啊？

(이 구간은 모두 어느 곳들을 지나게 되는데?)

洪惠兰：经过元大峙和花浮山，还有烽燧台和春甲峰等林间小路。

(원대재와 화부산, 그리고 봉수대와 춘갑봉 등의 숲길을 지나게 돼.)

王　丽：可以说一进入江陵长途汽车站对面的元大峙就是林间小路的起点。

(그러니까 강릉시외버스터미널 건너편에 있는 원대재로 들어가자마자 숲길이 시작된다고 할 수 있겠네.)

洪惠兰：是的，所以徒步在这条路就可以顺便做个森林浴。王丽，你现在应该知道为什么走在松树林之间对身体好了吧？

(그렇지. 그래서 이 구간은 걷는 내내 삼림욕을 할 수 있어. 소나무 숲길을 걸으면

왜 건강에 좋은지, 이제 왕리도 잘 알고 있지?)

王 丽: 松树为了防御自身的细菌, 发散出可以杀菌的有机化合物植物杀菌素, 这对人的身体也有益。

(소나무는 자신을 세균들로부터 방어하기 위해 살균이 가능한 유기화합물인 피톤치드를 발산한대. 그래서 사람에게도 좋은 작용을 하는 거지.)

洪惠兰: 我们的祖先很好的利用了松树的这种杀菌功能。中秋节蒸松饼的时候, 他们先把松树叶铺在蒸笼上, 然后把松饼放在松树叶子上蒸, 这样做的松饼不容易坏。

(우리 조상들은 소나무의 이런 살균 작용을 잘 활용했어. 추석에 송편을 먹는데, 송편을 찔 때 시루에 소나무잎을 깔고 그 위에 송편을 놓고 쪘지. 이렇게 하면 송편은 쉽게 부패하지 않아.)

王 丽: 以前的人们从大自然中汲取智慧, 并通过自然学习到许多知识。

(옛날 사람들은 자연에서 지혜를 빌려오고 자연을 통해서 여러 가지를 배웠지.)

洪惠兰: 为了培育农作物需要堆肥, 但是我们国家的农民们都知道松树的杀菌作用, 他们生怕对人类有益的微生物被杀死, 所以不在松树旁堆肥。

(농작물을 기르기 위해서 퇴비를 만들어야 하는데, 퇴비를 만들 때는 인간에 유익한 미생물을 혹시라도 죽여 버릴까 봐 소나무 근처에서는 퇴비를 만들지 않았다고 해. 우리나라 농부들이 다 소나무의 살균작용을 이해하고 있었기 때문에 이게 가능한 거겠지.)

王 丽: 这条路上有个花浮山森林浴场, 为什么叫花浮山啊?

(이 길에는 화부산 삼림욕장도 있는데 왜 화부산이라고 부른 거야?)

洪惠兰: 春天山上开满鲜花, 从远处看的话就好像花儿都浮在山上一样, 所以叫花浮山。有个学校的校歌一开始就是这么唱的: "花浮山春花绽放时最美丽。"

(봄날 온 산에 꽃이 필 때 멀리서 보면 마치 꽃이 산위에 떠 있는 것처럼 보인다고 해서 이렇게 불렀대. "화부산에 핀 봄꽃을 보니 너무 아름다워라"라고 시작하는 어느 학교의 교가도 있어.)

王 丽: 这条路还路过烽燧台, 那是什么地方?

(이 길을 걸을 때 봉수대를 지나던데 봉수대는 어떤 곳이야?)

洪惠兰: 烽燧台是外敌侵入我们国家的时候, 为了能让附近地区的百姓知道而点燃烟火的高台。举个例子, 从北边的咸镜道咸兴点燃烟火传递信息的话, 江陵就紧接着点燃烟火告知给相邻的东海。就这样按照蔚珍、安东等顺序一个接着一个, 最后传达到王所在的首尔汉阳南山上的烽燧台。

(봉수대는 외국에서 도적들이 우리나라를 침입해왔을 때, 불을 피워 이 사실을 옆의 다른 지역에 알려주는 역할을 했지. 예를 들어 북쪽에 있는 함경도 함흥에

서 불을 피워 알려오면 이곳 강릉에서 이어받아 다시 옆의 지역인 동해로 알려주지. 이렇게 울진, 안동 등의 순서로 차례차례 이어가다가 마지막에는 왕이 계신 서울 한양의 남산에 있는 봉수대까지 전달이 되는 거야.)

王　丽: 也就是说烽燧台有着保卫国家的重要作用。过了烽燧台就能看到春甲峰了, 突然能看到好多好多人。

(봉수대는 결국 나라를 지키는 중요한 역할을 한 셈이네. 봉수대를 지나니까 춘갑봉이 보이는데 갑자기 사람들이 많이 보이네.)

洪惠兰: 春甲峰从春到秋开满了各种各样的花。所谓春甲峰, 就是春天最美的山的意思。已经是百岁时代了, 有很多退休后仍然非常健康的老人喜欢出来游玩, 再加上这里海拔不高, 所以老人们喜欢来这里。

(춘갑봉은 봄에서 가을까지 온갖 꽃들이 피어. '춘갑'이란 이름도 봄에 가장 아름다운 산이라는 뜻이야. 요즘은 100세 시대라서 퇴직 후에도 건강한 노인들이 많은데, 이곳은 높지도 않아서 노인들이 가장 많이 찾는 곳이기도 하지.)

王　丽: 站在这里, 草堂洞尽收眼底, 也能看到许兰雪轩纪念公园。

(이곳에 서니 초당동이 한눈에 내려다보이고 허난설헌 기념공원도 보이는 걸.)

洪惠兰: 我们快下去到纪念公园逛逛吧! 那旁边还有个体验馆可以品尝到韩国的传统茶。

(얼른 내려가서 기념공원에 가보자. 거기 옆에는 체험관도 있어서 한국의 전통 차를 음미할 수도 있어.)

王　丽: 喝完茶之后再去吃纯豆腐冰淇淋吧!

(차를 마신 다음에는 순두부 젤라또(gelato)를 먹으러 가자.)

洪惠兰: 纯豆腐冰淇淋? 我还是第一次听说呢! 快给我讲讲。

(순두부 젤라또? 나도 처음 들어본 아이스크림인데 나에게 소개 좀 해줘.)

王　丽: 哈哈, 还有我给你介绍江陵饮食的时候呢。最近纯豆腐冰淇淋很火, 网上也有详细的介绍。它是江陵最近新开发的一种冰淇淋, 在纯豆腐和冰淇淋上面放一层薄薄的糯米糕, 很有特色而且特别好吃。

(하하, 내가 혜란 너에게 강릉에 대해서 소개를 해줄 때도 있구나. 요새 순두부 젤라또가 강릉에서 핫한 아이스크림이 되어서 인터넷에 잘 소개되어 있었어. 순두부 젤라또는 요즘 강릉에서 새로 개발된 아이스크림의 일종인데, 순두부와 아이스크림 위에 얇은 인절미가 얹혀 나온다는 게 특색이래. 정말 맛있다고 해.)

洪惠兰: 是吗? 纯豆腐和糯米糕怎么还能和冰淇淋组合到一起? 今天我一定得去尝尝。

(그래? 순두부와 인절미가 어떻게 아이스크림과 조화를 이룰 수 있을까? 벌써부터 먹고 싶어진다.)

📁 生词(새로운 낱말)

1. 许楚姬纪念馆 Xǔchǔjī jìniànguǎn: 허초희기념관
2. 楚姬路 Chǔjīlù: 초희길
3. 春甲峰 Chūnjiǎfēng: 춘갑봉
4. 草堂村 Cǎotángcūn: 초당마을
5. ≪洪吉童传≫ Hóngjítóngzhuàn: ≪홍길동전≫(허균의 소설)
6. 韩流 Hánliú: 한류
7. 值得一看 zhíde yíkàn: 좀 볼 가치가 있다
8. 江陵长途汽车站 Jiānglíng chángtúqìchēzhàn: 강릉 시외버스터미널
9. 元大峙 Yuándàzhì: 원대재
9. 花浮山 Huāfúshān: 화부산
10. 烽燧台 fēngsuìtái: 봉수대
11. 森林浴 sēnlínyù: 삼림욕
12. 有机化合物植物杀菌素 Yǒujī huàhéwù zhíwù shājūnsù: 유기화합물 살균소, 피톤치드
13. 中秋节 Zhōngqiūjié: 추석
14. 松饼 sōngbǐng: 송편
15. 蒸笼 zhēnglóng: 시루
16. 咸镜道咸兴 Xiánjìngdào Xiánxīng: 함경도 함흥
17. 蔚珍 Wèizhēn: 울진
18. 安东 Āndōng: 안동
19. 首尔汉阳南山 Shǒuěr Hànyáng Nánshān: 서울 남산
20. 纯豆腐冰淇淋 Chúndòufu bīngqílín: 순두부 젤라또
21. 糯米糕 Nuòmǐgāo: 인절미

常用句型(상용 문형)

1. 真的令人 (A): 정말로/ 참으로/ 그야말로 (A)하게 하다

　　真的令人尊敬。(참으로 존경스럽게 한다.)
　　真的令人震惊。(참으로 몹시 놀라게 한다.)
　　真的令人无法相信。(정말로 믿을 수 없게 만든다.)
　　那件事真的令人痛惜。(그 사건은 참으로 가슴 아프게 만든다.)
　　她的美丽真的令人赞叹。(그녀의 아름다움은 참으로 찬탄을 하게 만든다.)
　　今天的徒步旅行真令人激动! (오늘의 걷기 여행은 정말로 사람을 설레게 만드는구나.)

2. 举个例子: 예를 들어

　　我就举个例子。(내가 예를 들겠다.)
　　举个例子来说。(예를 들어 말하겠다.)
　　谁给我举个例子? (누가 나에게 예를 들어줄래?)
　　可以举个例子, 用以说明理由。(예를 들어서 이유를 설명하는 데 쓸 수 있다.)
　　举个例子, 从北边的咸镜道咸兴点燃烟火传递信息的话, 江陵就紧接着点燃烟火告知给相
　　　　邻的东海。(예를 들어 북쪽에 있는 함경도 함흥에서 불을 피워 알려오면 이곳
　　　　강릉에서 이어받아 다시 옆의 지역인 동해로 알려주지.)

3. 也就是说 (A): 즉/ 다시/ 바꾸어 말하면 (A)하다는 것이다

　　也就是说是最顶峰。(다시 말하면 가장 높은 봉우리라는 것이다.)
　　胸有成竹, 也就是说心里很有把握。(마음속에 주견이 서 있다는 것은 다시 말하면 마음
　　　　속에 아주 자신감이 있다는 것이다.)
　　直译也就是说是逐字逐句的翻译法。(직역은 다시 말하면 한 글자씩, 한 문장씩 번역하
　　　　는 방법이다.)
　　流水不腐, 也就是说生命在于运动。(흐르는 물은 썩지 않는다는 것은 다시 말하면 생명
　　　　은 운동하는 데 달려 있다는 것이다.)
　　也就是说烽燧台有着保卫国家的重要作用。(다시 말하면 봉수대는 나라를 지키는 중요
　　　　한 역할을 하고 있었다.)

4. (A) 之后再 (B): (A)한 다음에 (B)하다

成功之后再来表白。(성공한 뒤에 고백하러 오다.)

分手之后不要再想我。(헤어진 다음에 나를 그리워하지 말아라.)

这件事要在多方衡量之后再着手做。(이 일은 여러 방면으로 따져본 다음에 처리하기
시작해야 한다.)

喝完茶之后再去吃纯豆腐冰淇淋吧! (차를 다 마신 다음에 두부 젤라또(gelato)를 먹으러
가자.)

章鱼要在沸水中焯过, 冷却了之后再吃才够味儿。(문어는 끓는 물에 데쳐서 식힌 다음에
먹어야 비로소 제맛이 난다.)

拔舞路第十五路_去江陵松香树木园之路
제15구간_강릉 솔향수목원 가는길

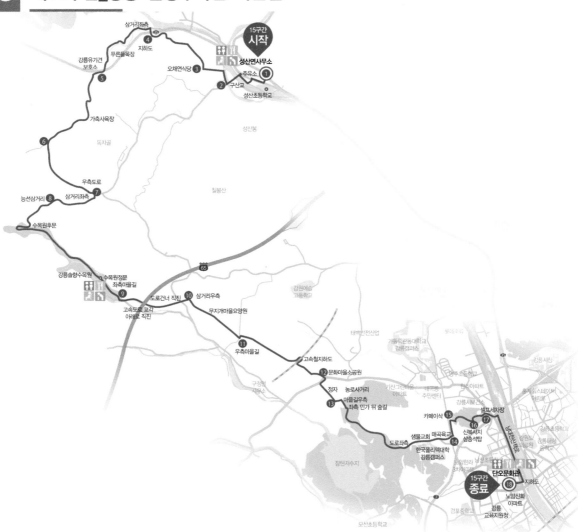

〈 路线基本信息(코스 기본 정보) 〉

路线长度(구간길이): 17.2公里(17.2km)
所需时间(소요시간): 6~7小时(6~7시간)
移动路线(이동코스): 城山面事务所(성산면사무소) 4.6km
⇨ 林道三岔路口(임도삼거리) 3.7km
⇨ 江陵松香树木园正门(강릉솔향수목원정문) 4km
⇨ 邱正文化村(구정문화마을) 4.9km
⇨ 江陵端午文化馆(강릉단오문화관)

日常会话(일상회화)_호텔·식당 등에서의 의사표현_2

우선 메뉴를 좀 볼게요.
先看一看菜单。/ 先看一下菜单。
Xiān kàn yíkàn càidān./ Xiān kàn yíxià càidān.

메뉴를 좀 보여주세요.
请给我看看菜单。
Qǐng gěi wǒ kànkan càidān.

여기서 잘 하는 음식을 소개해주세요.
请介绍一下这儿的拿手菜。
Qǐng jièshào yíxià zhèr de náshǒucài.

오늘의 특별 요리는 무엇인가요?
今天的特色菜是什么?
Jīntiān de tèsècài shì shénme?

음료수는 무얼 좀 마시겠어요?
喝点儿什么饮料?
Hē diǎnr shénme yǐnliào?

콜라 주세요.
要可乐。
Yào kělè

술은 무엇으로 드시겠어요?
喝点儿什么酒?
Hē diǎnr shénme jiǔ?

맥주 한 병 주세요.

来一瓶啤酒。

Lái yìpíng píjiǔ.

한 잔 더 하시지요.(=한 잔 더 가져다주세요.)

再来一杯。

Zài lái yìbēi.

계란후라이와 베이컨을 주세요.

请给我煎鸡蛋和咸猪肉(=培根)。

Qǐng gěi wǒ jiānjīdàn hé xiánzhūròu(=péigēn).

햄샌드위치 하나 주세요.

来一个火腿三明治。

Lái yíge huǒtuǐ sānmíngzhì.

스테이크를 어떻게 익혀드릴까요?

牛排要几分熟?

Niúpái yào jǐfēn shú?

우리 레어(/ 미디엄 레어/ 미디엄 웰던/ 웰던)로 먹자.

我们吃二分熟(三分熟/ 八分熟/ 全熟)的吧。

Wǒmen chī èrfēn shú(/ sānfēn shú/ bāfēn shú/ quán shú)de ba.

더 주문하실 것은 없나요?

还要别的吗?

Hái yào biéde ma?

여기서 드시나요, 가지고 가시나요?

在这儿吃还是带走?

Zài zhèr chī háishì dàizǒu?

음식이 아직 안나왔어요.

菜还没上来。/ 还没上菜呢。

Cài hái méi shànglái./ Hái méi shàng cài ne.

이 요리는 어떻게 먹나요?

这个菜怎么吃?

Zhège cài zěnme chī?

소금(/ 간장) 좀 주세요.

请给我盐(/ 酱油)。

Qǐng gěi wǒ yán(/ jiàngyóu).

풋고추를 고추장에 찍어 먹다.

蘸着辣椒酱吃青辣椒。

Zhànzhe làjiāojiàng chī qīnglàjiāo.

계산서 갖다 주세요.(＝계산할게요.)

给我帐单。/ 买单。/ 结帐。

Gěi wǒ zhàngdān./ Mǎidān./ Jiézhàng.

오늘은 내가 낼게.

今天我请客。/ 今天我买单。

Jīntiān wǒ qǐngkè./ Jīntiān wǒ mǎidān.

각자 계산하자.

分开算吧。/ AA(All Average)制吧。/ 各自付款吧。

Fēnkāi suàn ba./ AAzhì ba./ Gèzì fùkuǎn ba.

📁 走在拔舞路第十五路上会话(바우길 제15구간 회화)

(1) 松树和江陵树木园(소나무와 강릉수목원)

李　刚: 拔舞路第十五路去江陵松香树木园之路好像是以江陵树木园为中心的吧?
(바우길 15구간 강릉솔향수목원가는 길은 강릉 수목원이 중심인 것 같아.)

洪惠兰: 江陵是松树的故乡, 所以江陵的代表标语就是"松香江陵", 把金刚松作为树木园象征的江陵松香树木园就是这条路的中心。
(아무래도 강릉은 소나무의 고향이라서 강릉의 대표 표어로 '솔향 강릉'으로 표방하고 있으니까. 금강소나무를 수목원의 대표 나무로 내세우는 강릉 솔향 수목원이 또한 이 길의 중심이 되는 것이겠지.)

李　刚: 松香树木园是市民们体验树林的好地方, 韩国人在众多树木中, 好像唯独对松树情有独钟。
(솔향수목원은 시민들에게 숲을 체험하게 하는 곳으로 딱 알맞겠다. 한국 국민들은 여러 나무들 중에서도 유독 소나무를 제일 많이 사랑하는 것 같아.)

洪惠兰: 我们韩国人真的很喜欢松树, 所以爱国歌里也有关于松树的歌词。
(우리 국민들은 항상 가까이에 소나무를 두고 있으니깐. 그래서 소나무는 애국가 가사에도 나오지.)

李　刚: 江陵所有的松树中金刚松是不是最有名的?
(강릉은 소나무 중에서도 금강소나무가 가장 유명하지?)

洪惠兰: 金刚松因为只在太白山脉白头大干的东边区域自生而闻名。
(금강소나무는 태백산맥 백두대간의 동쪽에서만 자생하는 것으로 유명하지.)

李　刚: 一到松香树木园附近, 空气就明显得更加清新了, 心情也更加安定了。
(솔향수목원 근처에 오니 공기가 한층 더 맑아지면서 기분이 안정되는 느낌이야.)

洪惠兰: 从松树身上发散出来的植物杀菌素能刺激神经使人心情安定, 并且还有促进内分泌的作用。
(소나무에서 발산되는 피톤치드는 신경을 자극해서 기분을 안정시켜주고 또한 내분비 작용을 촉진시켜준다고 해.)

李　刚: 听说把松树叶子放到热水里洗澡的话对皮肤好, 还能使人变年轻, 从植物杀菌素的效用来看这也不是完全不可能的。
(소나무잎을 넣고 끓인 물로 목욕을 하면 피부가 좋아지면서 더욱 젊어질 수

있다고 하던데, 피톤치드의 효용을 보면 이것이 아예 불가능한 것만은 아니라는 생각이 드네.)

洪惠兰: 在我们国家, 以前生孩子的时候在大门两边的柱子上挂上草绳, 然后在草绳中间插上松树树枝和黑炭还有红色的辣椒。这是为什么呢?

(우리나라에서는 옛날에 아이가 태어나면 대문 양쪽 기둥에 새끼줄을 걸고 그 사이사이에 소나무가지와 검은 숯 그리고 빨간 고추 등을 꽂아 두었어. 왜 그랬을까?)

李　刚: 可能是因为人们通过经验而熟知松树能去除病菌的杀菌作用吧?

(소나무가 병균을 없애는 살균작용을 한다는 사실을 경험으로 익숙하게 알고 있는 것이겠지.)

洪惠兰: 韩国人在松树边上出生, 活着的时候可以时常徒步在松树林里, 死了以后埋在松树棺材里面。所以韩国人和松树有着紧密的联系, 怎么都分不开的。

(이렇게 한국인들은 소나무옆에서 태어나고 또한 평생 소나무숲길을 걷다가 죽을 때는 소나무관에 에 묻힌다고 할 수 있어. 한국인과 소나무는 떼려야 뗄 수가 없어.)

李　刚: 不仅仅是韩国, 中国和日本也有很多松树, 它好像是东亚地区非常重要的树种。

(한국뿐만 아니라 중국과 일본에도 소나무가 많으니, 소나무야말로 동아시아의 중요한 수종인가보다.)

洪惠兰: 所以东亚人自古以来就喜欢画很多关于松树的画, 还写了许多以松树为题材的诗。

(그래서 동아시아인들이 예로부터 그린 그림을 보면 소나무가 많고 시인 역시 소나무를 주제로 지은 시가 많아.)

李　刚: 松树在温带气候和冷带气候下都能生长得很好, 但是现在全球气候变暖, 我担心这会不会对松树有不好的影响。

(소나무는 온대와 냉대 기후에서 잘 자라는 나무인데, 지구가 온난화되고 있는 지금 소나무에게 나쁜 영향을 주지 않을지 걱정이 된다.)

洪惠兰: 现在全国的松树都在承受着害虫的迫害, 情况还挺严重的。为了保护松树, 不仅仅是江陵, 我们整个国家都要走在保护自然的前列。

(지금 우리나라에서는 전국적으로 소나무가 병해충으로 인해서 피해가 심각해지고 있어. 소나무를 지키기 위해서는 강릉뿐만 아니라 우리나라 전체가 자연보호에 앞장을 서야 할 거 같아.)

李　刚: 当然了, 我们各自代表着自己的国家一起努力吧, 哈哈。

(당연하지. 우리 서로 노력해보자. 한국과 중국 양국을 대표해서. 하하.)

(2) 城山小吃村和神福寺址三层石塔(성산 먹거리촌과 신복사지 삼층석탑)

李　刚: 这个地方有很多小吃店, 应该就是城山小吃村了吧?
(이곳 성산은 먹거리촌인가 보다. 음식점들이 아주 많아.)

金英俊: 以前岭东高速道路还是两车道的时候, 因为是以首尔为起点, 一直到城山为终点, 那些自驾游的游客去市内之前都会经过这里, 所以这边渐渐有了很多小吃店, 慢慢地就形成了城山小吃村。
(옛날 영동고속도로가 2차선일 때 서울에서 시작되어 이곳 성산에서 끝이 났기 때문에 차를 가지고 오는 여행자들이 시내로 들어가기 직전에 많이 들러가는 곳이었어. 그래서 이곳에 음식점이 많이 생기면서 점차 성산 먹거리촌을 형성하게 된 것이지.)

李　刚: 来得正好, 我们想要徒步在第十五路江陵松香树木园之路的话要稍微加把劲儿, 我们先在这儿吃点东西再走吧。
(잘 됐다. 우리가 15구간 강릉솔향수목원가는길을 걸으려면 힘을 내야 하니 여기서 맛있는 것 먹고 나서 걷도록 하자.)

金英俊: 这里的炖鳕鱼头特别有名, 基本上每隔一家就有一家炖鳕鱼头店。只是炖鳕鱼头有点儿辣。除此之外, 蔬菜包饭、黄太鱼汤、血肠汤也都很有名, 你想吃什么?
(이곳은 대구머리찜이 유명해. 한집 건너 한집이 있을 정도로 대구머리찜 음식점이 많아. 그밖에도 야채쌈밥, 황태탕, 순대국 음식점도 유명한데 뭘 먹을래? 대구머리찜이 좀 맵다는 걸 알아야 해.)

李　刚: 我不太爱吃辣, 所以估计是吃不了炖鳕鱼头了, 真可惜。要不我们去吃黄太鱼汤吧。这个黄太鱼和明太鱼是不一样的吗?
(난 매운 걸 잘 먹지 못하니 아쉽기는 하지만 대구머리찜은 못 먹겠다. 황태탕을 먹도록 할까? 근데 황태와 명태는 다른 거니?)

金英俊: 黄太鱼就是明太鱼。把明太鱼放在高山地带冰冻再融化, 这样反复几次以后再晒干的话鱼肉会更好吃。
(황태가 곧 명태를 말하는 거야. 명태를 고산지대에서 얼렸다 녹였다를 반복해가며 말려서 생선의 육질을 더욱 맛있게 한 것이지.)

李　刚: 明太鱼还叫冻太, 还有半干明太鱼, 怎么有这么多名字啊?
(명태 이름으로는 그밖에도 동태도 있고 코다리도 있잖아? 왜 이렇게 다양한 이름으로 부르는 것이지?)

金英俊: 冷冻的明太鱼叫冻太也叫冻明太, 半干状态的明太鱼就叫半干明太, 主要用来炖着吃。从明太鱼有这么多名字来看就能知道我们国家可以捕捉到很多明太鱼, 而且有很多种料理方式, 可以说是韩国人比较熟知的一种鱼了。

(얼린 명태를 동태 또는 동명태라고 부르고, 또 명태를 반만 건조시켜서 만든 명태를 코다리라고 부르는데 주로 찜으로 해서 먹어. 이렇게 명태의 이름이 많은 것을 보면 우리나라에 명태가 많이 잡혔다는 것을 알 수 있고, 또 여러 가지 방식으로 요리해서 먹을 만큼 명태는 우리나라 사람들에게 매우 친숙한 생선이라고 할 수 있을 거 같아.)

李　刚: 就像我们中国的豆腐一样, 有好几百种做法, 是生活中很常见也很重要的一种食材。

(중국인들에게는 두부가 그렇다고 할 수 있어. 수백 가지 방식으로 요리해서 먹는 매우 소중하면서 친숙한 음식재료이지.)

金英俊: 我们现在要去的黄太鱼汤店里面放了红蛤蜊等海鲜, 汤的味道很独特。清汤里面各种味道融合在一起, 极其美妙!

(우리가 지금 가려고 하는 황태탕 음식점은 탕에다 홍합 등 해산물을 넣어서 국물맛이 정말 독특하고 일품이야. 맑은 국물에서 갖가지 맛이 함께 어우러져 오묘한 맛을 내지.)

李　刚: 亲自品尝以后更觉得汤的味道令人回味无穷, 我平时就觉得韩国人的"汤文化"很奇特。怎么能做出那么多汤呢, 豆芽汤、大酱汤、泡菜汤、黄太鱼汤等, 每种汤的味道都很特别, 每次吃的时候都觉得很神奇。

(직접 와서 먹어보니 국물맛이 환상적이구나. 평소 한국인들의 국물 문화는 정말 독특하다고 느끼고 있지. 콩나물국, 된장국, 김치국, 황태국 등 어떻게 그렇게 많은 국물을 만들 수 있고, 또한 국물마다 그렇게 오묘한 맛이 나오는지 매번 맛볼 때마다 신기함을 느껴.)

金英俊: 午饭也吃了, 从现在起加把劲儿继续走吧。我们先去大关岭的神福寺址三层石塔看看吧。

(점심도 맛있게 먹었으니 이제 더 힘을 내서 걷도록 하자. 먼저 대관령에 있는 신복사지 삼층석탑에 들렀다 가자.)

李　刚: 看这个石塔这么古意盎然, 一定是个历史悠久的寺庙。

(석탑의 고풍스러운 모습을 보니 이곳은 역사가 오래된 절인가 보구나.)

金英俊: 这是江陵的守护神中新罗高僧梵日国师所创建的寺庙, 是有着千年历史的古迹, 寺里还有一座石佛坐像。

(강릉의 수호신 중 한 사람인 신라의 고승 범일국사가 창건한 절이야. 천 년의 역사를 지닌 유서 깊은 곳으로 석불좌상도 있어.)

李　刚: 注视着石佛坐像的微笑, 我也会不由自主地跟着微笑, 真的很神奇。

(석불좌상이 짓는 미소를 바라보니까 절로 내 얼굴에도 미소가 지어지도록 만드

는 신비함이 깃들어 있구나.)

金英俊: 神福寺址的石佛坐像被指定为第87号宝物, 一直深受江陵人的喜爱。
(신복사지의 석불좌상은 보물 제 84호, 삼층석탑은 보물 제 87호로 지정되어서 강릉 사람들의 사랑을 받고 있어.)

李　刚: 好啦, 让我们再次出发吧。江陵拔舞路视野开阔, 一些小山坡上就能看到海, 有很多可以眺望的好地方。
(자, 다시 출발해보자. 강릉 바우길은 조금만 언덕을 올라가도 바다가 보일 만큼 확 트여 있어서 조망하기 좋은 곳들이 아주 많아.)

金英俊: 这里是柳峙, 是眺望大海的好地方。我们的人生也能像这里开阔的视野一样前途明朗就好了。
(이곳은 버들고개인데 정말 저 멀리 바다를 조망하기에 좋구나. 이렇게 탁 트인 버들고개의 전망처럼 우리의 앞날도 이렇게 넓게 확 트여 순조롭게 발전을 하고 성공을 했으면 좋겠다.)

李　刚: 你说的前途明朗是顺利地就业挣钱, 然后找到另一半结婚和家人一起健康幸福地生活在一起吧? 哈哈哈。
(취업도 순조롭게 잘 되어서 돈도 벌고 또한 배우자를 만나 결혼해서 가족들과 건강하게 행복한 삶을 살고, 그런 걸 말하는 거지? 하하!)

生词(새로운 낱말)

1. 江陵松香树木园 Jiānglíng sōngxiāng shùmùyuán: 강릉 솔향수목원
2. 金刚松 jīngāngsōng: 금강송
3. 太白山脉 Tàibái shānmài: 태백산맥
4. 白头大干 Báitóudàgān: 백두대간
5. 东亚人 Dōngyàrén: 동아시아인
6. 自古以来 zìgǔ yǐlái: 예로부터
7. 神福寺址三层石塔 Shénfúsìzhǐ sāncéngshítǎ: 신복사지 삼층석탑
8. 城山小吃村 Chéngshān xiǎochīcūn: 성산 먹거리촌
9. 岭东高速道路 Lǐngdōng gāosùdàolù: 영동고속도로
10. 炖鳕鱼头 dùnxuěyútóu: 대구머리찜

11. 蔬菜包饭 shūcài bāofàn: 야채쌈밥

12. 黄太鱼汤 huángtàiyútāng: 황태탕

13. 血肠汤 xuèchángtāng: 순대국

14. 明太鱼 míngtàiyú: 명태

15. 冻太 dòngtài: 동태

16. 红蛤蜊 hónggélì: 홍합

17. 豆芽汤 dòuyátāng: 콩나물국

18. 大酱汤 dàjiàngtāng: 된장국

19. 泡菜汤 pàocàitāng: 김치국

20. 梵日国师 Fànrì guóshī: 범일국사

21. 石佛坐像 Shífú zuòxiàng: 석불좌상

22. 柳峙 Liǔzhì: 버들고개

23. 极其美妙 jíqí měimiào: 매우 아름답고 기묘하다

24. 回味无穷 huíwèi wúqióng: 뒷맛이 무궁무진하다, 생각할수록 의미심장하다

📂 常用句型(상용 문형)

1. 因为 (A) 而 (B): (A)하기 때문에 그래서 (B)하다

他因为贪污而丢官。(그는 횡령했기 때문에 관직을 잃었다.)

我因为感激而这么说。(그는 감격하였기 때문에 이렇게 말하였다.)

他因为思乡而夜不成寐。(그는 향수 때문에 불면의 밤을 지새운다.)

不要因为走得太远而忘记为什么出发。(너무 멀리 왔기 때문에 왜 출발했는지를 잊어버리지는 말아라.)

金刚松因为只在太白山脉白头大干的东边区域自生而闻名。(금강소나무는 다만 태백산맥 백두대간의 동쪽 구역에서만 자생하기 때문에 유명해졌다.)

2. 不仅仅是 (A): (A)뿐만이 아니다/ 만이 아니다

冬天不仅仅是冷。(겨울은 춥기만 한 건 아니다.)

不仅仅是买了这个。(이것만 산 것은 아니다.)

这不仅仅是天意而且也是人力谋划的结果。(이것은 하늘의 뜻만이 아니라 인력으로 기획한 결과이기도 하다.)

不仅仅是韩国, 中国和日本也有很多松树。(한국뿐만 아니라 중국과 일본에도 소나무가 많다.)

你的这种行为不仅仅是对自己的不负责任, 而且是对家庭的不负责任。(너의 이런 행동은 스스로에게 책임지지 않는 것일 뿐만 아니라 가정에도 책임지지 않는 것이다.)

3. 要不(然) (A): 아니면/ 그렇지 않으면 (A)하다

要不你跟我一起去吧。(그렇지 않으면 너는 나와 함께 가자.)

要不我们去吃黄太鱼汤呢? (그렇지 않으면 황태탕을 먹으러 갈까?)

我们走快点儿吧, 要不就迟到了。(우리는 좀 빨리 걷자, 그렇지 않으면 늦겠다.)

我得赶快把这份文件给他, 要不该误事了。(나는 이 서류를 얼른 그에게 줘야 한다, 그렇지 않으면 일을 그르칠 것이다.)

下雨了, 你把雨伞拿去吧, 要不, 就穿我的雨衣。(비가 오니 너는 우산을 가지고 가라, 그렇지 않으면 내 비옷을 입고 가라.)

4. 怎么这么 (A)?: 왜/ 어째서 이렇게 (A)한가?

怎么这么热? (어째서 이렇게 덥니?)

你的卧室怎么这么乱? (너의 침실은 왜 이렇게 어지럽니?)

你怎么这么不知趣儿啊? (너는 왜 이렇게 몰지각하니?)

这个名字怎么这么耳生啊? (이 이름은 어째서 이렇게 생소하지?)

明太鱼还叫冻太, 还有半干明太鱼, 怎么有这么多名字啊? (명태는 또한 동태로 불리기도 하고 코다리로 불리기도 하는데, 어째서 이렇게 다양한 이름으로 부르는 것이지?)

16

拔舞路第十六路_学而时习之路
제16구간_학이시습지 길

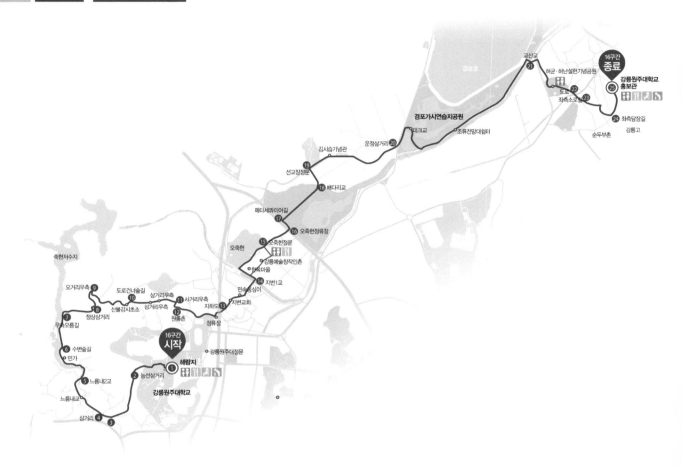

〈 路线基本信息(코스 기본 정보) 〉

路线长度(구간길이): 10.5公里(10.5km)

所需时间(소요시간): 4~5小时(3~4시간)

移动路线(이동코스): 江陵游客月台(강릉여행자플랫폼)

⇨ 江陵原州大学解缆池(강릉원주대학교 해람지) 2.5km

⇨ 山脊顶点(능선정상) 2.7km ⇨ 乌竹轩(오죽헌) 2km

⇨ 镜浦湿地公园(경포습지공원) 2.8km

⇨ 江陵原州大学宣传馆(강릉원주대학교홍보관)

日常会话(일상회화)_쇼핑·관광·은행 등에서의 의사표현_1

모두 얼마예요?
一共多少钱?
Yígòng duōshao qián?

너무 비싸요.
太贵了。
Tài guì le.

깎아주세요.
便宜点儿吧。
Piányi diǎnr ba

좀 더 싸게 해주시겠어요?
再便宜点儿吧。
Zài piányi diǎnr ba.

여기는 정찰제입니다.
这里不能讲价。
Zhèli bùnéng jiǎngjià.

그냥 구경만 좀 해도 될까요?
只是看一看可以吗?
Zhǐshì kàn yíkàn kěyǐ ma?

저것 좀 보여주세요.
请给我看(看)那个。
Qǐng gěi wǒ kàn(kan) nàge.

좀 더 좋은 것은 없나요?

没有更好(一点儿)的吗?

Méiyǒu gèng hǎo (yìdiǎnr) de ma?

옷을 입어봐도 될까요?

这件衣服可以试穿吗?/ 我可以试试这件衣服吗?

Zhèjiàn yīfu kěyǐ shìchuān ma?/ Wǒ kěyǐ shìshi zhèjiàn yīfu ma?

탈의실(=피팅룸)은 어디에 있나요?

试衣室在哪儿?

Shìyīshì zài nǎr?

좀 더 큰 것은 없나요?

没有大一点儿的吗?

Méiyǒu dà yìdiǎnr de ma?

다른 색깔은 없나요?

没有别的颜色吗?

Méiyǒu biéde yánsè ma?

어떤 색깔이 저에게 더 잘 어울려 보이나요?

你看哪个颜色适合我?

Nǐ kàn nǎge yánsè shìhé wǒ?

화장품은 어디서 파나요?

化妆品在哪儿卖?

Huàzhuāngpǐn zài nǎr mài?

어떤 브랜드(상표)를 원하시나요?

你要什么牌子(的)?

Nǐ yào shénme páizi(de)?

이 두 개는 어떤 차이점이 있나요?

(☞ 차이가 구체적으로 무엇인지를 묻는 것)

这两个有什么区别?

Zhè liǎngge yǒu shénme qūbié?

이 두 개는 뭔가 차이점이 있는 건가요?

(☞ 차이가 있는지 없는지를 묻는 것)

这两个有什么区别吗?

Zhè liǎngge yǒu shénme qūbié ma?

한국에 부쳐주실 수 있나요?

能寄到韩国吗?

Néng jìdào Hánguó ma?

쇼핑백 주세요.

我要购物袋。

Wǒ yào gòuwùdài.

종이백을 드릴까요, 비닐백을 드릴까요?

你要纸袋还是要塑料袋?

Nǐ yào zhǐdài háishì yào sùliàodài?

우체국은 어디에 있나요?

邮局在哪儿?

Yóujú zài nǎr?

우편요금은 얼마인가요?

邮费多少钱?

Yóufèi duōshao qián?

등기로 부치고 싶어요.

我想寄挂号(信)。

Wǒ xiǎng jì guàhào(xìn).

소포를 부치고 싶어요.
我想寄包裹。
Wǒ xiǎng jì bāoguǒ.

이 소포를 배편으로 부치려고 해요.
这个包裹要寄海运。
Zhège bāoguǒ yào jì hǎiyùn.

달러를 인민폐로 바꾸고 싶어요.
我想把美元换成人民币。
Wǒ xiǎng bǎ měiyuán huànchéng rénmínbì.

얼마를 바꾸려고 하나요?
你要换多少?
Nǐ yào huàn duōshao?

상해행 기차 타는 플랫폼은 어디인가요?
去上海的站台在哪儿?
Qù Shànghǎi de zhàntái zài nǎr?

기차를 바꾸어 타야 하나요?
得换乘火车吗?
Děi huànchéng huǒchē ma?

침대칸표를 살 수 있나요?
能买到卧铺票吗?
Néng mǎidào wòpùpiào ma?

다음 열차는 몇 시에 출발하나요?
下一班火车几点开?
Xià yìbān huǒchē jǐdiǎn kāi?

걸어서 얼마나 걸리나요?

走路(/ 走着去)需要多长时间?

Zǒulù(/ Zǒuzhe qù) xūyào duōcháng shíjiān?

그 길로 가는 건 좋지 않으니 이 길로 가자.

那条路不好走, 走这条路吧。

Nàtiáo lù bù hǎozǒu, zǒu zhètiáo lù ba.

몇 번 버스를 타야 하나요?

要坐几路公交车?

Yào zuò jǐlù gōngjiāochē?

박물관으로 가는 시내버스를 타자.

坐开往(/ 开到)博物馆的公交车吧。

Zuò kāiwǎng(/ kāidào) bówùguǎn de gōngjiāochē ba.

시내버스 정거장은 어디에 있나요?

公共汽车站在哪儿?

Gōnggòng qìchēzhàn zài nǎr?

走在拔舞路第十六路上会话(바우길 제16구간 걷기 회화)

(1) 学而时习之(학이시습지)

王　丽: 拔舞路第十六路叫学而时习之路, 是≪论语≫第1篇的开头语, 它强调的是学习的
快乐和重要性, 为什么会把它用作是拔舞路的名字呢?
(바우길 16구간은 학이시습지길이라고 했는데, ≪논어≫ 제1편, 〈학이〉편 첫머
리에 나온 말로, 배움의 중요성과 즐거움을 강조한 말인데, 어떻게 바우길의
이름으로 붙이게 되었을까?)

洪惠兰: 这是孔子提出的君子三乐中的其中一个, 这条路是以江陵原州大学解缆池为起点,

因为"学而时习之"是强调学习和实践的重要性, 所以才用它做拔舞路的名字。
(공자가 제시한 군자의 세 가지 즐거움 가운데 하나이지. 아마도 강릉원주대학교 해람지에서 이 길이 시작되기 때문에 배움과 실천을 강조하는 말로 이 길의 이름을 붙인 것 같아.)

王　丽: 学习的重要性再怎么强调都不过分。
(배움의 중요성은 아무리 강조해도 지나치지 않지.)

洪惠兰: 我看过关于对老人来说最后悔的事是什么的研究资料。
(인생을 오래 산 노인들에게 지금까지 살아오면서 후회되는 일이 있다면 그게 무엇인지 조사한 연구자료를 본 적이 있어.)

王　丽: 我也对老人们最后悔的事情很好奇。如果我们年轻人不早点儿知道的话, 难道我们就不会有后悔的事情吗?
(노인들에게 후회되는 일이 과연 무엇일지 무척 궁금한 걸. 우리 젊은이들이 그걸 미리 알고 하지 않는다면 인생을 후회하지 않고 살 수 있지 않겠어?)

洪惠兰: 有两件特别值得后悔的事。第一件是后悔没有爱, 后悔没有对别人再多付出一点情和关心。那第二件是什么呢?
(두 가지가 있었어. 첫째는 사랑을 많이 하지 못한 것을 후회하고 있었지. 다른 사람들에게 좀 더 많이 정을 베풀고 사랑을 주고 배려를 해주었더라면 하는 아쉬움이 후회로 남는다는 것이지. 그럼 두 번째는 무엇일까?)

王　丽: 应该是学习方面的事吧?
(얘기하는 걸 들어보니 아마도 배움에 관한 것이겠구나.)

洪惠兰: 说对啦, 很多老人们都说后悔没有再多学一点儿, 学习不只是学生时代才能做的事情。人们常说对于学习来说当你觉得为时已晚的时候, 正是最好的时机, 所以有学习不分年龄这样的说法。
(잘 맞췄어. 노인들은 하나같이 더 많이 배우지 못한 걸 후회하고 있었어. 배움은 학생일 때만 이루어지는 것은 아니야. 그러니 배우기에 늦었다고 느껴지는 때가 어쩌면 아주 빠른 때가 될 수도 있다는 말들을 많이 하지. 그래서 배움에는 나이가 없다고 말하기도 하고.)

王　丽: 因为已经到了百岁时代, 一想到以后这么长的日子, 即使是再晚的年龄, 都不能说晚。有个哲学家说过从55岁到75岁是人生的黄金时期。
(인생 백세 시대가 왔기 때문에 앞으로 남아 있는 많은 날들을 생각하면 아무리 늦었다고 생각되는 나이라고 하더라도 그렇게 늦었다고는 할 수 없을 거야. 어떤 철학자는 55세부터 75세까지가 인생의 가장 황금 시기라고 말하는 것을 들은 적이 있어.)

洪惠兰: 珍惜他人、 乐与帮助别人并懂得照顾别人的感受, 还有每当空闲的时候就认真学习, 能做好这两件事的话就不会后悔, 所以我们不能懈怠爱和学习这两件事。

(남을 아껴주고 정을 베풀어주고 배려를 해주는 일, 그리고 틈이 날 때마다 뭔가를 열심히 계속 배우는 일, 결국 이 두 가지를 잘 할 수 있다면 인생에 후회가 남지 않는다는 것이니까 앞으로 사랑하는 일과 공부하는 일을 게을리하지 말아야겠다.)

王　丽: 原来后悔的事情里并不包括没有存很多钱啊! 我有段时间特别厌倦学习, 并且比起关心别人, 我更期待别人先给我关怀, 现在看来都是以后会后悔的事情啊。从现在起我要改变我的想法和行动了。

(후회되는 일 중에 돈 많이 모으지 못 한 일은 포함되어 있지 않았구나. 나도 그동안 뭔가를 배울 때마다 싫증을 내곤 했었어. 그리고 남들에게 정을 베풀고 배려를 해주기보다 남이 나한테 먼저 베풀어주기를 바랬었지. 이제보니 이것이 다 나중에 후회할 일들이었구나. 이제는 내 행동의 방식과 방향을 조금씩 바꿔가야겠다.)

洪惠兰: 我也一样, 无论如何我们都要过好这仅有一次的人生。

(나도 마찬가지야. 어쨌든 한 번뿐인 우리 각자의 인생을 잘 살아야 할테니까.)

(2) 竹轩水库(죽헌저수지)

王　丽: 拔舞路第十六路的起点是江陵原州大学的解缆池, 所谓的"解缆"是什么意思呀? 上面写着的汉字好难。

(바우길 16구간의 처음 시작은 강릉원주대학교의 해람지로부터 시작하는데 해람이란 말의 뜻은 무엇이니? 꽤 어려운 한자를 썼어.)

洪惠兰: 船要想航海的话得解开锚缆吧?所以"解缆"这句话还有船即将离开港口开始航行的意思。学习对学生们来说是要具有进取的、敢于挑战的精神的, 所以"解缆"这句话特别适合学生们, 可能是因为这样才用作大学池塘的名字的吧。

(배가 항해를 하기 위해서는 매어두었던 닻줄을 풀어야겠지. 그러니 이 말은 곧 배가 항구를 떠나 항해를 시작하려 한다는 뜻으로 앞을 향해 전진한다는 뜻도 있어. 배우는 학생들에게 진취적인 도전정신을 주기 위해 매우 적합한 말이라서 아마도 대학교 연못의 이름을 이렇게 지은 것 같아.)

王　丽: 如果船只是待在港口的话, 虽然是最安全的, 但是这样就不能发挥它的作用。所以即使海浪汹涌, 前路艰难, 也要勇敢地出发前进才能到达目的地, 这才是船的任务和使命。

(배가 항구에만 서 있다면 안전하기는 하겠지만 더 이상 배의 역할을 할 수 없게 되지. 그러니 설령 파도가 치고 앞길이 험난하다 하더라도 용감하게 항구를 출발해서 전진해야 무언가를 성취할 수 있는 것이 바로 배의 임무이자 역할이야.)

洪惠兰: 说得对, 我们也试着勇敢地离开港口出发吧。
(맞아. 우리도 용감하게 항구를 떠나서 출발해보도록 하자.)

王 丽: 港口? 哈哈! 这个解缆池就是我们要出发的港口呀! 走吧, 我们出发吧!
(항구? 하하! 이곳 해람지가 바로 우리가 출발해야 할 항구로구나. 자 출발하자.)

洪惠兰: 这十六路除了能去竹轩水库以外, 还能经过之前去过的乌竹轩、船桥庄、许筠许兰雪轩纪念公园等地, 几乎没什么新的地方。
(이 16구간은 죽헌저수지로 가는 것을 제외하면 오죽헌, 선교장, 허균·허난설헌 기념공원 등이 모두 다른 구간의 길에서 걸어봤던 곳들이라 특별히 새로운 것은 없어.)

王 丽: 竹轩水库是为农田提供水的地方吧?
(죽헌저수지는 농사짓는 데 필요한 물을 제공하는 곳인가 보다.)

洪惠兰: 对, 竹轩水库旁边的路是我最喜欢的路段之一。
(맞아. 이 죽헌저수지 옆으로 난 길은 내가 특히 걷기를 좋아하는 코스 중의 하나야.)

王 丽: 应该有你喜欢的理由吧?
(무슨 이유라도 있니?)

洪惠兰: 首先竹轩水库在我们学校旁边, 而且不是一直都是上坡路, 再就是来往的人不是很多, 所以可以一边安静悠闲地走, 一边沉浸在自己的思索中。
(일단 죽헌저수지가 우리 학교 옆에 있는 데다가, 걷는 도중 내내 오르막길이 없고 오고가는 사람도 많지 않아서 편안하고 조용하게 걸으면서 사색에 잠길 수 있기 때문이야.)

王 丽: 惠兰, 因为你是江陵原州大的学生, 所以你有很多机会走这条路。走的过程中还可以欣赏解缆池里幽静的水和池边的垂柳, 这也是一种特别的乐趣吧?
(혜란, 너는 이곳 강릉원주대 학생이니 이곳을 걸어볼 기회가 많았겠구나. 걷는 동안 저수지의 고요한 물과 그 옆에 가지를 아래로 드리운 버드나무들을 보면서 걷는 것도 나름대로 재미가 있네.)

洪惠兰: 之前听崔教授的中国诗歌课的时候, 他经常带着我们上野外课, 当时一起走过这个地方, 我到现在都记忆犹新。
(전에 중국시가 과목의 최교수님이 야외수업을 할 때 이 길을 함께 걸은 적이 있는데 그때가 특히 기억에 남아.)

王　丽: 你是说边走边上课吗? 哇, 那肯定很有意思!

　　　　(길을 걸으면서 수업을 할 수 있었다니 정말 재미있었겠다.)

洪惠兰: 竹轩水库尽头有个亭子, 我们在那儿一边吃教授准备的紫菜包饭一边鉴赏诗歌。

　　　　(이 죽헌저수지 끝 부근에 정자가 있는데 그곳에 도착해서 좀 쉬면서 교수님이
　　　　준비한 김밥을 먹으면서 각자 좋아하는 시를 감상하기도 했어.)

王　丽: 你是说提前准备诗歌, 然后边读边发表感想吗?

　　　　(시도 미리 준비해서 읽고 감상을 발표했다고?)

洪惠兰: 对, 提前准备几首自己喜欢的中国诗歌或者韩国诗歌, 先朗读, 然后教授会给我们
　　　　补充说明和感想。

　　　　(각자가 중국시가나 한국시가 중에서 좋아하는 시들을 몇 수씩 미리 준비해
　　　　와서 읽었어. 교수님께서 보충 설명해주시면서 감상을 덧붙여 주시기도 했고.)

王　丽: 那样的课肯定会使人印象深刻而久久难忘吧!

　　　　(그런 수업이라면 인상에 깊이 남아서 정말 잊을 수 없겠다.)

洪惠兰: 我那时候选的是韩国诗人郑镐承的《春路》。

　　　　(난 그때 한국 시인인 정호승 시인의 〈봄길〉을 읽고 감상했었지.)

王　丽: 春路是春天走的路的意思吗?

　　　　(봄길이란 봄에 길을 걷는 것을 의미하는 것이니?)

洪惠兰: 对, 春天来了, 道路两旁开满了各种花, 像这样充满活力的道路就可以说是春路了。
　　　　诗歌讲的是像生命力旺盛的春天的道路一样, 我们也要通过给别人力量和活力让
　　　　这个世界更加和睦幸福的内容。果然只有诗人才能有这样好的表达力。

　　　　(봄이 오면 길 양옆에 온갖 화초들이 피어오르기 시작하지. 이처럼 활력이 넘치
　　　　는 길이 바로 봄의 길이라고 할 수 있어. 그러니 생명력이 왕성한 봄의 길처럼
　　　　우리도 남들에게 큰 힘이 되어주고 활력을 불어 넣어줌으로써 이 세상에 아름다
　　　　운 평화와 행복이 넘치도록 만들자는 내용이지. 역시 시인이기에 비로소 할
　　　　수 있는 표현인 거 같아.)

王　丽: 这首诗歌也说要多给别人关怀和爱。今天真是反复思考爱的日子呀, 谢谢你惠兰,
　　　　让我们边走边思考怎么爱别人吧。

　　　　(결국 이 시도 남들에게 정을 주고 사랑을 베풀자는 내용이로구나. 오늘은 정말
　　　　사랑에 대해서 곰곰 생각할 수 있었던 날이야. 정말 고마워. 조용히 사랑을 생각
　　　　하면서 이 죽헌저수지 옆의 길을 걸어보자.)

洪惠兰: 好呀好呀。

　　　　(좋아 좋아.)

生词(새로운 낱말)

1. 学而时习之路 Xué ér shí xí zhī lù: 학이시습지길
2. 《论语》 Lúnyǔ: 《논어》
3. 孔子 Kǒngzǐ: 공자
4. 江陵原州大学 Jiānglíngyuánzhōu dàxué: 강릉원주대학교
5. 解缆池 Jiělǎnchí: 해람지
6. 锚缆 máolǎn: 닻줄
7. 竹轩水库 Zhúxuān shuǐkù: 죽헌저수지
8. 上野外课 shàng yěwàikè: 야외수업을 하다
9. 郑镐承 Zhènghàochéng: 정호승(한국 현대시인)
10. 《春路》 Chūnlù: 《봄길》
11. 敢于挑战 gǎnyú tiǎozhàn: 과감하게 도전하다
12. 久久难忘 Jiǔjiǔ nánwàng: 오래오래 잊지 못하다

 常用句型(상용 문형)

1. 对 (A) 来说: (A)에게 있어서/ (A)의 입장에서 보자면

对我来说都一样。(내 입장에서 보면 모두 같다.)

那个地方对我来说是新世界。(그곳은 나에게는 신세계이다.)

当时对我来说对阵表不是很重要。(당시 나에게 있어서 대진표가 중요한 건 아니었다.)

我看过关于对老人来说最后悔的事是什么的研究资料。(노인에 대해 말하자면 인생에서 가장 후회되는 일은 무엇이었는지에 관한 연구자료를 본 적이 있다.)

这点钱对你来说可能只是一点儿零花钱, 对我来说却是一大笔钱。(이 정도의 돈은 너에게는 아마도 겨우 푼돈밖에 안될지도 모르지만, 나에게는 도리어 꽤 큰돈이다.)

2. 无论如何: 어쨌든/ 아무튼/ 어찌 되었든 관계없이

　　无论如何都要加油。(아무튼 모두 파이팅해야 한다.)

　　无论如何得这么办。(어쨌든 이렇게 처리해야 한다.)

　　我看我无论如何也办不到。(어쨌든 나는 할 수 없을 것으로 보인다.)

　　无论如何都要按时完成任务。(어쨌든 제때에 임무를 완성해야만 한다.)

　　无论如何我们都要过好这仅有一次的人生。(어쨌든 한 번뿐인 우리 각자의 인생을 잘 살아야 한다.)

3. 几乎没(有) (A): 거의 (A)하지 않다/ 없다

　　几乎没有休息日。(거의 쉬는 날이 없었다.)

　　几乎没有去外地度过假。(거의 다른 지역으로 휴가를 가지 않았다.)

　　几乎没什么新的地方。(특별히 새로운 것은 없어.)

　　我这个月的生活费几乎没有存余。(이번 달 나의 생활비는 거의 잔고가 없다.)

　　这条街上很拥挤, 几乎没有立脚的地方。(이 거리는 너무 붐벼서 거의 발 디딜 틈이 없다.)

17 拔舞路第十七路_案板德基云游路
제17구간_안반데기 운유길

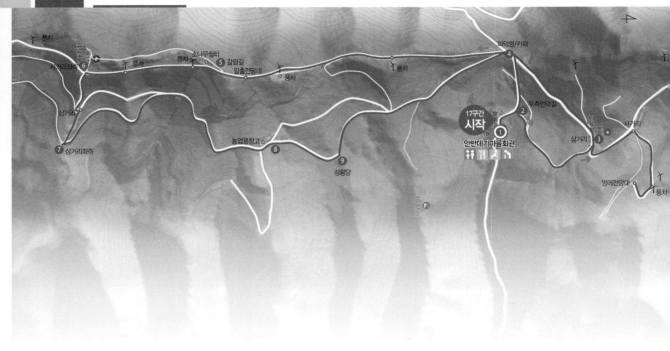

〈 路线基本信息(코스 기본 정보) 〉

路线长度(구간길이): 6公里(6km)

所需时间(소요시간): 3小时(3시간)

移动路线(이동코스): 云游村(亭自/ 停车场)[운유촌(정자/ 주차장)] 1km
⇨ 轭头眺望台(멍에전망대) 0.9km ⇨ 被德岭(피덕령) 0.9km
⇨ 日出眺望台(일출전망대) 2.1km
⇨ 城隍庙(休息处)[성황당(쉼터)] 1.1km
⇨ 云游村(亭自)[운유촌(정자)]

📁 日常会话(일상회화)_쇼핑·관광·은행 등에서의 의사표현_2

이 버스는 천단공원에 가나요?
这路车去天坛公园吗?
Zhèlù chē qù Tiāntán gōngyuán ma?

고궁에 가는 표 두 장 주세요.
给我两张去故宫的票。
Gěi wǒ liǎngzhāng qù Gùgōng de piào.

고궁에 어떻게 갑니까?
去故宫怎么走?
Qù Gùgōng zěnme zǒu?

다음 버스는 몇 시에 오나요?
下一班车几点来?
Xià yìbān chē jǐdiǎn lái?

얼마나 걸리나요?
要多长时间?
Yào duōcháng shíjiān?

어느 정류장에서 내리지요?
在哪一站下车?
Zài nǎ yízhàn xiàchē?

지금 내리셔야 해요.
你该下车了。
Nǐ gāi xiàchē le.

도착하면 저에게 좀 알려주세요.

到了站，请叫我一下。
Dào le zhàn, qǐng jiào wǒ yíxià.

배가 몇 시에 출항하나요?
几点起锚?/ 几点开船?
Jǐdiǎn qǐmáo?/ Jǐdiǎn kāichuán?

저는 뱃멀미가 좀 나요.
我有点儿晕船。
Wǒ yǒudiǎnr yùnchuán.

가장 가까운 전철역은 어디인가요?
离这儿最近的地铁站在哪儿?
Lí zhèr zuìjìn de dìtiězhàn zài nǎr?

고궁에 가는데 지하철 몇 호선을 타야 하나요?
去故宫坐地铁几号线?
Qù Gùgōng zuò dìtiě jǐhào xiàn?

좀 빨리 가 주세요, 좀 늦었어요(=늦겠어요).
请开快一点儿，我快要迟到了。
Qǐng kāi kuài yìdiǎnr, wǒ kuàiyào chídào le.

앞의 네거리에서 우회전해주세요.
在前面的十字路口向右拐。
Zài qiánmiàn de shízìlùkǒu xiàng yòu guǎi.

여기서 세워주세요.
请在这儿停车。/ 把车停在这里吧。
Qǐng zài zhèr tíngchē./ Bǎ chē tíngzài zhèli ba.

기사님, 횡단보도 앞에서 세워주세요.

师傅，请到(/ 在)人行道前面停车。

Shīfu, qǐng dào(/ zài) rénxíngdào qiánmiàn tíngchē.

렌터카는 어디서 렌트를 하나요?

在哪儿租车?

Zài nǎr zūchē?

우리는 차를 렌트해서 여행하러 나갔다.

我们租车出去旅游了。

Wǒmen zūchē chūqù lǚyóu le.

보험에 들고 싶어요.

我想上保险。

Wǒ xiǎng shàng bǎoxiǎn.

보증금은 얼마지요?

押金多少钱?

Yājīn duōshao qián?

고급휘발유로 넣어주세요.

请装高级汽油。

Qǐng zhuāng gāojí qìyóu.

100원어치를 넣어주세요.

加一百块钱的油。

Jiā yìbǎikuài qián de yóu.

재미있는 곳(＝가볼 만한 곳)을 좀 소개해주세요.

请(给我们)介绍一下好玩儿的地方。

Qǐng (gěi wǒmen) jièshào yíxià hǎo wánr de dìfang.

유람선은 어디서 타나요?

在哪儿乘(/ 坐)游船?

Zài nǎr chéng(/ zuò) yóuchuán?

그곳까지 걸어서 갈 수 있나요?

那个地方能走着去吗?

Nàgè dìfang néng zǒuzhe qù ma?

여기서 얼마나 멀지요?

离这儿多远?

Lí zhèr duō yuǎn?

북경호텔은 여기서 먼가요?

锦江饭店离这儿远吗?

Jǐnjiāng fàndiàn lí zhèr yuǎn ma?

지도에 제가 있는 곳을 표시해주세요.

请在地图上标出(/ 标注)我的位置。

Qǐng zài dìtúshàng biāochū(/ biāozhù) wǒ de wèizhì.

사진 한 장 찍어주세요.

给我拍一张照(好吗?)。

Gěi wǒ pāi yìzhāng zhào (hǎo ma?).

우리 함께 사진을 찍을 수 있을까요?

咱们一块儿照(张)相好吗?

Zánmen yíkuàir zhào(zhāng)xiàng hǎo ma?

지금 무슨 공연을 하고 있나요?

现在在演什么?

Xiànzài zài yǎn shénme?

누가 연기를 한 건가요?

是谁演的?/ 是哪个演员演的?

Shì shéi yǎn de?/ Shì nǎge yǎnyuán yǎn de?

走在拔舞路第十七路上会话(바우길 제17구간 걷기 회화)

(1) 登上案板德基云游路的路(안반데기운유길 오르는 길)

王　丽: 拔舞路第十七路的案板德基云游路不是林间道路却很陡峭而且很曲折。
(바우길 17구간 안반데기 운유길은 숲길이 아닌데도 정말 가파르고 구불구불하구나.)

洪惠兰: 案板德基这条路线可以说是拔舞十七路中地理位置最高的地方, 所以人们常把这个地方叫作天下第一高村或是云彩下面的村子。
(안반데기는 바우길 전체 17구간 중에서도 가장 높은 곳에 위치한 곳이라고 할 수 있지. 그래서 흔히 이곳을 하늘 아래 첫 동네, 구름 위의 마을이라고 부르지.)

王　丽: 到现在为止我们走过的拔舞路上都是松树茂盛, 这个区段却几乎没有松树, 所以也没有树荫, 要在阳光下走, 而且这么高的山上竟然有一大片广阔的白菜地, 就好像来到了异国他乡一样。
(지금까지 걸었던 바우길은 모두 소나무가 우거져 있었는데, 이 구간은 소나무가 거의 없어. 그래서 나무 그늘이 없이 직접 햇빛을 받으며 걸어야겠다. 그런데 이렇게 높은 산 위에 배추밭이 넓게 만들어져 있어. 풍경이 이국적이어서 마치 다른 나라에 와 있는 듯한 느낌이야.)

洪惠兰: 这个地方石头很多, 佃农们在贫瘠的山坡上开垦了田地, 然后开始种植土豆和白菜。这块地之所以能成为这么好的农耕地, 都是因为佃农们流下的汗水成了基肥。
(돌이 많고 척박했던 산비탈 땅을 화전민들이 개간을 했어. 그런 다음 이곳에 감자와 배추를 심기 시작했지. 이 땅이 이렇게 훌륭한 농경지가 되기까지는 화전민들이 힘들게 흘린 땀방울이 밑거름이 된 것이지.)

王　丽: 案板德基这个词很难理解。
(안반데기라는 말이 이해하기 어려워.)

洪惠兰: 用糕杵打糕时用的又凹又宽的原木底座叫作案板, 德基是指高高的平地的纯韩语。
(떡메로 떡을 칠 때 쓰는 오목하고 넓은 통나무 받침판이 바로 안반(案板)이야.

데기(德基)는 높고 평평한 땅을 뜻하는 순우리말이지.)

王　丽：因为海拔高, 所以感觉云彩好像从脚下穿过一样。
(해발 고도가 높아서 구름이 마치 발아래로 흘러가는 것과 같은 느낌이야.)

洪惠兰：就好像神仙一样走在云端, 所以叫作云游路。
(마치 신선처럼 구름 위를 걸어가는 것과 같다고 해서 그래서 운유길이라고
했던 것이지.)

王　丽：来到了案板德基, 四周的白菜地都是黄巴巴的感觉, 看不到春天的草绿色。
(안반데기에 오니 온 사방 배추밭의 흙들이 누렇게 펼쳐져 있어서 봄을 느낄
수 있는 초록빛은 아직도 보이질 않아.)

洪惠兰：现在山下正当春天, 金达莱、连翘、木莲花等烂漫盛开, 这个地方却仍然有些凉飕
飕的, 所以感觉春天好像还很遥远。
(그렇지? 지금 아래쪽은 봄이 한창이라서 진달래, 개나리, 목련 등이 흐드러지게
피어 있는데 이곳은 여전히 날씨가 쌀쌀해서 그런지 봄이 아직 멀게만 느껴져.)

王　丽：站在这里视野一下子开阔了, 真的感觉自己是走在云端的神仙一样。
(이곳에 서니 시야가 확 트여서 정말로 구름 위를 걷는 신선이 된 느낌이야.)

洪惠兰：我们现在登上轭头展望台看看吧。轭头是牛在拉犁耕田或者拉车运输大白菜时套
着的工具, 算是为了拘束牛让它做苦力的一种工具。
(이제 멍에 전망대로 올라가 보자. 멍에는 소들이 이것을 지고 쟁기를 끌면서
밭을 갈거나 또는 수레를 끌면서 배추 등을 운반할 때 쓰는 도구야. 소를 구속해
서 힘든 노동을 하게 만드는 도구인 셈이지.)

王　丽：为了安慰这些已经老了的牛, 让它们摞下轭头享受剩下的舒适的日子, 这里的居民
建造了这个展望台, 并称之为轭头展望台。
(안반데기에서 밭일을 하느라 이미 늙어버린 소에게 이제는 멍에를 내려놓고
편안하게 남은 생을 즐기라고 위로하는 의미에서 이곳 주민들이 만들어준 전망
대가 멍에전망대이겠구나.)

洪惠兰：我们的生活中也有拘束我们的轭头, 这是难免的。比如说年轻的时候我们不能尽情
地玩耍, 学业就成了我们的轭头。老了之后没有很多钱去做想做的事情的时候, 钱
就成了我们的轭头。轭头展望台也许就包含着让我们摞下轭头的意思。
(우리의 삶에도 우리를 구속하는 멍에들은 있기 마련이지. 이를테면 젊었을 때
는 우리를 맘껏 놀지 못하게 하는 학업이 멍에가 되고, 나이가 들어서는 돈이
많지 않아서 하고 싶은 것을 할 수 없을 때 곧 돈이 멍에가 되지. 아마도 이곳
멍에전망대에 올라서 우리의 멍에들을 내려놓으라는 뜻도 담겨 있을 거야.)

王　丽：站在轭头展望台上, 远处的江陵还有东海海岸都尽收眼底。

(멍에전망대에 서니 저 멀리 강릉과 동해 바다까지 한눈에 들어온다.)

洪惠兰: 但是这里的风好大啊! 因为是春风没那么凉, 而且从风中能感觉到生命力和活力。
(근데 바람이 좀 세게 불어온다. 봄바람이라 그런지 조금 쌀쌀하긴 하지만 그래도 바람 속에 생명과 활력의 기운이 실려 오는 것처럼 느껴져.)

王　丽: 今天又获得了满满的能量, 让我们向下一个旅程出发吧!
(오늘도 이 길 위에서 힘을 잔뜩 받고 간다. 다시 다음 여정을 향해 출발하자.)

洪惠兰: 好的, 出发吧!
(그래, 다시 출발!)

(2) 佃农的生活(화전민의 삶)

王　丽: 从轭头展望台下来就到了被德岭, 这儿有个展示佃农们历史的佃农史料馆。
(멍에전망대에서 피덕령으로 내려오니 화전민들의 역사를 전시해 놓은 화전민 사료관이 있어.)

洪惠兰: 通过史料馆的资料可以仔细了解到案板基德佃农们开垦火田的苦日子, 他们搜集了很多案板基德佃农们的照片资料, 每年都开展示会。
(사료관의 자료들을 통해 우리는 안반데기 사람들이 화전을 일구며 살아온 고통스러운 삶의 역사를 자세히 살펴볼 수 있어. 안반데기 사람들은 사진 자료들을 모아 매년 전시회를 열기도 해.)

王　丽: 佃农们将60万坪的石头地开垦成农田, 那该有多么辛苦啊?
(화전민들이 60만평이나 되는 돌투성이 땅을 밭으로 개간하였다고 하니 그들의 고통이 얼마나 심했을까?)

洪惠兰: 一想到他们为了开垦贫瘠的石山而长时间忍耐着挫折和苦痛, 我心里就特别难受。
(척박한 돌산을 일구면서 얼마나 많은 좌절과 아픔을 맛보고 고통을 견디면서 인내의 시간을 보내야 했을까 생각해보니 마음이 너무 아프다.)

王　丽: 那前面有个城隍庙, 案板德基的人们累的时候会来这里祈祷并休息。
(저기 앞에 성황당이 있는데, 안반데기 사람들은 화전을 일구고 밭을 갈다가 힘들 때마다 이곳에 들러서 기도도 하고 쉬기도 했나 보다.)

洪惠兰: 案板德基产出的土豆和白菜的品质是全国最好的, 可以算是对佃农们流下的汗水的补偿了。
(안반데기에서 산출되는 감자와 배추는 전국에서도 최고 품질을 자랑해. 화전민들이 흘린 땀방울이 보상을 받은 셈이지.)

王　丽: 在这广阔的田地里种上土豆的话, 会开出一片白色的土豆花, 到了秋天种上白菜的话就会变成一片绿色, 收获大白菜后留下一片黄土地, 冬天一下雪就又变成白花花的一片。

(이 드넓은 밭에 감자를 심으면 흰 감자꽃이 피고, 또 가을에 배추를 심으면 온통 푸른 빛으로 변하고, 배추를 수확하고 남은 누런 땅에 다시 겨울이 되어 눈이 덮이면 또 하얗게 변해버리겠다.)

洪惠兰: 每个季节的风景都不一样, 无比美丽!

(그렇게 계절마다 달라지는 안반데기의 모습을 상상하니 풍광이 더할 나위 없이 멋질 거라고 생각된다.)

王　丽: 我看路标上写着前面有个日出展望台。

(이정표를 보니 저기 앞에 일출전망대라는 곳이 있나 봐.)

洪惠兰: 从日出展望台上一眼望去, 江陵市内和东海海岸尽收眼底。据说这里就像它名字一样, 早晨太阳升起之后的风景是最美丽的。所以这里还是著名的日出摄影地。

(일출전망대에서 보면 강릉 시내와 동해 바다가 한 눈에 들어와. 그리고 이름처럼 이곳에서 아침에 떠오르는 일출을 보면 정말 아름답다고 소문이 나 있어. 그래서 이곳은 일출 촬영지로도 유명해.)

王　丽: 案板基德的人们从凌晨开始, 看着从山脚升起的太阳, 既要在白菜地里做辛苦的农活, 还要养育子女, 虽然此时此刻很累, 但是他们期待孩子们会让他们的未来变得更美好。

(안반데기 사람들은 이른 새벽부터 산자락 사이로 떠오르는 해를 보면서 배추밭에서 힘든 노동을 하면서 자식들을 키우는 한편으로 지금은 힘들지만 미래는 자식들로 인해서 더 나아질 거라는 희망을 품기도 했겠구나.)

洪惠兰: 他们希望自己孩子将来能成为优秀的人才, 这个希望是他们忍耐苦痛的力量, 子女才是父母的希望啊。

(자식들이 미래에 훌륭한 인물이 될 거라는 희망은 지금의 힘든 고통도 참을 수 있게 만들었을 거야. 자식들은 역시 부모들의 희망이 되기 마련이니까.)

王　丽: 过了日出展望台就一直是下坡路了!

(일출전망대를 지나니 이제부터 길은 계속 내리막길이네.)

洪惠兰: 既然有难走的上坡路就肯定有好走的下坡路, 我们人生不也是这样嘛? 艰难的时刻过去了就必定会迎来幸福舒适的日子。

(힘들게 올라가야 하는 오르막길이 있는가 하면 편안하게 걸을 수 있는 내리막길도 있는 법이지. 우리 인생도 그렇지 않을까? 힘든 시간이 지나가면 반드시 편안하고 행복한 시간도 올 거야.)

王　丽：经历过艰难的时刻并且能都坚持住，那么随后舒适而幸福的日子就会来了，不是吗？案板基德之旅让我重新思考了一下我的人生。谢谢你，惠兰！
（아마도 힘든 시간을 먼저 경험하고 이겨냈기에 편안하고 행복한 시간이 뒤이어 찾아오는 것이 아닐까? 오늘 안반데기를 올랐다가 다시 내려오면서 나의 인생에 대해서 다시 생각해볼 수 있는 좋은 시간을 가지게 됐어. 고마워, 혜란!）

洪惠兰：我也得谢谢你，王丽！和你一起的徒步之旅也让我重新认识了江陵的美丽，度过了一段珍贵而又美好的时光。我们以后要经常联系，珍惜咱们韩中、中韩两国的友谊。
（나도 왕리 너와 함께 걸으면서 강릉의 아름다운 모습들을 다시 확인할 수 있어서 바우길을 걷는 내내 소중하고 아름다운 시간을 보낼 수 있었어. 고마워. 왕리! 우리 서로 자주 연락하면서 한중, 중한 양국의 우정을 오래오래 간직하도록 하자.）

📁 生词(새로운 낱말)

1. 案板德基 Ànbǎn déjī: 안반데기
2. 云游路 Yúnyóulù: 운유로
3. 白菜地 báicàidì: 배추밭
4. 金达莱 jīndálái: 진달래
5. 连翘 liánqiáo: 개나리
6. 木莲花 mùliánhuā: 목련
7. 轭头展望台 Ètóu zhǎnwàngtái: 멍에전망대
8. 烂漫盛开 lànmàn shèngkāi: 흐드러지게 활짝 피다
9. 尽情地玩耍 jìnqíng de wánshuǎ: 맘껏 즐기다
10. 撂下轭头 liàoxià ètóu: 멍에를 내려놓다
11. 被德岭 Bèidélǐng: 피덕령
12. 佃农们 diànnóngmen: 화전민
13. 佃农史料馆 diànnóng shǐliàoguǎn: 화전민 사료관
14. 城隍堂 Chénghuángtáng: 성황당
15. 无比美丽 wúbǐ měilì: 더할 나위 없이 아름답다

常用句型(상용 문형)

1. 比如说: 예를 들면/ 비유를 들면/ 이를테면

比如说是这样的。(예를 들면 이런 거다.)

比如说, 很多情况下消费者都不考虑品牌。(예를 들면 아주 많은 상황에서 소비자들은 브랜드를 고려하지 않는다.)

比如说和心爱的人一起躺在草地上看星星。(예를 들면 사랑하는 사람과 함께 잔디밭에 누워서 별들을 보는 것이 그것이다.)

我很喜欢吃豆腐, 比如说石屏豆腐, 麻婆豆腐。(나는 두부요리를 좋아하는데 예를 들면 석병두부, 마파두부 등이 그것이다.)

比如说年轻的时候我们不能尽情地玩耍, 学业就成了我们的轭头。(이를테면 젊었을 때 우리는 맘껏 놀 수가 없으니 학업이 바로 우리의 멍에가 되었던 것이다.)

2. 尽收眼底: 한눈에 들어오다/ 한눈에 다 보이다

在眺望台可以把城市全景尽收眼底。(전망대에서는 도시의 전경을 한눈에 다 볼 수 있다.)

从飞机鸟瞰, 整个长江大桥尽收眼底。(비행기에서 조감하니 온 장강대교가 다 한눈에 들어온다.)

站在大厦的顶层, 整座城市尽收眼底。(빌딩의 맨 위층에 서니 온 도시가 한눈에 들어온다.)

站在山顶, 整个城市的风貌尽收眼底。(산 정상에 서니 온 도시의 모습이 한눈에 들어온다.)

站在轭头展望台上, 远处的江陵还有东海海岸都尽收眼底。(멍에전망대에 서니 저 멀리 강릉과 동해바다까지 한눈에 들어온다.)

从日出展望台上一眼望去, 江陵市内和东海海岸尽收眼底。(일출전망대에서 보면 강릉 시내와 동해바다가 한눈에 들어온다.)

3. 无比: 비할 바 없다/ 더할 나위 없다

无比幸福。(비할 바 없이 행복하다.)

刚硬无比。(비할 바 없이 단단하다.)

对女团来说这是一个无比光荣的奖项。(걸 그룹에게는 비할 바 없이 영광스러운 상이
　야!)

我救了人, 感到无比骄傲。(내가 사람을 구했으니 더할 나위 없이 자랑스럽게 느껴진
　다.)

每个季节的风景都不一样, 无比美丽! (계절마다 풍경이 모두 같지 않아서 더할 나위
　없이 아름답다.)

부록

꿀tip으로 다지는 핵심 중국어 어법

1. 중국어의 특징

1.1. 고립어(孤立语)

언어의 종류는 교착어, 굴절어, 고립어 등으로 나눌 수 있다.

교착어는 격조사가 있고 어미의 형태 변화가 있는 언어를 가리키는데 한국어가 여기에 해당한다.

굴절어는 성(性), 수(数), 격(格)에 따라 어휘의 형태가 변화되는 언어를 가리키는데 영어가 여기에 해당한다.

고립어는 어휘 형태에 변화가 없이 어순에 따라 문법적 역할을 달리하는 언어를 가리키는데 중국어가 여기에 해당한다.

1.2. 어순(语顺)과 문장성분

중국어는 어순으로 어법적 기능을 나타내기 때문에 어순이 대단히 중요한 역할을 한다.

문장 안에서 어순에 따라 주어, 술어, 목적어, 관형어, 부사어, 보어 등의 어법적 역할을 하는 성분을 문장성분이라고 하는데, 설사 단어의 형태는 변함이 없을지라도 어순이 달라지면 어법적 기능도 달라지면서 문장성분도 함께 달라진다는 사실에 매우 유의해야 한다. 이처럼 중국어를 익히기 위해서는 문장성분의 역할을 확실하게 인식하고 활용할 수 있어야 한다.

아래의 예문을 통해 단어의 형태는 변함이 없지만 어순에 따라서 어법적 역할이 달라지고 그에 따라 문장성분도 달라지는 재미난 현상을 발견할 수 있다.

不怕辣。(강서성): (부사어＋술어＋목적어) 매운 걸 두려워하지 않는다.
辣不怕。(사천성): (술어＋부사어＋술어) 매워도 두려워하지 않는다.

怕不辣。(호남성): (술어＋목적어) 맵지 않을까 봐 두려워한다.
怕辣不? (의문문): (술어＋목적어＋부사어) 매운 걸 두려워하나요, 안 하나요?

일반적으로 단어가 본래 가지고 있는 의미의 특징에 따른 분류한 것을 품사라고 한다. 그런데 중국어는 품사와 문장성분 간의 대응 관계가 고정적이지 않은 언어이다. 명사, 동사, 형용사, 부사 등의 주 역할과 보조 역할을 살펴보면 아래와 같다.

명사: (주 역할)주어, 목적어, 관형어 …… (보조 역할)술어, 부사어
동사: (주 역할)술어, 관형어 …… (보조 역할)주어, 목적어, 부사어
형용사: (주 역할)술어, 관형어, 부사어 …… (보조 역할)주어, 목적어, 부사어
부사: (주 역할)부사어

위에서 보듯이 동사는 다른 언어들과 마찬가지로 주로 술어, 관형어 역할을 하지만 때로는 주어, 목적어, 부사어도 될 수 있다는 것을 잘 알 수 있다.
이런 사실에 근거하자면, 우리는 중국어가 품사의 전환이 매우 자유롭다는 특징을 발견하게 된다. 즉 여러 가지 품사를 함께 갖추고 있는 이른바 겸류사(兼类词)가 많다는 것이다. 이처럼 중국어 품사는 고정성보다는 확장성 내지는 범용성이 강하다고 할 수 있다.

(1) 很麻烦。(번거롭다.)
(2) 麻烦你了。(당신을 번거롭게 했습니다.＝실례했습니다.)
(3) 给你(添了)很多麻烦。(당신께 많은 번거로움을 끼쳐드렸네요.)

"麻烦"은 (1)에서는 형용사로, (2)에서는 동사로, (3)에서는 명사로 쓰였다.

(1) 我现在很忙。(나는 지금 바빠.)
(2) 你忙你的吧。(네 할 일이나 해라.)
(3) 抱歉, 我帮不上你(的)忙。(미안해, 너를 도와줄 수 없구나.)

"忙"은 (1)에서는 형용사로, (2)에서는 동사로, (3)에서는 명사로 쓰였다.

2. 중국어의 원리

2.1. 한정성의 원리 = 화제 중심의 원리

중국어 항상 화제 중심이다. 그래서 「화제(Topic) + 진술(Comment)」의 구성을 보이는데, 화제(Topic)는 진술하고자 하는 대상이며 진술(Comment)은 화제(Topic)를 진술하는것이다.

   (1) 这件衣服(你)花了多少钱? (이 옷은 얼마를 지출했니?)

   (2) 水果我喜欢苹果。(과일은 나는 사과를 좋아한다.)

   (1)에서 '这件衣服'는 주어는 아니지만 화제의 중심이 되었기에 맨 앞에 출현할 수있었다. (2)에서 "水果" 역시 주어는 아니지만 화제가 되어 맨 앞에 출현하였다.

   이런 문장은 「주어(S) + 술어(V) + 목적어(O)」의 일반적인 구문에서 때로는 「화제(T) +주어(S) + 술어(V) + 목적어(O)」의 특별한 구문을 구성하게 된다.

   한국어 역시 "밥, 너 먹었어?"처럼 화제 중심의 성격을 어느 정도 지니고 있기 때문에우리 한국인에게는 그다지 낯설지 않은 어법 원리라 하겠다.

   중국어는 이처럼 화제 중심이기 때문에 일반적으로 한정적·특정적인 말이 문장 앞에출현한다. 즉 한정명사구가 화제가 되어 앞에 출현하는 것이다.

   그 결과 주어는 특정하게 가리키는 대상[定指], 이미 알고 있는 대상만이 될 수 있다.때문에 불특정한 대상[不定指]는 주어 위치에 오지 않는다.

   (1) 那本小说我已经读过了。(그 소설을 나는 이미 읽은 적이 있다.)
      [주어: 定指(有定), 受事(动作接受者)]

   (2) 我今天读了一本小说。(나는 오늘 소설 한 권을 읽었다.)
      [목적어: 不定指(无定)]

(1) '那本小说'는 화제로서 특정하게 가리키는 대상이며 동작을 받는 수사(受事)이다. 그에 비해 (2)에서 '一本小说'는 불특정한 대상으로서 문장의 앞에 오지 못하고 목적어 위치에 왔다.

    (1) 客人来了。[(약속했던) 손님이 오셨다.]
    (2) 来了客人。[(모르는) 손님이 오셨다.]

(1)에서 '客人'이 화제가 되어 주어 위치에 올 수 있는 이유는 그 '客人'이 바로 이미 우리와 약속한 손님이자 우리가 알고 있는 손님이기 때문이다.
    그러나 (2)에서 '客人'은 누군지 모르는, 약속이 되어 있지 않은 손님, 즉 불청객이 왔기 때문에 목적어 위치에 올 수밖에 없었던 것이다.
    불특정한 대상은 주어나 화제의 위치, 즉 문장 맨 앞에 오지 못 하기에, 이런 문장은 무주어 구문이 되거나 장소어가 주어가 되기도 한다.

    (1) 有一个中国人说。(한 중국인이 말했다.) [무주어문]
    (2) 桌子上有一本书。(책상에 책 한 권이 있다.) [장소어 주어]

(1)에서 '一个中国人'은 불특정한 대상이기에 목적어 자리에 위치시킬 수밖에 없었고, (2)의 '一本书' 역시 불특정한 대상이어서 목적어 자리에 위치시키고 할 수 없이 장소어를 주어 자리에 위치시킬 수밖에 없게 되었다.
    이처럼 한정성의 원리는 존현문의 형식도 결정한다.

    (1) 外边有一个人。(한 사람이 밖에 있다.) [장소어 주어, 사람 목적어]
    (2) 他在外边。(그는 밖에 있다.) [사람 주어, 장소어 목적어]

(1)에서 '一个人'은 불특정한 사람이기 때문에 주어 위치에 오지 못하고 목적어 위치에 왔다. 이렇게 장소가 주어가 되고 불특정한 사람이 목적어 위치에 오는 구문에서 동사술어는 '有'를 사용할 수밖에 없다.
    (2)에서 '他'는 특정한 사람이기 때문에 주어 위치에 바로 올 수 있다. 그래서 사람이 주어가 되고 장소가 목적어가 되는 구문에서 동사술어는 '在'를 사용할 수밖에 없다.

2.2. 시간 순서상의 원리(The principle of temporal sequence)

중국어는 동사술어 등이 동작이 진행된 시간 순서상으로 나열되는 언어이다.
우리는 이 원리를 연동문에서 잘 확인할 수 있다.

   (1) 我叫他去宿舍。(나는 그를 불러서 함께 기숙사에 갔다.)
       [단, 여기서 '叫'는 사역동사가 아닌 일반동사로 본 것임. 만약 사역동사로 보면 "나는 그에게 기숙사에 가라고 했다."]
   (2) 我去宿舍叫他。(나는 기숙사에 가서 그를 불렀다./ 나는 그를 부르러 기숙사에 갔다.)

   (1)은 그를 부른 동작이 먼저 발생하였고, (2)는 기숙에 간 동작이 먼저 발생하였기에 연동문의 앞 동사술어로 출현하였다.

   (1) 我来中国旅游。(나는 중국에 여행하러 왔다.)
   (2) 我没有时间看电影。(나는 영화 볼 시간이 없다.)

   (1)과 (2)는 모두 뒷 동사술어가 우리말로 먼저 해석되었지만 그러나 중국어문장에서 동사술어의 배열은 정작 동작이 일어난 순서대로 배열되었다.
   (1)은 여행하기에 앞서 중국에 왔던 것이고, (2)는 영화 보기에 앞서서 짬을 낼 수 있는 시간이 없다는 것을 의미한다. 다시 말해서 시간 자체가 없다는 뜻이다.
   만약 다른 일을 할 시간은 있지만 다만 영화 볼 시간만은 없다고 할 때는 "我没有看电影的时间。"이라고 해야 한다.
   부사어 중에서도 정황(형용사성) 부사어와 보어 중에서도 형용사성 정도보어는 우리말로는 비슷하게 내지는 거의 동일하게 해석이 되지만 실은 의미상 차이를 보이기에 한국어를 모국어로 구사하는 한국인들이 제일 어려워하는 어법 사항이기도 하다.

정황(형용사성) 부사어	현재 진행되고 있거나 앞으로 일어날 동작의 상태·방식을 수식[언제, 어디서, 어떻게 동작을 하다]
형용사성 정보도어	이미 일어난 동작, 항상 규칙적·습관적으로 발생하는 동작의 정도를 보충 설명 [동작은 어떤 정도로 진행됐다]

이들 정황 부사어와 형용사성 정도보어의 차이 역시 시간 순서상의 원리에 의하여

충분히 설명할 수 있다.

일반적으로 부사어를 "怎么做?"의 "怎么"로 간주해서 풀어보면 조금은 쉽게 이해를 할 수 있게 된다. 그렇다면 "怎么"는 동작을 진행하는 상태, 방법, 시간, 장소 등을 의미한다고 볼 수 있다. 다시 말해서 동작을 본격적으로 진행하기 이전의 심리상태, 방법, 시간, 장소 등을 가리키는 것이다.

이에 비해 정도보어는 "做得怎么样"의 "怎么样"으로 간주해서 풀어볼 수 있다. 그렇다면 "怎么样"은 동작을 진행한 결과, 그 정도가 어떠한지를 객관적으로 평가하고 판단하는 것을 의미한다고 볼 수 있다. 다시 말해서 동작이 진행된 뒤에 이 동작이 진행된 정도에 대해 객관적으로 평가하고 판단하는 것을 가리킨다.

이런 측면에서 볼 때, 정황 부사어는 정황이나 심리상태가 동작보다 선행되고 이름을 뜻하고, 형용사성 정도보어는 행위 결과에 대한 판단으로서 동작 후에 심리상태가 출현하는 것을 의미한다.

(1) 很快地跑了。[(준비자세를 빠르게 해서) 잽싸게 도망쳤다.]
(2) 跑得很快。[(도망쳤는데 보니) 도망치는(/ 달리는) 속도가 매우 빨랐다.]

(3) 很高兴地玩儿。(기쁜 마음으로 놀았다.)
(4) 玩儿得很高兴。(놀다 보니 아주 기뻐졌다.)

(5) 请慢点儿说。[(서두르지 말고) 천천히 말씀해 주세요.]
(6) 请说慢点儿。[(말하는 속도를) 천천히 말씀해 주세요.]

한 세트로 이루어진 두 문장에서, 앞 문장은 모두 동작을 진행하기 이전, 동작을 진행하려는 심리상태를 묘사하였다. 그래서 (1)은 도망치기 전의 동작심리상태와 동작정황을, (2)는 놀기 전의 기쁜 마음상태를, (3)말하기 전 서두르지 않고 차분하게 말을 시작하려는 동작정황 등을 각각 가리키고 있다.

그에 비해 (2)는 도망친 행위를 평가하니 속도가 매우 빨랐다는 것이고, (4)는 놀이 행위를 평가하니 마음이 기뻤다는 것으로 기쁜 심리상태는 놀이 행위의 뒤를 이어 출현한 것이고, (6)은 말하는 행위의 속도를 천천히 해달라는 것으로 역시 천천히 하라는 것은 말하는 행위의 뒤에 이루어지는 것이다.

정황 부사어는 동작의 상태와 방식을 수식하며 서술적인 성격을 지닌다. 즉 동작이 현재 진행되거나 앞으로 진행될 방식이나 상태를 표시한다.

(1) 我要很快地学会汉语.(나는 아주 빨리 중국어를 마스터하려고 한다.)

그에 비해 형용사성 정도보어는 술어가 나타내는 동작이 진행된 정도를 보충 설명하며 묘사적인 성격을 지니는데, 그 동작은 일반적으로 이미 완성되었거나 항상 발생하는 동작이다.

그런데 우리말에서는 정도보어로 써도 되는 듯이 보이지만 중국어에서는 안되는 상황이 종종 있어서 한국어가 모국어인 사람들이 많이 오류를 범하곤 한다. 이런 오류를 방지하기 위해서도 우리는 중국어에 존재하는 정황 부사어와 형용사성 정도보어의 어법상 차이에 더욱 주목할 필요가 있다.

(1) 我学习得很忙。(×) → 我学习很忙。(나는 공부하느라 바쁘다.)
　　　　　　　　　　→ 天天忙着学习。(매일 바쁘게 공부한다.)
(2) 我学习得很努力。(×) → 我很努力学习。(나는 열심히 공부한다.)
　　　　　　　　　　　→ 我学习很努力。(나는 공부하는데 열심이다.)

(1)과 (2)에서 '忙'과 '努力'는 모두 동작의 진행상태를 의미하는 형용사로서 이미 완성된 동작을 표시할 수 없기 때문에 그래서 정도보어로 쓰일 수 없는 것이다.

다만, 이런 단어들이라 하더라도 이미 일어난 동작의 정도를 평가할 때는 형용사성 정도보어로 사용 가능하다고 볼 수 있다.

(1) 我最近过得很忙/ 忙碌。[나는 최근에 (생활했는데) 바쁘게 지냈다.]
(2) 他学得很努力。[그는 (공부했는데) 열심히 했다.]
(3) 他学得很认真。[그는 (공부했는데) 진지하게 했다.]

2.3. 선택적 제약의 원리(The principle of selectional restriction)

2.3.1. 선택적 어휘조합(搭配)의 원리

중국어는 품사와 문장성분 어법이 중요한 역할을 하지만 그밖에도 간과할 수 없는 아주 큰 어법적 특징이 또 하나 있다. 바로 어휘와 어휘 간에 조합이 특정하게 이루어지는 선택적 제약의 관계를 지닌 경우가 많다는 것으로 이를 중국어로는 '搭配'라고 한다.

개별 어휘마다 이렇듯 특정한 선택적 제약 속에서 다른 어휘와 조합이 되기 때문에 중국어는 품사와 문장성분 외에도 각 어휘별로 존재하는 고유한 특징을 꼭 알아야 할 필요가 있다.

예를 들어 「주어＋술어＋목적어」의 일반적 문장구조에서도 어떤 동사술어(＝자동사)는 목적어를 취하지 않는다든지, 어떤 동사술어(＝타동사)는 목적어를 하나, 또는 두 개 취할 수 있는 등 목적어와의 조합방식이 동사술어마다 다르다는 사실을 알아야 한다.

그리고 목적어를 하나만 취할 수 있는 동사술어라 할지라도 어떤 동사술어는 주로 동사구만을 목적어로 취하는 경우도 있음을 알아야 한다.

이렇듯 개별 어휘마다 고유한 조합의 방식을 지니고 있고 이런 원리의 제약을 받고 있기에 중국어 어법은 때로는 품사와 문장성분의 일반적 어법 원칙에서 벗어나는 경우들이 왕왕 출현한다. 그래서 과거에 중국어를 배운 한국 학자들은 심지어 중국어에는 어법이 없다고 단언하는 경우도 종종 있었다. 개별 어휘마다 존재하는 고유한 조합상 특징이 존재함을 숙지하지 못했기 때문에 발생한 현상이라고 할 수 있다.

(1) 他开始做作业。(그는 숙제를 하기 시작했다.)

(2) 我希望你们有机会再来。(너희에게 기회가 다시 오길 바래.)

(3) 我今天觉得很累。(나는 오늘 피곤하게 느껴지네.)

(1)과 (2)에서 '开始'와 '希望'은 모두 동사구를 목적어로 취한 데 반해 (3)의 '觉得'는 형용사구를 목적어로 취하였다.

(1) 我喜欢她。(나는 그녀를 좋아한다.)

(2) 我喜欢看电影。(나는 영화 보는 걸 좋아한다.)

한편 '喜欢'은 (1)에서는 인칭대명사를 목적어로 취하였다가, (2)에서는 동사구를 목적어로 취하고 있다. 상황에 따라서 목적어를 두 가지로 달리 취할 수 있다는 사실을 알 수 있다.

그런데 중국어에서는 이런 선택적 제약의 관계가 느슨한 경우도 있다. 다시 말해서 목적어가 동작의 대상이 아닌 경우도 존재한다는 것이다.

(1) 写小说。(소설을 쓰다.)

(2) 写黑板。(칠판에 쓰다.)

(3) 写草字。(초서체로 쓰다.)

(1)은 동작을 한 결과가 '소설'이고, (2)는 동작의 장소가 '칠판'이며, (3)은 동작의 수단이 '초서체'로서 모두 목적어가 동작의 대상이 아니라서 일반적인 상황과는 다른 경우이다.

(1) 我一直吃食堂。(나는 계속 식당에서 밥을 먹는다.)
(2) 我要吃大碗。(큰 그릇에 담긴 밥을 먹는다.)
(3) 我吃遍了全国著名的餐馆。(전국의 유명한 식당을 다 다니며 먹어보았다.)

(1)은 "在食堂吃饭"의 뜻을 가리키기에 목적어가 장소로, (2)는 "吃大碗的饭"의 뜻을 가리키기에 목적어가 그릇으로, (3)은 "走遍了全国著名的餐馆吃饭"의 뜻을 가리키기에 목적어가 도착지로 출현하였다.

(1) 两盏电灯亮了。(두 개의 전등이 켜져 있다.)
(2) 电灯亮了两盏。(전등은 두 개가 켜져 있다.)

(1)은 '两盏'이 '电灯'을 수식하는 관형어로 쓰였으나 (2)에서는 목적어로 쓰였는데 이 경우 '两盏'은 시사목적어로서 동작주체의 역할을 하기에 우리말로는 오히려 '~가'로 주어처럼 풀이된다.

2.3.2. 동사술어의 역할

중국어는 동사술어가 어순의 중심 역할을 한다.

특히 동사술어의 뜻과 함께 동사들의 고유한 조합방식[搭配]을 먼저 알아야 한다. 다시 말해서 동사술어가 자동사인가? 타동사인가? 타동사 중에서도 목적어 1개를 취하는 타동사인가? 아니면 2개의 목적어를 취할 수 있는 타동사인가? 그리고 이합사인가? 등을 따져봐야 한다.

또 목적어를 수반할 때는 주로 어떤 목적어와 조합이 되는가? 명사구, 동사구, 형용사구 중 어떤 것을 주로 목적어로 수반하는가? 등을 따져봐야 한다.

(1) 동사술어＋목적어

동사＋장소목적어	来/ 去/ 在/ 到/ 参观＋장소목적어[访问＋사람목적어]
동사＋이중목적어	给/ 问/ 还/ 送/ 寄/ 教/ 叫/ 告诉
동사＋동사구목적어	希望/ 喜欢/ 准备/ 打算/ 开始
동사＋형용사목적어	感觉/ 觉得/ 感到

开始上课。(수업하기 시작하다.) [동사구 목적어]

准备出国。(출국을 준비하다.) [동사구 목적어]

我喜欢听音乐。(나는 음악 듣는 걸 좋아한다.) [동사구 목적어]

妈妈希望我当记者。(엄마는 내가 기자가 되기를 바란다.) [동사구 목적어]

觉得别扭。(어색하다고 느낀다.) [형용사구 목적어]

感觉很舒服。(편안하다고 느끼다.) [형용사구 목적어]

感到非常满意。(매우 만족스럽다고 느끼다.) [형용사구 목적어]

(2) 목적어를 취하지 못하는 술어

자동사	出发/ 旅行/ 旅游/ 结束/ 活/ 病/ 醒/ 休息/ 胜利/ 失败
이합사 [동목복합동사]	毕业/ 见面/ 游泳/ 问好/ 结婚/ 帮忙/ 洗澡/ 睡觉/ 道歉/ 上课/ 请假/ 生气/ 点头/ 散步/ 握手/ 聊天/ 谈话
동사＋在전치사구 [목적어는 '把'자문으로 처리해야 함]	挂在/ 放在/ 站在/ 坐在/ 生在/ 躺在/ 住在/ 活在/ 记在/ 写在
동사＋기타 전치사구 [목적어는 '把'자문으로 처리해야 함]	寄到/ 送到/ 回到/ 寄给/ 送给/ 还给/ 开往/ 飞往/ 来自
우리말 해석상 동사로 착각하기 쉬운 형용사	抱歉(미안하다)/ 合适(어울리다)/ 满意(만족하다)/ 坏(망가지다)/ 湿(젖다)/ 糊涂(어리둥절하다)
우리말 해석상 명사로 착각하기 쉬운 형용사/ 동사	男(남자의)/ 女(여자의)/ 姓(~을 성으로 하다)

[이합사]

我向他道歉。(나는 그에게 사과했다.)(○) [我道歉他。(×)]

我给孩子洗澡。(나는 아이를 씻겨 주었다.)(○) [我洗澡孩子。(×)]

去年我大学毕业后, 就来中国了。(작년에 나는 대학을 졸업한 뒤에 바로 중국으로 왔다.)(○)

[去年我毕业大学后（×）]

[동사＋전치사구]

请把这封信送到301号。(이 편지를 301호로 보내주세요.)(○) [请送到301号这封信。(×)]

[우리말 해석상 동사로 착각하기 쉬운 형용사]

我对他很满意。(나는 그에게 만족한다.)(○) [我很满意他。(×)]

父亲一直觉得对他很抱歉。(아버지는 줄곧 그에게 미안하다고 느낀다.)(○) [父亲一直觉得很抱歉他。(×)]

父亲一直觉得对不起他。(아버지는 줄곧 그에게 미안하다고 느낀다.)(○) ['对不起'는 동사구]

小牛的电脑坏了。(샤오뉴의 컴퓨터는 망가졌다.)(○)

小牛弄坏了电脑。(샤오뉴는 컴퓨터를 망가뜨렸다.)(○) [小牛坏了电脑。(×)]

小牛的电脑被弄坏了。(샤오뉴의 컴퓨터는 망가뜨려졌다.)(○)

小牛的电脑被坏了。(×) ['被' 피동문은 타동사술어를 써야 함]

我被他弄糊涂了。(나는 그에 의해서 어리둥절해졌다.)(○) [我被他糊涂了。(×)]

在回学校的路上, 我的全身都被雨淋湿了。(학교로 돌아가는 길에 나의 온몸은 비에 의해 젖었다.)(○) [我的全身都被雨湿了。(×)]

(3) 이합사(离合词)

중국어에서는 동사인 듯이 보이지만 실은 동사와 목적어가 결합하여 이루어진 동목복합동사가 있는데 이 둘의 결합은 느슨하여 때로는 분리되기도 하기에 흔히 이합사(离合词)라고 불린다. 사전의 한어병음부호 표기에서는 "//"로 표시하니 주의해야 한다.

이합사에서 가장 주의해야 할 점은 바로 목적어를 뒤에 수반할 수 없다는 점이다. 이합사는 이미 동사와 목적어가 결합되어 있는 구조이기 때문이다.

그럼 이합사와 함께 오는 목적어를 어떻게 처리해야 할까?

두 가지 방식이 존재한다. 첫째, 목적어를 이합사의 두 번째 형태소를 수식하는 관형어로 만든다. 둘째, 목적어를 전치사구로 만들어 부사어 위치에서 이합사를 수식하게 한다.

毕业北京大学。(북경대학을 졸업하다.)(×)

→ 从北京大学毕业。[목적어를 전치사구 부사어 '从北京大学'로 대체]

→ 北京大学毕业。[목적어를 부사어 '北京大学'로 대체]

→ 毕业于北京大学。[목적어를 전치사구 보어 '于北京大学'로 대체]

见面老师。(선생님을 뵙다.)(×)

→ 和老师见面。[목적어를 전치사구 부사어 '和老师'로 대체]

→ 见老师(的)面。[목적어를 관형어 '老师(的)'로 대체]

道歉朋友。(친구에게 사과하다.)(×)

→ 向朋友道歉。[목적어를 전치사구 부사어 '向朋友'로 대체]

我开玩笑你呢, 别生气。(나는 네게 농담한 것이니까 화내지 마라.)(×)

→ 我跟你开玩笑呢, 别生气。[목적어를 전치사구 부사어 '跟你'로 대체]

→ 不要开他的玩笑。(그를 놀리지 마라.) [목적어를 관형어 '他的'로 대체]

上当他了。(그를 속였다.)(×)

→ 让他上当了。(그를 속였다.) [목적어를 전치사구 '让他'로 대체]

→ 上了他的当。(그에게 속았다.) [목적어를 관형어 '他的'로 대체]

你别生气我。(당신은 나한테 화내지 마세요)(×)

→ 你别跟我生气。(당신은 나한테 화내지 마세요. 꼭 내 잘못만은 아니에요.) [목적어를 전치 사구 '跟我'로 대체]

→ 你生我的气了吗? [당신은 (내가 잘못해서) 나 때문에 화가 났나요?] [목적어를 관형어 '我的'로 대체]

3. 품사와 문장성분

3.1. 품사

3.1.1. 명사

• 일반: 妈妈/ 教室
• 방위사: 上/ 里/ 前面/ 上边
• 시간: 年/ 月/ 日/ 星期/ 小时/ 今天/ 去年
• 장소: 教室/ 学校/ 图书馆/ 家
• 장소명사가 아닐 때 장소어를 만드는 방법에 주의 필요.
  [※ 4.2. 참조 요망]

3.1.2. 대명사(＝대체사)

• 인칭: 我/ 他们
• 의문: 谁/ 哪/ 怎么/ 怎么样/ 多少/ 几
• 지시: 这/ 那

• 의문대명사와 양사: 什么人/ 多少(个)人/ 哪(个)人/ 几个人
  → '什么'는 뒤에 양사를 취하지 않고, '多少'/ '哪'는 비교적 자유로워 뒤에 양사를 취해도
    되고 취하지 않아도 되며, 반면에 '几'는 반드시 양사를 취해야 한다.

3.1.3. 동사

• 동작/ 행위: 看/ 谈/ 走
• 판단/ 상태: 是/ 有/ 姓

- 심리지각: 知道/ 觉得/ 希望/ 主张/ 看见/ 听见
- 방향: 上/ 回/ 过/ 起
- 명령: 使/ 叫/ 请
  [명령 동사는 주로 겸어문을 구성]
  [단 피동의 뜻을 가리키는 把/ 被/ 让/ 叫는 전치사로서 부사어 역할을 함]

- 동작성이 없는 동사

중국어에서 동사에 동작성이 있는지 없는지를 반드시 따져야 한다. 그 중 동작성이 없는 동사로서 감각/ 인지동사인 "觉得/ 感到/ 看见/ 听见/ 认识/ 发现/ 知道/ 认为"와 심리활동동사인 "生气/ 喜欢/ 怕/ 希望" 등은 모두 처치 결과의 뜻이 없기 때문에 把자문에 쓰일 수 없다는 것에 유의해야 한다.

我把他看见了。(나는 그를 보았다.)(×) [我看见了他。(○)]
孩子把巧克力喜欢上了。(아이는 초콜렛을 좋아하게 되었다.)(×) [孩子喜欢上了巧克力。(○)]

- 동작의 지속성이 없는 동사(순간동사)

동작의 지속성이 없는 동사, 이른바 순간동사인 '挂/ 放' 등은 '在'전치사구를 결과보어로 취하며, '来/ 去/ 到' 등은 동작의 지속시간을 나타내는 시량보어를 뒤에 직접 취할 수 없다.

我在桌子上放书。(나는 책상에 책을 놓았다.)(×) [我把书放在桌子上。(○)]
我在墙上挂山水画。(나는 벽에 산수화를 걸었다.)(×) [我把山水画挂在墙上。(○)]
我来一年的北京。(내가 북경에 온 지 1년이 되었다.)(×) [我来北京一年了。(○)]

3.1.4. 조동사

- 가능: 能/ 会/ 可以
- 당위/ 필요: 应该/ 得/ 要
- 의지/ 희망: 要/ 想/ 愿意
  ※ 당위 '~ 해야 한다'는 뜻의 '要'의 부정은 '不用', 의지 '~ 하려고 한다'는 뜻의 '要'의 부정은 '不想'으로 해야 함.

3.1.5. 형용사

- 사람/ 사물의 성질: 好/ 冷/ 对
- 동작/ 행위의 상태: 快/ 紧张/ 认真/ 流利

3.1.6. 부사

- 부정: 不/ 没
- 시간: 正/ 正在/ 刚/ 常常/ 已经/ 就/ 才
- 정도: 很/ 太/ 更/ 最
- 범위: 都/ 只
- 빈도: 又/ 再/ 还/ 也
- 어기: 倒/ 到底/ 千万/ 难道
- 부사, 즉 '都/ 也/ 很/ 常常/ 已经' 등은 대부분 부사어 위치에 오되, 어휘마다 고유의 특징에 따라 부사어 위치에서도 각자 오는 순서가 다르다.

이를테면 '也/ 都'는 부사들 중에서 맨 앞에 위치. '不'는 조동사 앞, 동사 앞, 형용사 앞, 전치사 앞, 일부 부사 앞 등으로 상황마다 다르다.

我们都要去看电影。(우리는 모두 영화를 보러 가려고 한다.) [부사 '都'는 부사어 위치에서 가장 앞에 위치]

他跟我们一起去旅游。(그는 우리와 함께 여행을 가려고 한다.) [부사 '一起'는 전치사구 뒤에 위치]

我能更好地理解自己的生活。(나는 자신의 생활을 더욱 잘 이해할 수 있다.) [부사 '更'은 형용사 앞에 위치]

- 정도부사 '很'을 쓸 수 없는 경우
(1) 비교문 술어의 앞

他比我很高。(그는 나보다 아주 크다.)(×)

这本书比那本书很好。(이 책은 저 책보다 아주 좋다.)(×)

(2) 정도보어문 동사/ 형용사 술어의 앞

她很穿得漂亮。(그녀는 아주 예쁘게 입었다.)(×)

(3) 중첩형용사 술어/ 부사어/ 보어의 앞

　　我很清清楚楚的。(나는 아주 잘 알고 있다.)(×) [중첩형용사 술어 앞]

　　他很高高兴兴地回家了。(그는 아주 기쁘게 집으로 돌아갔다.)(×) [중첩형용사 부사어 앞]

　　他的作业写得很清清楚楚的。(그의 숙제는 아주 분명하게 쓰였다.)(×) [중첩형용사 보어 앞]

• 정도부사 '很'을 쓸 수 있는 경우

(1) 형용사 술어의 앞

　　他对我很好。(그는 나에게 아주 잘 해.)

(2) 형용사 정도보어의 앞

　　我睡得很香。(나는 아주 달콤하게 잤다.)

(3) 심리지각동사 '喜欢' 등의 앞

　　我很喜欢她。(나는 그녀를 아주 좋아한다.)

(4) 일부 조동사 '想' 등의 앞

　　我很想去桂林旅游。(나는 매우 계림에 여행을 가고 싶다.)

• '不'(주관적 바람의 부정)와 '没'(과거 객관적 서술의 부정)

　　去(가다)/ 不去(가지 않다.)/ 不去了(안 간다/ 가지 않겠다)

　　去了(갔다)/ 没去(가지 않았다)

　　去过(간 적이 있다)/ 没去过(간 적이 없다)

　　找到(찾아내었다)/ 没找到(찾아내지 못했다)

　　找得到(찾아낼 수 있다)/ 找不到(찾아낼 수 없다)

　　是(이다)/ 不是(아니다)

　　好(좋다)/ 不好(좋지 않다)

　　好了(좋아졌다)/ 没好(좋아지지 않았다)

• 부사 '不'의 어순: 일반적 어순 '不＋동사/ 형용사 술어'에서 예외인 경우
　　〈 꿀tip ☞ 부정부사는 바로 다음에 나오는 어휘를 부정함 〉

① 조동사의 앞

　　你千万不要把这一切告诉别人。(너는 절대 이 일체를 다른 사람에게 알리지 마라.)

② 比 전치사 앞

我弟弟不比我高。(내 동생은 나보다 키가 크지 않다.)

③ 정도보어의 앞, '得'의 뒤, 즉 정도보어를 부정

他说汉语说得不怎么样。(그는 중국어를 그다지 잘 하지 못한다.)

④ 가능보어(부정식)에서 동사 뒤

[동사 뒤에 오는 '不'는 가능보어의 부정 형식에 쓰임]

今天的作业我写不完。(오늘 숙제는 나는 다 마칠 수 없다)

⑤ 주술술어에서 작은 술어 앞

我今天头不疼。(나는 오늘은 머리가 아프지 않다.)

⑥ 명사술어 앞에서 부정은 '不是＋명사술어'

今天星期天。(오늘은 일요일이다.) → 今天不是星期天。(오늘은 일요일이 아니다.)

⑦ 가정문에서 결과보어의 부정: 不＋동사＋결과보어'

[일반적인 '동사＋결과보어'의 부정은 '没']

你不吃完饭就不能出去玩儿。(너는 다 먹지 않으면 놀러 나갈 수 없다.

[cf: 还没吃完。(아직 다 먹지 못했다.)]

今天你不写完作业就别睡觉。(오늘 너는 숙제를 다 쓰지 않으면 자지 마라.)

[cf: 还没写完。(아직 다 쓰지 못했다.)]

• 일반적으로 형용사/ 조동사는 不로 부정하나 예외인 경우

他的伤还没好呢, 不能上班。(그의 상처는 아직 좋아지지 않아서 출근할 수 없다. ['没＋형용사' 는 변화에 대한 부정 표시]

昨天有考试, 没能参加你的婚礼。(어제 시험이 있어서 너의 결혼식에 참가할 수 없었다.) ['没' 은 조동사 중 '能'을 부정할 수 있음]

• 부정부사 '不/ 没'가 다른 부사와 함께 와서 부정할 때

(1) 일반 부사+'不/ 没'

我一直没见过他。

我一直不知道这件事。

我从来没学过汉语。

我从来没跟老师说过那件事儿。

政府部门之间踢皮球已经不是什么新鲜事儿了。

(2) '不/ 没'＋일부 부사 '一起/ 马上/ 立刻/ 曾/ 只/ 光/ 净(오로지~뿐)/ 仅'

这不光是你的事儿。

我们没一起去电影院看电影。

(3) 일부 부사 '都/ 全/ 太/ 很/ 一定' 등은 '不/ 没'가 그 앞과 뒤 모두 위치 가능, 단 뜻이 달라짐.

我们都不是中国人。(우리 모두는 중국인이 아니다.) [완전 부정]

我们不都是中国人。(우리가 모두 중국인인 것은 아니다.) [부분 부정]

(4) 부사를 부정할 때 발생하는 특수한 몇 가지 경우

☞ 부사 常常의 부정: 不常

他不常来上课。

☞ 曾经의 부정: 不曾

他不曾去过中国。

• 주어 앞에 올 수 있는 일부 어기/ 상태부사와 범위부사

(1) 어기/ 상태부사: 忽然/ 幸亏/ 反正/ 恐怕/ 难道/ 其实/ 怪不得

难道你不知道吗? (설마 너는 모른단 말인가?)

(2) 범위부사: 就/ 只/ 仅/ 光/ 仅仅

就你一个人在玩儿, 这能行吗? (너 혼자만 놀고 있는데, 이게 괜찮을 수 있겠니?)

※ 주어의 앞에 올 수 있는 부사어

(1) 시간명사: 昨天, 今天, 明天

(2) 일부 전치사구: 关于, 由于

(3) 어기/ 상태/ 범위 부사: 反正, 怪不得, 只, 就

3.1.7. 수사

- 정수: **一/ 百/ 千**
- 서수: **第一**
- 어림수: **多, 来, 左右**
- 분수: **百分之三十**
- 소수: **五点五**

3.1.8. 양사

- 명량사: **个/ 本/ 件**
- 동량사: **遍/ 次/ 下儿**
- 시량사: **两个月/ 两分钟**
- 주로 명량사는 관형어를, 동량사는 동량보어를, 시량사는 시량보어를 구성.

3.1.9. 전치사

- 시간/ 장소/ 출발점/ 떨어진 거리: **在/ 从/ 离**
  从江陵出发。(강릉에서 출발하다.)
  在教室里看书。(교실에서 책을 보다.)
  我家离火车站不远。(우리집은 기차역에서 멀지 않다.)

- 방향: **向/ 朝/ 往**
  他向(＝朝/ 往)前走。(그는 앞으로 간다.)
  ['向/ 朝/ 往'은 모두 동작/ 이동의 방향을 표시할 수 있음]
  门向(＝朝)南开着。(문은 남쪽으로 열려 있다.)
  [고정된 상태에서의 방향을 나타내고자 할 때 '往'은 사용 불가]
  他向(＝朝)我点点头, 算是打招呼了。(그는 나를 향해 머리를 끄덕였으니 인사를 한 셈이다.)
  ['向/ 朝'는 사람을 목적어로 취할 수 있으나 '往'은 사람에게 사용 불가]
  我向他请教电脑知识。(난 그에게 컴퓨터 지식을 가르쳐줄 것을 청했다.)
  ['朝/ 往'은 추상동사 介绍/ 说明/ 请教/ 问好/ 学习/ 要求 등에 사용 불가]

• 대상: 对/ 跟/ 给

☞ 对와 跟

我对他说。(나는 그에게 말하다.) ['对'는 주체의 일방적 전달]

我跟他说。(나는 그와 말하다.) ['跟'은 주체와 객체의 상호 쌍방형 진행]

老师对我特别照顾。(선생님은 나에 대해 특별하게 돌봐주신다.) [老师跟我特别照顾。(×)]

他跟我商量。(그는 나와 상의한다.) [他对我商量。(×)]

☞ '向~学习'와 '跟~学习'

向雷锋同志学习。(뇌봉 동지에게서 배우다.) [뇌봉 동지를 모범으로 삼아 그에게서 간접적으로 배움]

同学门都要跟崔老师学习。(동학들은 모두 최선생님에게서 배우려고 한다.[최선생님을 가르쳐줄 대상으로 삼아서 직접 그를 따라 배움]

• 목적/ 원인: 为

• 행동 주체/ 객체: 把/ 被/ 让/ 叫

['让/ 叫' 등이 사역/ 명령의 뜻으로 쓰이면 동사로 간주]

• 배제/ 추가: 除了~以外

3.1.10. 접속사

• 병렬: 和

• 선택: 或者/ 还是

• 전환: 虽然~但是/ 尽管

我虽然很怕打针, 但是不得不去医院。(나는 비록 주사 맞기를 두려워하지만 그러나 병원에 가지 않을 수 없다.) [실제 주사 맞기를 두려워한다는 점에서 아래의 가정 상황과 용법이 다름]

[cf: '扎针'는 침을 맞다, '针灸'는 침과 뜸을 가리킴]

尽管他身体瘦小, 可从来不生病。(그는 설사 몸이 마르고 작을지라도 그러나 여태껏 병에 걸리지 않았다.) [실제 체구가 마르고 작다는 점에서 아래의 가정 상황과 용법이 다름]

• 가정: 如果/ 要是/ 即使

即使时间不够, 我们也应该想办法把工作做完。(설사 시간이 부족하다 하더라도 우리는 방법을 생각해서 업무를 다 처리해야만 한다.)
[시간 부족은 가정한 사실로 실제 상황이 아니라는 점에서 위의 전환 상황과 용법이
다름]

• 인과: 因为~所以

• 점층: 不但~而且

• 목적: 为了

• 선택

(1) 或是A或是B: (또는)A하거나 (또는)B한다

晚上好多居民到公园聚在一起, 或是打太极拳, 或是散步。(저녁에 아주 많은 주민들이 함께 모
여서 태극권을 하기도 하고 산보를 하기도 한다.)

(2) 要么A要么B: (또는) A하든지 (또는) B하든지

要么你来我这儿, 要么我去你那儿, 明天总得当面谈一谈。(네가 나한테로 오든지 또는 내가 너
한테로 가든지, 내일은 어쨌든 직접 얼굴을 맞대고 얘기를 좀 하자.)

(3) 是A还是B?: A인가 (아니면) B인가?[선택식 의문문]

你是中文系的, 还是英文系的? (너는 중문과 학생이니, 아니면 영문과 학생이니?)

(4) 不是A就是B: A가 아니면 B이다[둘 중의 하나]

周末时, 她不是去超市买菜, 就是干家务活儿。(주말이 될 때, 그녀는 슈퍼마켓으로 야채를 사
러 가거나 아니면 집안일을 한다.)

(5) 不是A(而)是B: A가 아니라 B이다[한쪽 A 부정, 한쪽 B 긍정]

这不是为你准备的, 而是为儿子准备的。(이건 당신을 위해 준비한 것이 아니라 아들을 위해
준비한 거다.)

(6) 是A(而)不是B: A이지 B가 아니다[한쪽 A 긍정, 한쪽 B 부정]

我是韩国人, (而)不是日本人。(나는 한국인이지 일본인이 아니다.)

3.1.11. 조사

• 구조: 的(관형어)/ 地(부사어)/ 得(정도보어/ 가능보어)

• 동태: 了(완성/ 완료)/ 着(지속)/ 过(경험)

☞ 동태조사 '过'를 써야 하는 경우

我曾经去过北京。(나는 일찍이 북경에 간 적이 있다.) ['曾经~过']

• 어기: 了(변화발생)/ 吗(의문)/ 呢(의문·진행)/ 吧(명령·의문)/ 的(강조)

☞ 일반적으로 어기조사 '了'를 써야 하는 경우

太好了。(정말 좋다.) ['太~了']

已经回去了。(이미 돌아갔다.) ['已经~了']

七点开会, 六点就来了。(7시에 회의를 시작하는데, 6시에 벌써 왔다.) ['就~了'의 형태로 시간
이 이름을 표시]

都八点钟了。(벌써 8시가 되었다.) ['都~了'의 형태로 시간이 늦었음을 표시]

他昨天来过, 今天又来了。(그는 어제 왔었는데, 오늘 또 왔다.) ['又~了'는 과거 동작의 반복에
쓰임]

你们俩别吵了,有话慢慢说嘛。(너희 둘은 말다툼하지 마라, 할 말이 있으면 천천히 해.) ['别~
了']

☞ 일반적으로 어기조사 '的'를 써야 하는 경우

一切都会好起来的。(일체가 모두 좋아지기 시작할 거다.) ['会'가 미래 짐작, 추측 시 대개
문장 끝에 '的'를 수반]

挺好的。(아주 좋아.) ['挺'이 부사어로 쓰일 때 문장 끝에 '的'를 수반]

你做的够好的了。(네가 한 것은 매우 잘했다.) ['够'가 부사어로 쓰일 때 문장 끝에 '的'를 수반]

天气够冷的。(날씨가 아주 춥다.) ['够'가 부사어로 쓰일 때 문장 끝에 '的'를 수반]

教室里干干净净的。(교실은 아주 깨끗하다.) [중첩형용사가 술어로 쓰일 때 바로 뒤에 '的'를
수반]

服务员把房间打扫得干干净净的。(종업원은 방을 아주 깨끗하게 청소했다.) [중첩형용사가
보어로 쓰일 때 바로 뒤에 '的'를 수반]

3.2. 문장성분

(관형어的) + 주어 + (부사어地) + 술어 + (得보어) + (관형어的) + 목적어

• 관형어的 + 주어/ 목적어
• 부사어地 + 술어
• 술어 + 得 + 정도보어/ 가능보어

3.2.1. 주어

• ~가, ~이 (명사化)
• 동사도 주어 가능
  说汉语很有意思。(중국어를 말하는 것은 아주 재미있다.)

3.2.2. 술어

• ~하다.
• 동사술어/ 형용사술어/ 명사술어/ 주술술어
  〈 꿀tip ☞ 긴 문장에서는 먼저 술어를 파악하고 밑줄 그어서 그 뜻을 확실히 규정한 뒤에 앞뒤의 의미를 따져보아라 〉
  我头很疼。(나는 머리가 아주 아프다.)
    [주술술어문에서 부사어는 소술어의 앞에 위치]
  我头不疼。(나는 머리가 아프지 않다.)
    [주술술어문에서 소술어를 부정하여 소술어의 앞에 '不' 위치]

3.2.3. 목적어

• ~를/ 을
• 자동사와 이합사는 목적어를 취하지 못함.
  从江陵出发。(강릉에서 출발하다.) [出发江陵。(×)]
  我帮(帮)他的忙。(나는 그를 돕는다.) [我帮忙他。(×)]

- 이중목적어 동사 외에는 동작대상인 사람목적어를 전치사구 부사어로 처리.

  我跟他说今天不去。(나는 그에게 오늘 가지 않겠다고 말했다.)

  我告诉他今天不去。(나는 그에게 오늘 가지 않겠다고 말했다.)

- '在/ 到 전치사구'가 결과보어로 올 때 원래의 목적어는 把자문으로 처리

  我把书放在桌子上。(나는 책을 책상에 놓았다.)

  请你把我的行李送到房间里去。(내 짐을 방으로 보내주세요.)

3.2.4. 관형어

- ~의/ ~한
- 소유/소속＋的＋지시/수량＋성질＋중심어(주어/목적어)

  我的这两本新英文杂志。(나의 이 두 권의 새 영어 잡지)

  　　[소유＋的＋지시＋수량＋성질/ 재료＋중심어]

  　　〈 꿀tip ☞ 관형어가 길 경우 수량사 다음, 관형어 표지 '的'를 체크하라, 그 뒤가 중심어, 즉 주어/ 목적어임 〉

  我遇见了一位多年不见的朋友。(나는 여러 해 동안 만나지 못했던 친구를 만났다.) [수량사 '一位'의 다음에 '的'를 찾아내면 바로 그 뒤가 목적어임]

  我列出了一长串对我来说很重要或是我一直想做却没能做的事情。(나는 내게 아주 중요하거나 또는 줄곧 하고 싶었지만 할 수 없었던 긴 줄의 일들을 열거해 놓았다.) [수량사 '一长串'의 다음에 '的'를 찾아내면 바로 그 뒤가 목적어임]

- 관형어 뒤에 구조조사 '的'를 쓰지 않아도 되는 경우
(1) 단음절 형용사가 관형어일 때

  老朋友(오랜 친구)

  好成绩(좋은 성적)

  我们俩是好朋友。(우리 둘은 좋은 친구이다.)

(2) 인칭대명사(가족/ 친척/ 친구/ 소속)＋중심어

  我妈妈(우리 엄마)

  我们大学(우리 대학교)

(3) 지시대명사/ 의문대명사 什么

  这两本杂志(이 잡지 두 권)

什么东西(무슨 물건)

(4) 수량사가 관형어일 때

五个人(다섯 사람)

一位朋友(한 친구)

(5) 숙어처럼 쓰이는 관형어 뒤

中国地图(중국지도)

汉语老师(중국어선생님)

・관형어가 될 수 없는 어휘

(1) '真＋형용사' 격식은 관형어로 쓰일 수 없다. 술어는 가능.

真贵的书(진짜 비싼 책)(×) ['真贵'는 관형어로 쓰이지 못함]

这幅画真漂亮啊. (이 그림은 진짜 예쁘다.)(○) ['真漂亮'은 술어로 가능]

(2) '很少/ 不多'는 관형어로 쓰일 수 없다.

很少人(아주 적은 사람)(×)

　　　[다만 일부 생활 현장에서는 "很少人愿意去" 등으로 "很少"를 관형어적으로 사용하고 있기도 하나, 좀 더 정확하게 어법적으로 표현한다면 "很少"를 부사어적으로 활용하여 "很少有人愿意去"로 표현해야 한다.]

不多人(많지 않은 사람)(×)

(3) '很多/ 不少'는 관형어로 쓰이되 단 '的'를 수반하지 않는다.

很多人(아주 많은 사람)(○)

很多学生(아주 많은 학생)(○)

不少人(적지 않은 사람)(○)

不少学生(적지 않은 학생)(○)

(4) 중첩된 동사는 관형어로 쓰일 수 없다.

你做做的菜是什么菜? (네가 좀 만들어본 요리는 무슨 요리이니?)(×)

你做的菜是什么菜? (네가 만든 요리는 무슨 요리이니?)(○)

※이에 비해 중첩된 형용사는 관형어/ 술어로 쓰일 수 있다.

他是个糊里糊涂的人。(그는 호리멍덩한 사람이다.)(○)

她的脸总是红红的。(그녀의 얼굴은 언제 붉디 붉다.)(○)

3.2.5. 부사어

‣ ~할 때/ ~에서/ ~하게/ ~와

‣ 주어 → 시간＋장소＋범위＋정도＋대상 → 술어

同学们早上来到学校很兴奋地向老师表示感谢。(동학들은 아침에 학교에 와서 매우 흥분해서 선생님에게 감사를 표시했다.)
[시간＋장소＋범위＋동작자묘사＋地＋대상＋동사술어]

‣ 시간명사(刚才/ 今天/ 现在)＋조동사(能/ 会/ 想/ 要)＋전치사구(跟/ 对/ 从)

我明天想跟她一起去市场买东西。(나는 내일 그녀와 함께 시장에 물건을 사러 갈 생각이다.)

‣ 시간명사는 주어 앞에 위치 가능
‣ 전치사 对于/ 关于/ 由于는 주어 앞에 위치 가능

‣ 부사어 뒤에 구조조사 地를 써야 하는 경우
(1) 주술구/ 동사구가 부사어일 때

我一个人孤独地过圣诞节。(나는 혼자서 외롭게 크리스마스를 보냈다.) [주술구의 뒤]
她有针对性地帮助队员们进行训练。(그녀는 맞춤형으로 선수들에게 훈련을 진행한다.) [동사구의 뒤]

(2) 2음절 형용사가 부사어일 때

认真地学习。(성실하게 공부한다.) [2음절 형용사의 뒤]
中国朋友热情地握住我的手。(중국친구는 따뜻하게 내 손을 붙잡았다.) [2음절 형용사의 뒤]
老师非常耐心地给我们讲解。(선생님은 매우 참을성 있게 우리에게 설명을 해주신다.) [형용사구의 뒤]

‣ 부사는 대부분 부사어로 쓰이는데, 다만 부사마다 고유한 특징에 따라 동사/ 조동사/ 형용사/ 전치사구의 앞 등으로 저마다 위치가 다름.

我很累。(나는 아주 피곤하다.) [주어＋부사＋형용사술어]

我很想去中国。(난 아주 중국에 가고 싶다.) [주어＋부사＋조동사＋동사술어]

他们都在图书馆看书。(그들은 모두 도서관에서 책을 본다.) [주어＋부사＋전치사구＋동사술어]

我很想跟你一起去旅游。(나는 아주 너와 함께 여행가고 싶다.) [주어＋부사＋조동사＋전치사
　　구＋부사＋동사술어]

・'一定/ 全/ 太/ 很' 등의 부사는 '不'의 앞뒤에 모두 올 수 있으나 의미가 달라짐.
　　小王一定不会来. (샤오왕은 분명히 오지 않을 거야.) [완전부정]
　　小王不一定会来. (샤오왕이 반드시 오는 것은 아니야.) [부분부정]

3.2.6. 보어

・~했다/ ~쪽으로/ ~하게/ ~할 수 있다/ ~동안
・결과/ 방향/ 정도(得)/ 가능(得)/ 수량보어

・정도보어와 가능보어의 구별
☞ 정도보어: 동사/ 형용사술어＋得＋(很)＋정도보어
　　　〈 꿀tip ☞ 정도보어의 부정식은 '得' 다음에 '不' 〉
　　长得很漂亮。(생김새가 예쁘다.)
　　长得不漂亮。(생김새가 예쁘지 않다.) [不长得漂亮。(×)]

☞ 가능보어: 동사＋得/ 不＋결과/ 방향보어
　　　〈 꿀tip ☞ 동사술어 다음에 '不'가 오면 무조건 가능보어의 부정식 〉
　　听得懂(알아들을 수 있다.)
　　听不懂(알아들을 수 없다.)
　　看得出来(분간해 낼 수 있다.)
　　看不出来(분간해 낼 수 없다.)

・결과보어와 정도보어의 구별
　　服务员把房间打扫干净了。(종업원은 방을 깨끗이 청소했다.) [결과보어는 주관적 느낌을 표시]
　　服务员把房间打扫得很干净。(종업원은 방을 깨끗이 청소했다.) [정도보어는 동작 뒤 정도를
　　　객관적으로 평가하는 것임]
　　服务员把房间打扫得干干净净的。(종업원은 방을 아주 깨끗하게 청소했다.) [중첩형용사가
　　　정도보어＋的]

• 가능보어를 사용할 수 없는 경우

(1) 가능보어는 가능성만 언급할 뿐 결과 발생의 뜻이 없음

今天晚上, 我把汉语课的作业做得完。(오늘 저녁에 나는 중국어 과목의 숙제를 다 할 수 있다.)(×)

[처치 결과나 영향을 받았음을 표시하는 把자문이나 피동문과는 함께 쓰이지 못함.]

今天晚上, 我能把汉语课的作业做完。(오늘 저녁에 나는 중국어 과목의 숙제를 다 할 수 있다.)(○)

[가능성과 함께 결과 발생을 동시에 가리키고자 한다면 조동사 '能'과 결과보어를 써야 함]

(2) 가능보어는 허락/ 금지의 뜻이 없음

他们正在上课, 进不去。(그들은 지금 수업을 하고 있어서 들어갈 수 없다.)(×)

他们正在上课, 不能进去。(그들은 지금 수업을 하고 있어서 들어갈 수 없다.)(○) ['不能'은 금지를 뜻함]

"路上正在施工, 过不去。(길은 지금 공사를 하고 있어서 지나갈 수 없다.)" [이 말은 '지나갈 수 없는' 불가능을 얘기하는 것이지 '지나가서는 안 된다'는 금지를 뜻하는 것은 아님]

• 보어의 종합 활용

(1) 电影里的人说得很快, 我没听懂。(영화에 나오는 사람의 말이 빨라서 나는 알아듣지 못했다.) [정도보어의 긍정, 결과보어의 부정 형식]

(2) 电影里的人说得很快, 我听不懂。(영화에 나오는 사람의 말이 빨라서 나는 알아들을 수 없었다.) [정도보어의 긍정, 가능보어의 부정 형식]

(3) 电影里的人说得不快, 我听懂了。(영화에 나오는 사람의 말이 빠르지 않아서 나는 알아들었다.) [정도보어의 부정, 결과보어의 긍정 형식]

(4) 电影里的人说得不快, 我听得懂。(영화에 나오는 사람의 말이 빠르지 않아서 나는 알아들을 수 있었다.) [정도보어의 부정, 가능보어의 긍정 형식]

3.2.7. '술어＋목적어＋보어'의 어순이 되는 경우

• 일반 어순: 술어＋보어＋목적어

• 예외적으로 '술어＋목적어＋보어'가 되는 경우도 간혹 아래와 같이 몇 가지 경우가 있음

(1) 정도보어에서는 '술＋목＋술＋보' 또는 '목＋술＋보'

ⓐ 동사 중첩하고 첫 번째 동사 뒤에 목적어 위치

他说汉语说得很好。(그는 중국어를 잘 한다.) [술＋목＋술＋보]

你写汉字写得比他好一点儿。(너는 그보다 한자를 좀 더 잘 쓴다.) [술+목+술+보]

ⓑ 목적어를 동사 앞 도치

他汉语说得很好。(그는 중국어를 잘 한다.) [목+술+보]

你汉字写得比他好一点儿。(너는 그보다 한자를 좀 더 잘 쓴다.) [목+술+보]

(2) 방향보어에서 '술+목+보'가 되는 경우

ⓐ 장소목적어는 来/ 去의 앞

他跑出教室去了。(그는 교실을 뛰어 나갔다.)

老师走进教室来了。(선생님은 교실로 걸어 들어오셨다.)

ⓑ 인칭대명사목적어는 来/ 去의 앞

认出他来了。(그를 알아내었다.)

ⓒ 이합사목적어는 来/ 去의 앞

下起雨来了。(비가 내리기 시작했다.)

唱起歌来。(노래를 부르기 시작했다.)

(3) 수량보어에서 '술+목+보'가 되는 경우

ⓐ 인칭대명사목적어＋수량보어

我见过他几次。(나는 그를 몇 차례 본 적이 있다.) [동량보어]

批评了我一顿。(나를 한 차례 비판하였다.) [동량보어]

我等了他半个小时。(나는 그를 30분 동안 기다렸다.) [시량보어]

ⓑ 순간동사＋시량보어

我来北京已经两个月了。(내가 북경에 온 지 이미 2개월이 되었다. [동작 발생 완료 후 상태의
지속 시간]

他们离开北京一个月了。(그들이 북경을 떠난 지 1개월이 되었다.) [동작 발생 완료 후 상태의
지속 시간]

ⓒ 시량보어에서 동사 중첩의 경우

他昨天在公园划船划了多长时间? (그는 어제 공원에서 얼마 동안 배를 저었니?)
　　[술+목+술+보]

他昨天在公园划了多长时间的船? (그는 어제 공원에서 얼마 동안 배를 저었니?)
　　[술+보+的+목]

3.2.8. 수량사가 동사 앞에 놓여 부사어가 되는 경우

: 부정부사 '不/ 没'와 함께 사용될 때

〈 꿀tip ☞ 일반적으로 수량사는 대부분 동사 술어 뒤에서 수량보어, 명사 주어/ 목적어 앞에서 관형어 역할을 함 〉

好久不见。(오랫동안 만나지 못하다.)

['让你等了很久。'(당신을 아주 오래 기다리게 했습니다)는 긍정형으로서 시량보어 '很久'가 동사술어 뒤에 위치]

好久没见面了。(오랫동안 만나지 못했다.)

他两天没上课了。(그는 이틀 동안 수업하지 못했다.)

我一次也没去过北京。(나는 한 번도 북경에 가본 적이 없다.)

我一天也没离开家单独生活过。(나는 하루도 집을 떠나 단독으로 생활을 한 적이 없다.)

4. 기타 특징적인 중국어 어법

4.1. 시간 관련

• 특정시각/ 동작 발생기간을 나타내는 말 ⇨ 부사어

今天(오늘)/ 二月(2월)/ 两点(2시)

我们十二点上课。(우리는 12시에 수업을 한다.)

• 동작 지속시간을 나타내는 말 ⇨ 보어

两天(이틀 동안)/ 两个月(두 달 동안)/ 两年(2년 동안)

我们上十二个小时的课。(우리는 12시간 동안 수업을 한다.)

4.2. 장소어 관련

• 방위사＋边/ 面/ 头: 里边(안쪽)/ 上面(위쪽)
• 장소명사＋(방위사): 家(里)(집안)/ 教室(里)(교실안)
• 일반명사＋방위사: 房间里(방안)/ 桌子上(책상위)

['房间'은 장소명사가 아닌 일반명사여서 장소어를 만들 때 방위사를 필요로 함에 특히 유의해야 함]

• 도시/ 국가명: 中国(중국)/ 江陵(강릉)

[단, 도시/ 국가명은 절대 방위사를 붙이면 안 됨]

• 지시대명사＋里/ 儿: 这儿(여기)/ 那里(그곳)
• 인칭대명사＋这儿/ 那儿: 我这儿(나한테)/ 你那儿(너한테)/ 他那儿(그한테)

4.3. 비교문과 부정

• A+比/ 不比+B+형

我不比他高。(나는 그보다 크지 않다.)
  [='我比他矮。(나는 그보다 작다.)]
  [我比他不高。(×)]

那个不比这个便宜。(그것은 이것보다 싸지 않다.)

我的房间不比她的房间干净。(내 방은 그녀의 방보다 깨끗하지 않다.)

• A+有/ 没有+B+형[단, 비교되는 형용사는 긍정의미를 가리켜야 함]

我没有他那么高。(나는 그만큼 그렇게 크지 않다.)

他没有我这么大。(그는 나만큼 이렇게 나이가 많지 않다.)
  [='他比我小。(그는 나보다 어리다.)]

• A+跟+B+一样/ 不一样+형

我跟他不一样高。(나는 그와 키가 같지 않다.)

我的分数跟他不一样。(나의 점수는 그와 같지 않다.)

• A+像/ 不像+B+(这么/ 那么)+형

他不像他哥哥那么听话。(그는 그의 형처럼 그렇게 순종적이지는 않다.)

• A+如/ 不如+B+형

我不如他高。(나는 그만큼 크지 않다.)

那家饭店不如这家饭店(这么好)。[그 호텔은 이 호텔만 못하다.(이 호텔만큼 이렇게 좋지는 않다.)]

4.4. 겸어문, 연동문에서 조사/ 조동사/ 부정부사 등의 위치

4.4.1. 겸어문에서 了, 着, 过의 위치: 동사1+동사2+了/ 着/ 过

我请她看过电影。(나는 그녀를 청해서 영화를 본 적이 있다.)

阿姨叫我去了邮局。(이모가 나에게 시켜서 우체국에 갔다.)

4.4.2. 연동문에서 了, 着, 过의 위치

• 동작의 연속 발생: 동사1 + 了 + 동사2

　我下了班就参加婚礼。(나는 퇴근을 한 뒤에 결혼식에 참석할 것이다.)

• 동사2가 동사1의 목적: 동사1 + 동사2 + 了

　他们去礼堂听了一个报告。(그들은 보고를 들으러 강당에 갔다.)

　我去朋友家吃了一顿家常饭。(나는 집밥을 한 끼 먹으러 친구집에 갔다.)

• 동사1이 동사2의 방식: 동사1 + 동사2 + 了

　妈妈坐船去了上海。(엄마는 배를 타고 상해에 갔다.)

• 동사2가 경험: 동사1 + 동사2 + 过

　我去颐和园划过船。(나는 이화원에 가서 배의 노를 저은 적이 있다.)

　我曾经去欧洲旅游过。(나는 일찍이 유럽에 가서 여행한 적이 있다.)

• 동사1이 동사2의 방식/ 목적/ 원인: 동사1 + 着 + 동사2

　我躺着看电视。(나는 누워서 텔레비전을 본다.) [동사1이 방식]

　这个蛋糕留着大家一起吃。(이 케이크는 남겨두었다가 모두 함께 먹도록 하자.) [동사1이 목적]

4.4.3. 겸어문, 연동문에서 조동사/ 부사/ 부정부사는 동사1의 앞

　我不去医院看病。(나는 병원에 병을 진찰하러 가지 않는다.)

　你别让他来咱们家。(너는 그에게 우리집에 오라고 시키지 마라.)

　他们也回家吃晚饭。(그들 역시 집에 돌아가서 저녁밥을 먹는다.)

　妈妈想让小华当大夫。(엄마는 샤오화에게 의사가 되라고 시킬 생각이다.)

4.5. 완료(완성태) 了1의 역할과 용법

※ 了는 경계의 표지. 了1은 완료의 경계, 了2는 변화의 경계를 표시함.

과거 → 了1(현재 동작 완료/ 실현)/ 了2(현재 변화 시작) → 미래

4.5.1. 了1의 위치

• 동사술어 바로 뒤

• 연동문에서 동작 연속 발생 시 동사1의 뒤
  我下了班就去看电影。(나는 퇴근을 한 뒤에 바로 영화를 보러 갈 것이다.)

• 연동문에서 동사2가 동사1의 목적일 때 동사2의 뒤
  我去北京参加了会议。(나는 북경에 회의에 참가하러 갔다.)

• 겸어문에서는 동사2의 뒤
  妈妈叫我去了超市。(엄마는 나에게 슈퍼마켓에 가라고 시키셨다.)

4.5.2. 了1의 시제: 현재, 과거, 미래에 모두 쓰일 수 있다.

〈 꿀tip ☞ 다시 말해서 了1이 무조건 과거만 가리키는 것은 아니라는 사실에 매우 유의해야 함 〉

敦煌我去年去了一次。(돈황에 나는 작년에 한 차례 갔다.) [과거]
今年又去了一次。(올해 또 한 차례 갔다.) [현재]
我准备明年去了第三次后, 写一篇调查报告。(나는 내년에 세 번째로 간 뒤에 조사보고서 한 편을 쓸 계획이다.) [미래, 미래 동작의 완료를 가정한 상황]
等我有了钱, 就买一套大房子。(내가 돈이 생기면 바로 큰 집을 한 채 사겠다.) [미래, 미래 동작의 완료를 가정한 상황]

4.5.3. 了1만 사용해도 되는 경우

1) 시간명사/ 지명/ 기타 부사어/ 결과보어의 뒤, (수량사)관형어＋목적어의 앞, 어기조사의 앞
  [이 경우에는 모두 어기/ 어감상 문장이 완결되는 느낌을 주기에 了1만 사용해도 되는 것임]
  小妹昨天看了日本小说。(어린 누이는 어제 일본소설을 보았다.) [시간명사 부사어의 뒤]
  他们在首尔吃了饭。(그들은 서울에서 밥을 먹었다.) [전치사구 부사어의 뒤]
  他拿了三支粉笔。(그는 분필 세 자루를 손에 쥐었다.) [수량사 관형어＋목적어의 앞]
  我们了解了不少情况。(우리들은 적지 않은 상황을 이해하였다.) [관형어＋목적어의 앞]

2) 동사1의 동작이 끝나고 동사2의 동작이 발생함을 표시할 때 동사1의 뒤

老张吃了饭就走了。(장씨는 밥을 먹고 나서 떠났다.)

有的时候, 我们吃了晚饭, 就去散步。(어떤 때는 우리는 저녁밥을 먹고 나서 산보하러 갔다.)

4.5.4. 了1을 사용해서는 안 되는 경우

1) 단순한 형태의 목적어와 함께 쓸 수 없다.

〈 꿀tip ☞ 了1만 사용했을 경우 문장이 완결되지 않은 느낌을 주기 때문에 문말에 了2를 넣어야 문장이 완결됨 〉

〈 꿀tip ☞ '她很漂亮。'에서 형용사술어 '漂亮'만 단독으로 오면 완결어감을 주지 못하기 때문에 정도부사 '很'으로 수식을 하는 것도 마찬가지 이유임 〉

老张吃(了)饭了。(장씨는 밥을 먹었다.)(○) [老张吃了饭。(×)]

2) 일상적인 행위, 동작

他每天去跑步。(그는 매일 달리기하러 간다.)(○) [他每天去跑步了。(×)]

3) '每~都'[규칙적 발생], '正在'[진행태], '常常'[자주 발생], '有时候'[확실치 않은 시기] 등이 사용된 문장

每天他都打网球。(매일마다 그는 테니스를 친다.)

同学们有时在一起谈谈自己的志愿(/ 梦想)。(동학들은 어떤 때는 함께 자신의 희망(/ 꿈)을 좀 얘기하기도 하였다.)

4) 순간동사/ 심리지각동사 뒤

我决定参加面试。(나는 면접시험에 참가하기로 결정했다.)(○) [我决定了参加面试。(×)]

我知道那个好消息。(나는 그 좋은 소식을 알고 있다.)(○) [我知道了那个好消息。(×)]

　　[만약 '知道了'라고 말했다면 이때 '了'는 '了2'로서 주의/ 환기 등의 의미를 가리킴]

5) 비동작성 동사

他像他妈妈。(그는 그의 엄마를 닮았다.)(○) [他像了他妈妈。(×)]

他是一个老实人。(그는 성실한 사람이다.)(○) [他是了一个老实人。(×)]

6) 부정사 '没有' 뒤

他没有吃饭。(그는 밥을 먹지 않았다.)(○) [他没有吃了饭。(×)]

7) 존재동사 '有'의 뒤

有机会到中国来, 我很高兴。(중국에 올 기회를 가져서 나는 아주 기쁘다.)(○) [有了机会到中
国来, 我很高兴。(×)]

4.6. 두 어휘 간의 의미상 차이(한국어로는 거의 차이가 나지 않는 경우)

4.6.1. '帮'과 '帮助'

我帮你拿这个包。(내가 네 대신 이 가방을 들게.)
　　[연동문, 두 번째 동사 '拿'의 주체는 주어 '我'임, 이 때 '帮'은 '替'의 뜻]
老师帮助我们学习汉语。(선생님은 우리가 중국어 배우는 걸 도와주신다.) [(겸어문, '学习'의
주체는 '我们'이고 '我们'은 '帮助'의 목적어이기도 함)

4.6.2. 多와 很多의 용법상 차이

•술어일 때
朋友多。(×) ['多'는 단독으로 술어가 되지 못함]
我们班日本学生很多。(우리반은 일본 학생이 아주 많다.)(○)

•관형어일 때
多人(×) ['多'는 단독으로 관형어가 되지 못함]
　　〈 꿀tip ☞ '好人'(○) '好'는 단독으로 관형어가 될 수 있음 〉
很多人(아주 많은 사람)(○)
　　〈 꿀tip ☞ 很多的朋友(×) '很多'가 관형어가 될 경우 구조조사 '的'는 사용 불가, 다만 일반적으로
　　'很好的人'(○)과 같이 단음절 형용사를 정도부사가 수식할 때는 구조조사 '的'를 수반해야 함 〉
　　[很多朋友们(×), '很多'에 이미 '많다'는 뜻이 있기 때문에 '朋友'에 복수접미사인 '们'을
　　수반하면 안됨]
　　['不多书。'(×), '많지 않은 책'과 같이 부정적인 뜻으로 수식하지는 못함, 마찬가지로
　　'很少书'(×)(아주 적은 책)으로 말하지 못함]

•부사어일 때
多吃一点儿。(좀 더 먹어라)(○)

这本小说很有意思, 我想多看几遍。 (이 소설은 재미가 있어서 나는 몇 번 더 보고 싶다.)(○)

有多远? (얼마만큼 멀지?)(○) [의문사 부사어]

别提多好了。 (얼마나 좋은지 말도 마라.)(○) [감탄사 부사어]

很多下雨。 (비가 아주 많이 내린다.)(×)

〈 꿀tip ☞ 우리말 용법과 달리 '很多'는 부사어로 쓰이지 못함, 때문에 한국인이 아주 많이 오류를 범하기도 하니 주의 요함 〉

['비가 아주 많이 내린다'는 표현은 '下很多雨'(아주 많은 비가 내린다.)(○)와 '常常下雨' (비가 자주 내린다.)(○)와 같이 표현해야 함]

朋友很多有事。 (친구는 일이 아주 많이 있다.)(×) ['很多'는 부사어로 쓰이지 못하기 때문에 '朋友有很多事。'(친구는 아주 많은 일이 있다.)(○)와 같이 표현해야 함]

• 보어일 때

下得很多。 (아주 많이 내렸다.)(○)

他的病好多了。 (그의 병은 훨씬 좋아졌다.)(○)

• 목적어일 때

下了很多。 (아주 많이 내렸다.)(○)

身体好了很多。 (건강이 아주 많이 좋아졌다.)(○)

江陵的车子多了很多。 (강릉의 차는 아주 많이 많아졌다.)(○)

• 개략적인 숫자

二十多年(20여 년)(○)

两年多(2년 여)(○)

〈 꿀tip ☞ 개략적인 숫자 '多'의 용법은 우리말 어순을 참조하면 매우 쉬움. 즉 '20여 년', '2년 여'에서 '여'에 해당하는 위치에 '多'를 넣으면 됨 〉

4.6.3. 不少와 很少의 용법상 차이

• 술어일 때

我们班韩国学生不少。 (우리반에 한국 학생은 적지 않다.)(○)

我们班韩国学生很少。 (우리반에 한국 학생은 아주 적다.)(○)

• 관형어일 때

我们班有不少韩国学生。 (우리반에는 적지 않은 한국 학생이 있다.)(○)

有不少人。(적지 않은 사람이 있다.)(○)
　　[다만 '不少'가 관형어로 쓰일 때 '的'사용 불가]

有很少书。(아주 적은 책이 있다.)(×) ['很少'는 관형어로 쓰일 수 없음, 즉 '아주 적은 책'과
　　같은 방식으로 표현하지는 않음]

· 부사어일 때

我们班很少有韩国学生。(우리반에는 한국 학생이 아주 적게 있다. = 아주 드물다.)(○) ['很少'
　　는 부사어 사용 가능]

最近很少下雨。(최근에 비가 아주 적게 내린다.)(○)

4.6.4. 才, 就, 都

· 수량 + 才: 비로소[화자가 시간적으로 늦었다고 느낌]

八点钟才来。(8시가 되어서야 비로소 왔다.)

这场戏一个半小时才演完。(이 연극은 1시간 반이 되어서야 비로소 공연을 마쳤다.)

· 才 + 수량: 겨우[화자가 시간적으로 이르다고 느낌]

才八点钟。(겨우 8시야.) [문장 맨 뒤에 '了'가 오지 않음]

这场戏才演了一个半小时。(이 연극은 겨우 1시간 반 동안 공연을 하였다.)

〈 꿀tip ☞ '才'의 어순에 따른 용법의 차이는 우리말 어순을 참조하면 구분하기 쉬움, 즉 '2시가 되어서
야 + 비로소', '겨우 + 2시야'에서의 어순을 참조하면 좋음 〉

· 수량 + 就 + 动词 + 了: 벌써[시간적으로 이름]

八点钟就来了。(8시에 벌써 왔다.)

· 都 + 수량 + 了: 벌써[시간적으로 늦음]

都八点钟了。(벌써 8시야.) [문장 맨 뒤에 '了'가 옴]

4.6.5. '有点儿'(부사어), '一点儿'(관형어, 보어)

· 有点儿: 정도부사로서 부사어로 쓰여 동사/ 형용사술어의 앞에 위치, 부정적 의미, 또는
불만을 내포.

有点儿难。(조금 어렵다.)

我有点儿头疼。(나는 좀 머리가 아프다.)

我有点儿不高兴。(나는 좀 기쁘지가 않다.)

我有点儿不舒服。(나는 조금 편치가 않다.)

• 一点儿: 긍정, 또는 비교의 의미 내포

수량사로서 보어로 쓰여 '동사/ 형용사 술어＋一点儿(수량보어)'

수량사로서 관형어로 쓰여 '一点儿(관형어)＋명사 주어/ 목적어'

수량사로서 부사어로 쓰여 '一点儿也不＋형용사'(조금도 ～하지 않다)

多吃(一)点儿吧。(좀 더 드세요.) [수량보어]

他比我高一点儿。(그는 나보다 키가 좀 크다.) [수량보어]

他今天买了(一)点儿菜。(그는 오늘 조금의 야채를 샀다.) [관형어]

这是我的一点儿心意,请你收下吧。(이건 나의 조그만 성의이니 받아들여 주세요.) [관형어]

一点儿也不难。(조금도 어렵지 않다.) [부사어]

4.6.6. '对'와 '对于'

我对(＝对于)中国画很感兴趣。(나는 중국화에 대해 관심이 아주 많다.) [동작의 대상 표시는 '对'와 '对于' 양자 모두 사용 가능]

中国朋友对我很热情。(중국 친구는 나에게 아주 따뜻하다.) [사람과 사람 사이의 관계 표시는 오직 '对'만 사용 가능]

4.6.7. '对于'와 '关于', '至于'

• '对于'는 대상 자체에 대한 주관적인 태도, 주어의 앞뒤 모두 가능

我对于她很感兴趣。(나는 그녀에 대해 아주 관심이 많다.) [그녀 자체에 대해서 관심이 많은 것을 의미함]

对于苍蝇、蚊子, 怎么办? 要坚决消灭掉! (파리·모기를 어떻게 하지? 단호하게 소멸시켜 버려야 한다.) [파리·모기는 소멸시키려는 대상 그 자체]

对于韩国经济, 我发表了一篇论文。(한국경제에 대해 나는 논문 한 편을 발표했다.)(×) [발표 논문의 내용이 한국경제의 세부 사항과 관련된 내용이지, 한국경제를 한 단위로 하는 '한국경제' 그 자체는 아니기 때문에 '对于' 대신 '关于'를 써야 함]

• '关于'는 사물의 세부 내용에 관한 사항, 주어의 앞에서만 가능

关于她(的事), 我很感兴趣。(그녀에 관해서 나는 아주 관심이 많다.) [그녀에 관한 세부 사항, 즉 건강, 용모, 재산 등의 세부 사항에 관한 것을 가리킴]

关于苍蝇、蚊子, 你了解吗? (파리·모기에 관해서 너는 이해하고 있니?) [파리·모기에 관한 것은 파리·모기 그 자체가 아니라 파리·모기와 관련된 여러 세부 사항들, 즉 그들의 습성, 번식방법, 해악적 요소 등등을 가리킴]

关于韩国经济, 我发表了一篇论文。(한국경제에 관해서 나는 논문 한 편을 발표했다.) [한국경제를 구성하는 세부 사항들, 즉 한국경제의 구조, 발전과 위기, 세계적 위상 등과 관련된 것을 가리킴. 결국 특정한 범위를 표시함]

• 关于와 至于의 비교

关于中国历史, 我知道的不多。(중국역사에 관해서 내가 알고 있는 것은 많지 않다.) [한 주제/화제의 세부사항과 관련된 것을 가리킴]

听说李明病了, 至于什么病, 我就不知道了。(듣자니 이명은 병이 났다고 하는데, 무슨 병인지에 대해서는 나는 모를 뿐이다.) [다른 또 하나의 화제/ 주제를 새롭게 제시하는 것임]

4.6.8. 刚과 刚才

• 刚: ~한 지 얼마나 되었나[부사, 얼마동안(多长时间), 지속시간(时段)]

我刚吃过早饭。(아침밥을 먹은 지 얼마 안 되었다.)

他刚走, 你就来了。(그가 떠난 지 얼마 안 되어 네가 왔다.)

饺子是刚煮出来的, 你们趁热吃吧。(만두는 삶아낸 지 얼마 안 되었으니 너희들은 따뜻할 때 먹어라.)

• 刚才: 언제[시간명사, 언제(什么时候), 특정시각(时点), 어기조사 '了'를 사용]

你刚才去哪儿了? (너는 방금 전에 어디 갔었니?)

刚才我在商店里碰见他了。(방금 전에 나는 상점에서 그를 만났다.)

4.6.9. 조동사 会와 能

• '会': 주로 어떤 능력을 학습한 후에 할 수 있다는 뜻, 어떤 가능성이 있음을 추측하는 뜻도 있음

他不会开车,他没学过。(그는 차를 운전할 줄 모르는데, 배운 적이 없다.) [학습 후 가능한 능력]

已经这么晚了, 我想他不会来了吧。(이미 이렇게 늦었으니 그는 오지 않을 거라고 생각한다.)
　　　[올 가능성이 없다는 것을 추측함]

司机病了,今天不会开车。(기사가 병이 나서 오늘 차를 운전할 수 없다.)(×)
　　　[특정 조건하에서 가능/ 불가능을 가리킬 때는 '会'는 안되고 '能'을 써야 함]

- '能': 주로 어떤 조건/ 능력을 구비해서 가능하다는 뜻, 해도 된다는 허락의 뜻도 있음

司机病了, 今天不能开车。(기사가 병이 나서 오늘 차를 운전할 수 없다.) [특정 조건하에서
　　가능/ 불가능을 가리킴]

他想来上海, 可是没有买到飞机票, 所以不能来了。(그는 상해에 오고 싶었지만 비행기표를
　　사지 못해서 올 수 없게 되었다.) [올 조건이 안 돼서 올 수 없다는 것을 거리킴]

4.6.10. '认为'와 '以为'

- '以为': 판단의 결과와 사실이 서로 일치하지 않은 상황에서 사용. 단, 피동문에서 사용할
　수는 없음.

我以为今天不会下雨。(나는 오늘 비가 내리지 않을 거라고 (잘못) 생각했다.) [내가 잘못 생각
　　했으니, 오늘 이미 비가 내렸거나 혹은 곧 비가 내리려고 한다는 것을 가리킴]

原来你们俩认识啊, 我以为你们是第一次见面呢。(알고 보니 너희 둘은 서로 알고 지내는 사이
　　였구나. 나는 너희가 처음으로 만났다고 (잘못) 생각했어.) [내 생각이 잘못된 것임을
　　가리킴]

- '认为': 사람/ 사물에 대하여 객관적이고 확실한 견해/ 판단을 갖고 있음을 가리킴. 피동문에
　서도 사용 가능.

我认为今天不会下雨。(나는 오늘 비가 내리지 않을 거라고 생각한다.) [객관적이고 확실한
　　판단]

马丁被大家认为是学得最好的学生。(마틴은 다들 모두에 의해서 공부를 가장 잘 하는 학생이
　　라고 여겨지고 있다.) [피동문에서도 사용 가능]

你们认为应该怎么办, 请谈谈自己的想法。(너희 생각에는 어떻게 해야만 할지, 자신의 생각을
　　좀 얘기해줘.)

4.6.11. '再'/ '又', '还'와 '再', '又'/ '也'

- '再'/ '又': 동작의 반복, 단 미래와 과거의 차이
他不在, 你明天再来吧。(그는 없으니 너는 내일 다시 와라.) ['再'는 미래 동작의 반복을 가리킴]

他昨天来过, 今天又来了。(그는 어제 온 적이 있는데, 오늘 또 왔다.) ['又'는 과거 동작의 반복을 가리킴, '又~了'의 구조]

- '又'/ '也': 동작의 반복, 단 1개 주어와 2개 주어의 차이

他又来了。(그는 또 왔다.) [동일 주어가 동작을 반복한 것임]

他也来了。(그도 왔다.) [그와 다른 사람, 즉 2개의 주어가 동일 동작을 반복한 것임]

他昨天去过医院, 今天又去了。(그는 어제 병원에 간 적이 있는데, 오늘 또 갔다.) [동일 주어가 동작을 반복한 것임]

孩子笑了, 妈妈也笑了。(아이가 웃자 엄마도 웃었다.) [2개의 주어가 동일 동작을 반복한 것임]

- '还'/ '再': 미래 동작의 추가/ 반복[단, '还'는 과거/ 현재에도 사용 가능]

我还要听一遍这首歌。(나는 이 노래를 또 한 번 들으려고 한다.['还'는 조동사 앞에 위치, 미래 동작의 추가]

我要再听一遍这首歌。(나는 이 노래를 다시 한 번 들으려고 한다.) ['再'는 조동사 뒤에 위치, 미래 동작의 반복)

4.6.12. 동작방향과 来/ 去

중국어와 영어에는 있는데 우리말에는 없는 현상이 있다. 즉 발화의 중심을 화자가 아닌 청자에게 두고서 청자를 존중하고 대우해주는 화법이 바로 그것이다.

马上过来。(제가 즉시 갈게요.)
我这就来。(제가 지금 바로 갈게요.)

'来'는 일반적으로 화자에게로 동작이 가까이 올 때 쓰는 방향동사인데, 여기서는 청자에게 중심을 두고서 청자에게로 화자가 가까이 오는 것을 뜻한다. 영어에서도 "곧 갈게."를 "Come soon."으로 말하는 경우가 있다. 다만 한국어는 화자가 항상 중심이 되기 때문에 설사 이런 경우라 할지라도 우리말은 '당신에게 간다'로 번역이 되어야 한다.

대관령 국민의숲길 *출발지와 도착지 같음

코스길이 9.8km (소요시간 4시간) **코스난이도** 하급 등산화, 도시락, 간식, 물 준비

계 | 계곡바우길 *출발지와 도착지 같음

코스길이 20.5km (소요시간 1박2일) **코스난이도** 극상급
등산복장, 등산화, 등산스틱, 비상간식, 손전등, (필요시 야영장비) 등

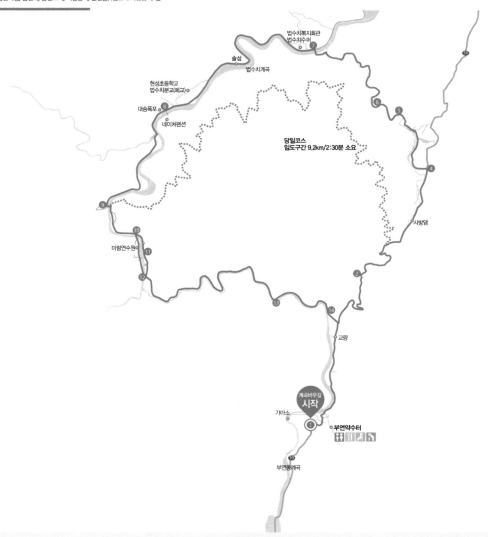

법수치복지회관
법수치수퍼 ⑦

⑩ ⑨

솔섬
법수치계곡

현성초등학교
법수치분교(폐교)

대승폭포 ⑧
네이처팬션

당일코스
임도구간 9.2km/2:30분 소요

⑥ ⑤

④

⑨

⑩ 사방댐

미림연수원 ⑪

⑫

②

⑬ ⑭

교량

계곡바우길
시작
①

가마소
부연약수터

⑤
부연동계곡

울트라바우길

코스길이 100km (소요시간 5박6일) **코스난이도** 극상급
등산복장, 등산화, 등산스틱, 비상간식, 손전등, (필요시 야영장비) 등